V&R

Edition
Wege zum Menschen

Herausgegeben vom
Redaktionskreis der Wege zum Menschen
Christiane Burbach, Wilfried Engemann,
Klaus Kießling, Anne M. Steinmeier und
Heribert Wahl

Vandenhoeck & Ruprecht

Klaus Kießling (Hg.)

Geistliche Begleitung

Beiträge aus Pastoralpsychologie
und Spiritualität

Vandenhoeck & Ruprecht

Umschlagabbildung:
Christus und Johannes (um 1310) im Münster des Klosters Heilig Kreuztal

Bibliografische Information der Deutschen Nationalbibliothek

Die Deutsche Nationalbibliothek verzeichnet diese Publikation in der Deutschen Nationalbibliografie; detaillierte bibliografische Daten sind im Internet über http://dnb.d-nb.de abrufbar.

ISBN 978-3-525-67013-2
eISBN 978-3-647-67013-3

Satz: weckner media+print, Göttingen
Druck und Bindung: ⊕ Hubert & Co, Göttingen

Gedruckt auf alterungsbeständigem Papier.

Inhalt

Ausbildung

Nicht nur katholische Traditionen

Zeitgenössische Entwicklungen

Bücherschau

Geistliche Begleitung

Beiträge aus Pastoralpsychologie und Spiritualität. Eine Einführung

Klaus Kießling

Zum 60. Jahrgang der Zeitschrift „Wege zum Menschen“ zählt ein Themenheft, das sich mit Geistlicher Begleitung auseinandersetzt, also mit Fragestellungen, die derzeit ebenso breit wie kontrovers diskutiert werden.[1] Dabei drängt sich zugleich eine konfessionelle Differenz auf, denn zahlreiche Traditionen Geistlicher Begleitung finde ich als Katholik ganz wohlriechend, wenn nicht „dufte“, während manche – wenn auch keineswegs jede – evangelische Kollegin schon angesichts des Begriffs Geistlicher Begleitung die Nase rümpft(e). Diejenigen, die auf lange währende Traditionen und reichhaltige Erfahrungen verweisen, ringen mit jenen, die von der Sorge getrieben sind, mit Geistlicher Begleitung entstehe eine Konkurrenz zu anderen „Settings“ von Seelsorge – eine Konkurrenz, die sich nicht durch klar umrissene Ausbildungsgänge und damit einhergehende Qualitätsstandards auszeichne, wie sie in anderen Feldern der Pastoralpsychologie längst etabliert sind, und sich zudem dem Verdacht aussetze, theologische Enge zu begünstigen und restaurativen Neigungen nachzugeben.

Mir liegen dieses Thema und die damit verbundenen Fragen sehr am Herzen, und dies sowohl praktisch als auch in wissenschaftlichen Zusammenhängen, wenn es etwa um eine Verortung von Geistlicher Begleitung nicht jenseits der Seelsorge, sondern *als* Seelsorge geht. Das Interesse an einer Auseinandersetzung damit signalisieren auch diejenigen Kolleginnen und Kollegen sowie die zahlreichen Leserinnen und Leser, die das genannte

1 Geistliche Begleitung zwischen Pastoralpsychologie und Spiritualität. Mit Beiträgen von *Christiane Bundschuh-Schramm, Rolf-Heinz Geissler, Barbara Huber-Rudolf, Klaus Kießling, Agnes Lanfermann MMS, Thomas Leyener, Hermann-Josef Wagener und Ansgar Wiedenhaus SJ*, in: Wege zum Menschen 60/2008, 313–402.

Themenheft nachgefragt, studiert und kommentiert haben. Vor diesem Hintergrund haben der Verlag, namentlich Herr *Jörg Persch*, der Redaktionskreis der Zeitschrift „Wege zum Menschen“ und ihre geschäftsführende Herausgeberin *Anne M. Steinmeier* entschieden, erstmals eine Edition „Wege zum Menschen“ voranzutreiben – mit dem Ziel, das mit dem Heft gegebene Diskussionsforum zu erweitern und für weitere Zielgruppen zu öffnen. In der nunmehr vorliegenden ersten Edition, der weitere folgen werden, finden sich einige Aufsätze wieder, die in unveränderter Aktualität aus der Zeitschrift übernommen sind, zudem mehrere Texte, die eigens für diese Edition verfasst wurden, sowie Beiträge, die seit ihrem Erscheinen im Themenheft stark weiterentwickelt wurden.

Den Auftrag, diese erste Edition herauszugeben, habe ich gern angenommen, da mir an einer Verortung von Geistlicher Begleitung *in* Pastoralpsychologie und Spiritualität liegt – und nicht an Abgrenzung gegenüber Geistlicher Begleitung oder gar ihrer Ausgrenzung. Zugleich danke ich der Deutschen Gesellschaft für Pastoralpsychologie (DGfP) und ihrem wissenschaftlichen Beirat für die dabei gewährte Unterstützung.

Konzeptionen

Dieser Band bietet mehrere konzeptionelle Zugänge zu Geistlicher Begleitung und will damit eine Pluralität signalisieren, wie sie in den Traditionen der Kirchen und in gegenwärtiger Praxis lebt.

Mein Beitrag versteht sich als Versuch, Geistlicher Begleitung in Pastoralpsychologie und Spiritualität den ihr gebührenden Platz einzuräumen und sie gleichsam zwischen Profession und Charisma zu verorten. Zugleich lege ich großen Wert darauf, es nicht bei dem zu belassen, was an spirituellen Traditionen ohnehin in den einzelnen Beiträgen lebt, sondern ausdrücklich Ordenstraditionen zu präsentieren, die jene Vielfalt an Quellen zumindest erahnen lassen, aus denen zeitgenössische Konzeptionen und Angebote Geistlicher Begleitung schöpfen.

Christoph Hentschel skizziert eine spezifisch benediktinische Konzeption Geistlicher Begleitung. *Benedikt von Nursia* (um

480–547) erweist sich in seinem Leben zwischen Erdentiefe und himmlischer Höhe selbst als ein von mehreren Menschen Begleiteter; und die Benediktusregel entfaltet ein Verständnis Geistlicher Begleitung, das auf die Herzensöffnung des Mönches vor seinem Abt setzt, der als Geistlicher Begleiter wirkt, zugleich aber als ein spiritueller Führer, der der Eigenart des je einzelnen Mönches und seiner Heilung dienen soll.

Norbert Jaroslav Žuška OCarm. bietet einen weiteren eigenständigen konzeptionellen Zugang zu Geistlicher Begleitung. Selbst im Karmel beheimatet, schöpft er aus Quellen, die *Teresa von Avila* (1515–1582) auftat: In welcher Weise inspiriert diese Mystikerin, Kirchenlehrerin und Heilige damals und heute Menschen auf ihrem Weg zur Gottesfreundschaft, auf dem Weg ihrer Menschwerdung? Welche Empfehlungen spricht sie dank ihrer eigenen schmerzvollen und lichten Erfahrungen aus – auch zugunsten derjenigen Frauen und Männer, die auf solchen Wegen als Geistliche Begleiterinnen und Begleiter wirken?

Empirische Forschung

Praktische Theologie verstehe ich als eine sowohl konzeptionell als auch empirisch arbeitende Disziplin, so dass es auch in der Diskussion um Geistliche Begleitung nicht allein um theologieträchtige Entwürfe in praktischer Absicht gehen kann, sondern auch um eine empirisch-wissenschaftliche Auseinandersetzung, die die gelebte (und die ungelebte!) Praxis Geistlicher Begleitung ihrerseits als einen theologiegenerativen Ort erscheinen lässt.

Dabei ging es in der Zusammenarbeit mit *Hermann-Josef Wagener* zunächst um einen qualitativ-empirischen Zugang zu Geistlicher Begleitung. Dieser ließ sich durch Interviews mit darin engagierten Frauen und Männern legen. Diese Gespräche wurden vollständig transkribiert und der Auswertung zugeführt, zunächst jeweils einzeln mit dem Ziel, möglichst treffende Portraits der befragten Personen zu erstellen, und im Anschluss daran übergreifend – mit dem Ziel, konvergierende und divergierende Optionen auszumachen, die die Gruppe der Befragten im Gespräch zum Ausdruck brachte. Auf diese Weise ließ sich Geistliche Begleitung in ihren Wirkweisen konturieren – aus der Perspektive der Begleiterinnen und Begleiter. Dabei wurde und wird deutlich, dass Geistliche Begleitung pastoralpsychologischer Kompetenzen bedarf.

Diesem ersten empirischen Zugang zu Geistlicher Begleitung folgte ein zweiter: Dabei galt und gilt unsere Aufmerksamkeit nicht mehr den Begleiterinnen und Begleitern, sondern vorrangig den Frauen und Männern, die solche Angebote in Anspruch genommen haben und weiter in Anspruch nehmen. Diesen quantitativ ausgerichteten Zugang zu Geistlicher Begleitung haben uns zahlreiche Expertinnen und Experten, Diözesen und Landeskirchen verschafft, so dass wir auch diese Forschungsphase durchführen konnten und in diesem Band dokumentieren. Für hoch bedeutsam erachten die dabei Befragten die Konzentration auf ihre Gottesbeziehung. Aber auch wenn zwischenmenschliche Beziehungen hier offenbar weniger stark im Vordergrund stehen als etwa in anderen Settings von Seelsorge und Beratung, scheinen sich diese hintergründig, auf indirekten Wegen zu verändern – über die Umgestaltung der Gottesbeziehung.

Ausbildung

Es folgen drei Texte von in der Ausbildung Geistlicher Begleiterinnen und Begleiter erfahrenen Autorinnen und Autoren, die jeweils aus ganz eigenen Quellen schöpfen. *Christiane Bundschuh-Schramm* nimmt sowohl die Tradition von Wüstenmüttern und -vätern als auch die Entwicklung personzentrierter Seelsorge auf. Sie plädiert dafür, zwischen beiden Überlieferungen keine Trennlinien mehr zu ziehen, und setzt auf eine Annäherung von Seelsorge und Geistlicher Begleitung, auch in der Ausbildung.

Agnes Lanfermann MMS hebt in und aus der Überlieferung christlicher Ordensfrauen und -männer Schätze, die Geistlicher Begleitung heute zugute kommen. Sie macht die Gottsuche als entscheidendes Kriterium für jedwedes Ordensleben aus. Wer sich dafür entscheidet, gelobt zugleich, jede andrängende Wirklichkeit so wahr- und anzunehmen, dass in und mit ihr Gott entgegen kommt. Aus der eigenen Erfahrung, am Abgrund der Gottesfrage entlang zu gehen, erwächst die Qualifikation, andere Menschen auf ihrem Weg zu gelingendem Leben zu begleiten.

Peter Hundertmark skizziert für das Bistum Speyer dessen diözesanes Ausbildungsangebot von haupt- und ehrenamtlich tätigen Frauen und Männern, von Klerikern, Laiinnen und Laien sowie Ordensleuten zu Geistlichen Begleiterinnen und Begleitern. Dadurch erwerben sie eine Zusatzqualifikation, dank der sie einen klar in ignatianischer Tradition verorteten Fachdienst professionell ausüben können.

Auch schließen sich Ausbildungsverantwortliche überregional zusammen, um sich über ihre Angebote und die damit verbundenen Qualitätsstandards zu verständigen. Auf diese Weise lässt sich dann auch umreißen, welche Kompetenzen eine Begleiterin oder ein Begleiter erworben hat, und dem Verdacht entgegenwirken, Geistliche Begleitung könne ein jeder und eine jede anbieten, ohne dass damit ein spezifischer Ausbildungsgang und eine Qualifizierung einhergingen. Letztere muss sich in Kirche und Gesellschaft transparent machen lassen, nicht zuletzt gegenüber denen, die auf solche Begleitung angewiesen sind.

Nicht nur katholische Traditionen

Zwei Aufsätze sprengen den weitgehend katholischen Rahmen dieses Heftes auf unterschiedliche Weise. *Rolf-Heinz Geissler* bietet eine evangelische Perspektive Geistlicher Begleitung – vor dem Hintergrund seiner in Jahrzehnten gereiften ‚pastoralen' und – vom Lateinischen ins Griechische wechselnd – ‚poimenischen' Erfahrung als ‚Hirt' derer, die seine Geistliche Begleitung suchen. Diese finden im Sprechzimmer des Autors zehn Gegenstände, die ihnen – und im Text auch Leserinnen und Lesern – erschließen mögen, wie er Geistliche Begleitung versteht. Als Quellen dienen ihm seine breite Praxiserfahrung, Poimenik und Biblische Theologie.

Ebenfalls langjährige Erfahrung bringt *Barbara Huber-Rudolf* in diesen Band ein, ihrerseits im christlich-muslimischen Dialog. Sie dokumentiert ein Projekt, in welchem sie sich religionsverschiedenen Paaren und ihren religionsverbindenden Familien widmet. Fragen interreligiöser Begegnung richten sich dabei nicht allein an das Kirchenrecht, sondern auch an eine Spiritualität, die erst noch der Entwicklung bedarf, damit in ihrem Horizont Angebote Geistlicher Begleitung entstehen können, die religionsverschiedenen Paaren und ihren Familien zugedacht sind.

Zeitgenössische Entwicklungen

Weitere Beiträge gehen über ein klassisches Setting Geistlicher Begleitung hinaus, indem sie zeitgenössische Arbeitsformen, in denen Spiritualität Gestalt gewinnt, aufgreifen, präsentieren und diskutieren. *Ansgar Wiedenhaus SJ* rief vor einigen Jahren Exerzitien Online ins Leben: Auf elektronischem Weg erhalten Menschen, die sich keiner Kirche (mehr) zugehörig fühlen, täglich einen Impuls; am Ende einer Woche verfassen sie einen Bericht, den sie ihrem Begleiter, ihrer Begleiterin zuleiten, die dazu Stellung nimmt. Exerzitien Online dienen dem Ziel, binnen vier Wochen die fragende Sehnsucht, die in Menschen schlummert und sie doch treibt, wachzurufen und nach klaren Regeln eine niederschwellige Einführung ins Gespräch mit Gott anzubieten.

Spiritualität kann aber auch den kirchlichen Charakter einer Organisation ausmachen, wie *Thomas Leyener* zeigt: Im Horizont des Reiches Gottes wirkt Spiritualität als heilsame Unruhe, stellt sie gewohnte Abläufe in Frage, sorgt sie für Unterbrechung, entfaltet sie ihre kritische, integrierende und stimulierende Kraft, lässt sie das Handeln einer kirchlichen Institution letztlich als Handeln im Handeln Gottes erscheinen, erweist sie sich als nützlich und notwendig.

Schließlich versuche ich Geistliche Begleitung in den Horizont einer Spiritualität einzubetten, die aus göttlicher Solidarität lebt – mit denen, deren Würde angetastet ist und die unserer Solidarität am meisten bedürfen, und dies weltweit, „damit auf Erden sein Weg erkannt wird und unter allen Völkern sein Heil“ (Ps 67,3). Zu einer solchen Spiritualität vermag eine Geistliche Begleitung anzustiften, die nicht in einer spirituellen Nische oder einer muffigen Ecke endet, sondern verändernd zu wirken vermag, weltwärts.

Bücherschau

Julia Koll verweist auf einschlägige Veröffentlichungen zu Geistlicher Begleitung und schließt damit den Band ab.

Erfahrung der Gnade

Ein konzeptioneller Zugang zu Geistlicher Begleitung

Klaus Kießling

Zusammenfassung: Was ist Geistliche Begleitung? In welchem Rahmen findet sie statt, was unterscheidet sie von (anderer) Seelsorge, Psychotherapie und Supervision? Welche Haltung zeichnet eine Geistliche Begleiterin, einen Geistlichen Begleiter aus? Auf welche Wirkkräfte setzen sie? Bilden sie eine eigene Profession – oder leben sie eine spezifische Gnadengabe?

Abstract: What is spiritual guidance? Which is its setting, and how does it differ from (other) pastoral care, psychotherapy and supervision? Which attitude distinguishes a spiritual guide? In which forces does he or she trust? Do spiritual guides form a proper profession – or do they live according to a certain kind of grace?

1. „Haben wir … schon einmal die Erfahrung der Gnade gemacht?"

„Haben wir eigentlich schon einmal die Erfahrung der Gnade gemacht? … Haben wir schon einmal gehorcht, nicht weil wir mußten und sonst Unannehmlichkeiten gehabt hätten, sondern bloß wegen jenes Geheimnisvollen, Schweigenden, Unfaßbaren, das wir Gott und seinen Willen nennen?"[1]

Solche Fragen stellen sich in Geistlicher Begleitung – und damit in einem Setting, dessen Bezeichnung aus den evangelischen Kirchen stammt und dort das Hören und Begleiten von Sterbenden umfasst. Heute umschreibt Geistliche Begleitung eine Wachstumsbranche – in Zeiten des Wandels von Religion, der sich als Pluralisierung vollzieht, und dies sowohl innerhalb

1 *Karl Rahner:* Über die Erfahrung der Gnade, in: *Ders.,* Schriften zur Theologie, Bd. 3, Einsiedeln [6]1964, 105–109, 105f. Vgl. zum folgenden meinen Text „Zwischen Profession und Charisma. Geistliche Begleitung als Sorge um die Seele" in: Praktische Theologie 40/2005, 262–269.

von Religionsgemeinschaften als auch in einer Gesellschaft, die geprägt ist von Multireligiosität und Multikulturalität sowie von einem Nebeneinander religiöser und anderer Lebensorientierungen. Mit dieser Pluralisierung geht eine Individualisierung einher, die Religion nicht mehr als überkommene Bindung in Erscheinung treten lässt, sondern zu einer Frage der persönlichen Wahl werden lässt, die zu treffen durch Geistliche Begleitung möglicherweise erleichtert wird.
Doch: was ist Geistliche Begleitung? In welchem Rahmen findet sie statt, was unterscheidet sie von (anderer) Seelsorge, Psychotherapie und Supervision? Welche Haltung zeichnet eine Geistliche Begleiterin, einen Geistlichen Begleiter aus? Auf welche Wirkkräfte setzen sie? Bilden sie eine eigene Profession – oder leben sie eine spezifische Gnadengabe?

2. Geistliche Begleitung als doppeltes Angebot

Geistliche Begleitung umfasst ein doppeltes Angebot, Menschen zu unterstützen: sowohl dabei, dass sie ihre eigenen geistlichen Quellen finden, als auch dabei, dass sie Kongruenz entwickeln, dass also genau das nach außen sprudelt, was aus dieser Quelle kommt, und dass es genau so sprudelt, wie es jeder einzelnen Person entspricht. Geistliche Begleitung spürt die Bundesbeziehung zwischen Gott und Mensch auf, der seinerseits auf das Geheimnis des Lebens, auf das beziehungsreiche Leben Gottes als Vater, Sohn und Geist verweist. Geistliche Begleitung geschieht auf einem Weg des Lebens im Heiligen Geist, biblisch im Vollzug von Glauben, Lieben und Hoffen, von Wahrheit und Freiheit, von Frieden und Demut – durch Unterscheidung der Geister, um von unfrei machenden Bindungen frei zu werden für den Anruf Gottes.

Geistlich Begleitete versuchen mit auf solchen Wegen Bewanderten das eigene Glaubensleben und den eigenen Lebensglauben wahrzunehmen:[2] Welcher Halt trägt mich, welche

2 *Sekretariat der Deutschen Bischofskonferenz* (Hg.), „Da kam Jesus hinzu …" (Lk 24,15). Handreichung für geistliche Begleitung auf dem Glaubensweg, Bonn 2001.

Sehr geehrte Leserinnen und Leser,

aufgrund eines Fehlers von Seiten des Verlags wurden folgende Stellen fehlerhaft abgedruckt. Wir bitten Sie um Entschuldigung und freundliche Beachtung.

Mit freundlichen Grüßen, Vandenhoeck & Ruprecht

S. 144f.:
Nr. 13: Diese Interpretation legt uns die Clusteranalyse[1] nahe:

Dendrogramm (verwendet durchschnittliche Linkage zwischen den Gruppen)

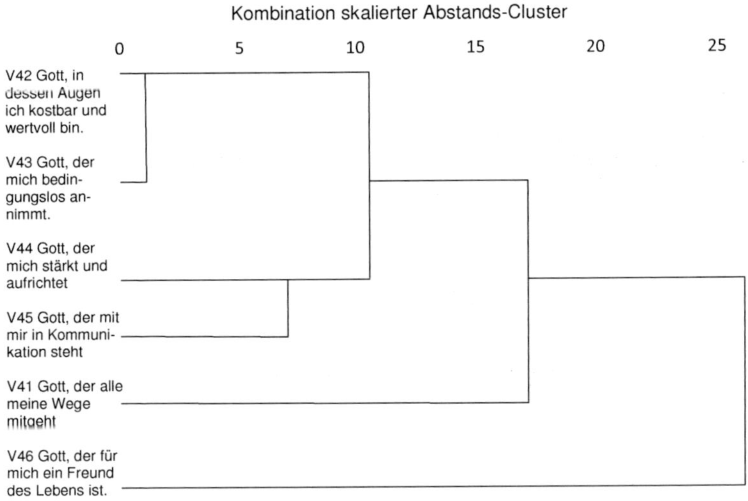

S. 113: 2. Spiegelstrich, *lies*: (V39)

S. 114, 2. Absatz: *statt*: Je älter die begleitete Person ist, desto unschlüssiger wirkt sie in ihrer Rückmeldung; *lies*: Je älter die Gruppen der begleiteten Personen sind, desto mehr freuen ihre Rückmeldungen;

S. 119: 2. Absatz, 9. Zeile, *lies*: Dadurch kommt sie der Einschätzung der partnerschaftlichen Rolle (V51) sehr nahe, wohl deshalb, weil sie sich ähneln.

S. 146, 3. Absatz: Die Daten weisen einen Effekt nach, der faktisch aber nicht besteht. *ist zu streichen.*

---

[1] *Clauß/Finze/Partzsch*, Statistik, 309–319; *Bortz*, Statistik, 565–584.

S. 150:

Nr. 27: Diese Struktur belegt die Clusteranalyse:

Dendrogramm (verwendet durchschnittliche Linkage zwischen den Gruppen)

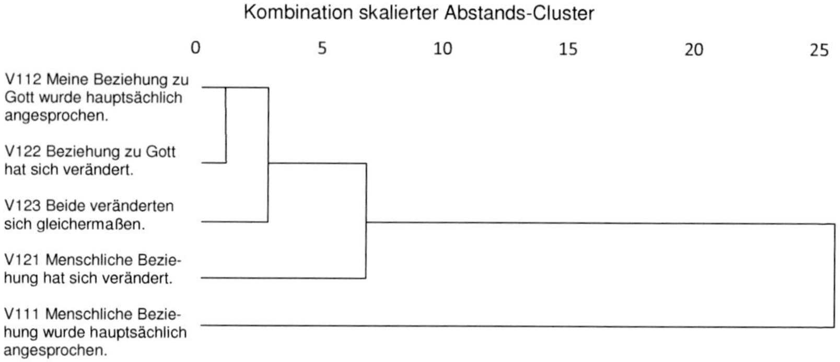

Haltungen nehme ich ein? Wie zeigen diese sich in meinem Verhalten, wie in meinen Verhältnissen? Wenn mir neue Orientierungen und Impulse zuteil werden, wie übe ich sie ein, wie lebe ich sie aus? Wie finde ich Vertrauen, dass Entscheidendes in vermittelter Unmittelbarkeit des Wirkens des Geistes geschieht? Dabei sind therapeutische Wirkungen, wie sie aus der Psychotherapie bekannt sind, als Nebenwirkungen willkommen. Umgekehrt kann auch therapeutische Arbeit zu geistlicher Erfahrung führen, freilich ohne sie angezielt oder auch nur erhofft zu haben.

Konstitutiv für Geistliche Begleitung sind jedoch nicht ihre Inhalte, sondern die Weise des Umgangs mit denselben. Alles, was sich aufdrängt, kann zur Sprache gebracht und in geistlicher Perspektive wahrgenommen, gehört, erspürt und verkostet werden, wie auch umgekehrt über geistliche Inhalte durchaus sehr ungeistlich (oder zeitgeistlich) gesprochen werden kann. Leitend bleiben die Fragen: Welche richtungweisende Bedeutung kommt dem, was mich bewegt, für meinen Weg zu? Wie erschließt sich mir dadurch das Geheimnis Gottes? Wie lässt es sich umschreiben – wenn nicht mit dem Schlüsselbegriff der von *Karl Rahner* eingangs ins Wort gebrachten Gnade? In dieser Gnade, als diese Gnade wendet sich Gott seinem Volk in Nähe und Treue zu: „Ich bin der ‚Ich-bin-da' … Das ist mein Name für immer." (Ex 3,14f) Gnade ist Gottes Zuwendung zu uns Menschen, Jesus Christus ist Gottes Gnade in Person, er stiftet Gemeinschaft mit Gott – durch den Heiligen Geist.

3. Geistliche Begleitung in ihren Rahmenbedingungen

Im Feld Geistlicher Begleitung tut sich ein mannigfaltiges Spektrum von Rahmenbedingungen auf, innerhalb derer sie sich ereignet.

Dem hohen Anspruch, das Glaubensleben meines Gegenübers zu fördern, kann ich als Begleiter auf unterschiedliche Weise entsprechen. Im Rahmen von Exerzitien oder von Wüstentagen, während derer Menschen sich ins Schweigen einüben und dem Geheimnis ihres Lebens auf die Spur kommen wollen, bieten Begleitende tägliche Einzel- oder Gruppengespräche an.

Im ganz anderen Rahmen von Exerzitien im Alltag finden solche Gespräche einmal pro Woche statt, indem Gleichgesinnte sich in Kleingruppen zusammenfinden, um die Erfahrungen miteinander zu teilen, die sie zwischenzeitlich je einzeln in Zeiten des Gebets, der Tagesrückschau im Gebet, des Jesusgebets oder der Schriftmeditation gesammelt haben. Ganz unabhängig von Exerzitien geschieht Geistliche Begleitung ein- oder zweimal pro Monat – regelmäßig und auf eine bestimmte Zeitspanne hin, insbesondere während spezifischer Lebensphasen und im Umfeld wichtiger Entscheidungen. Es empfiehlt sich, einen Kontrakt zu schließen, der sich etwa auf ein Jahr erstreckt, oft mit der Aussicht auf Mehr, das zu gegebener Zeit ausgehandelt werden muss. Typischerweise handelt es sich im Unterschied zu Seelsorgebeziehungen, die auf ein Alltagsproblem oder einen anderen Konflikt zentriert sind, um vergleichsweise große Zeiträume. Dieser Kontrakt dient auch der Klärung der Fragen nach dem Ort und bei Bedarf der Finanzierung der Begleitung sowie nach der Position des Begleiters – in seiner Unabhängigkeit von den Lebenszusammenhängen und „Beziehungskisten" des Gegenübers.

4. Geistliche Begleitung im Unterschied zu Psychotherapie und Supervision

Begleitende wahren Diskretion und übernehmen Verantwortung dafür, dass Vereinbarungen in Geltung bleiben (oder neu getroffen werden), etwa darüber, dass es um Geistliche Begleitung gehen soll und nicht um möglicherweise ohnehin parallel laufende Psychotherapie oder Supervision. Es bedarf einer kooperativen Unterscheidung zwischen Geistlicher und anderer Begleitung.

Psychotherapie ist ein zeitlich eng umgrenztes Handeln von mindestens zwei Personen mit folgenden Rollen: Therapeutin ist eine durch Ausbildung qualifizierte Person, die bewusst zu handeln und ihr Handeln bewusst zu reflektieren vermag; Patientin oder Klientin ist eine psychisch leidende und um Hilfe nachsuchende Person; gemeinsame Ziele sind die Minderung oder Beseitigung psychischen Leidens und die Förderung der Entwicklung des hilfsbedürftigen Menschen. Die therapeutische Arbeit erfolgt auf der Basis einer fundierten Theorie; das Handlungs- und Erfahrungswissen psychotherapeutisch Tätiger muss lehr- und lernbar, die Wirkung ihres Tuns nachprüfbar sein. Dagegen ist Geistliche Begleitung anders motiviert und anders ausgerichtet, auch zeitlich und inhaltlich weniger eng umrissen als Psychotherapie.

Supervision meint ein Arbeitsverfahren, das der Reflexion professioneller Beziehungen von Menschen sowie der Erweiterung berufspraktischer Kompetenzen dient, also primär Arbeitsbeziehungen fokussiert – und nicht etwa die Gottesbeziehung.

Mir fällt auf, dass Menschen derzeit lieber von ihrem Supervisionsbedarf als von ihrem Therapiebedarf sprechen und dass sie eher nach Geistlicher Begleitung als nach Seelsorge fragen. Aus den oben skizzierten Gründen verhalten sich Supervision und Geistliche Begleitung jedoch nicht derart zueinander, wie dies für Psychotherapie und Seelsorge gilt.[3]

5. Geistliche Begleitung als Seelsorge

Beide Seiten verständigen sich in einem Vorgespräch über Angebot und Nachfrage, also darüber, worum es sich bei ihren Begegnungen handeln kann und soll: um Psychotherapie, um Supervision, um Seelsorge, um Geistliche Begleitung. Wenn Seelsorge sich als ein im größtmöglichen Sinnhorizont, in der Kraft des Heiligen Geistes stattfindendes Geschehen fassen (und darum gerade nicht fassen) lässt, so findet sich die konkrete Anfrage eines Menschen, die er an einen Seelsorger richtet, in einem geistlichen Sinnbezug wieder, der an Geistliche Begleitung denken lässt. Seelsorge und Geistliche Begleitung sind unter den genannten Settings wohl die beiden engsten Verwandten. Strittig ist ihre Zuordnung: Ist Geistliche Begleitung eine spezifische Gestalt von Seelsorge? Ist Geistliche Begleitung Begleitung Geistlicher, also Supervision oder Seelsorge an Seelsorgern? Oder steht Geistliche Begleitung neben der Seelsorge? Aber auch im engsten Familienkreis sind Differenzierungen

3 *Klaus Kießling*, Seelsorge bei Seelenfinsternis, Freiburg i.Br. 2002, 117–278.

unter Verwandten zumindest einen Versuch wert: Seelsorge kommt aus einer spezifischen *Not* heraus zustande, ist durch eine Problemlage oder ein Leiden veranlasst, dessen Bewältigung zugleich das Ende der seelsorglichen Beziehung ankündigt. Diese ist in ihrer inhaltlichen Zielsetzung und in ihrer zeitlichen Erstreckung meist enger gefasst als Geistliche Begleitung; jedoch entwickelt sich Seelsorge in einem Horizont, auf den ganz offenbar auch Geistliche Begleitung setzt. Diese aber ist, vorläufig und vorsichtig formuliert, vielleicht weniger aus einer Not heraus geboren, sondern eher aus einer *Notlosigkeit* heraus, in der alles im Leben glatt zu gehen scheint, ohne allerdings den geistlichen Horizont, in dem alles Leben sich vollzieht, auch nur einen Augenblick lang eines Blickes zu würdigen. Was also in der Seelsorge unausgesprochen, implizit bleiben mag, wird in der Geistlichen Begleitung expliziert und als Erschließung der Gottesbeziehung thematisiert – mit einer Wachsamkeit und Aufmerksamkeit,[4] die einer schläfrigen Notlosigkeit diametral entgegensteht und -wirkt.

Verstehe ich aber Seelsorge im Vollsinn ihres Wortes, zum einen die *Seele* im umfassenden Sinn der sprichwörtlichen Menschen*seele*, die auf manchen ihrer Wege keine andere trifft und sich mutter*seelen*allein fühlt, und zum anderen die *Sorge* als Grundphänomen menschlichen Daseins,[5] so erscheint auch Geistliche Begleitung *als* Seelsorge, durchaus mit eigener Tradition: Wer darum bittet, betritt den Weg einer Neugeburt aus dem Glauben, begleitet von einer geistlichen Mutter, einem geistlichen Vater.

6. Geistliche Übung doppelter Empathie

Eine personzentrierte Haltung kommt Prozessen Geistlicher Begleitung sehr zugute. Meine Akzeptanz desjenigen, der um Begleitung nachfragt, bedeutet nicht, dass ich alles gutheiße, was er mitbringt; Akzeptanz bedeutet mir aber, dass ich dem

4 *Regina Bäumer/Michael Plattig,* Aufmerksamkeit ist das natürliche Gebet der Seele, Würzburg 1998.

5 *Martin Heidegger,* Sein und Zeit, Tübingen ^{16}1986, §41.

Umstand Respekt zolle, dass mein Gegenüber als Frau, als Mann Verweis auf das Geheimnis Gottes ist.

Mitgehen erfolgt in Treue, nicht aber treudoof, es schließt vielmehr Konfrontationen ein, beispielhaft deutlich auf dem Weg der beiden Emmausjünger, zu denen ein Dritter sich gesellt und spricht: „Begreift ihr denn nicht…?" (Lk 24,25) Und zeigt nicht schon die Auseinandersetzung der beiden Jünger mit ihren eigenen Erfahrungen, dass es keine Erfahrung gibt, die uns so real berührt wie jene, die aus unserer eigenen Wirklichkeit emporsteigt und uns widerfährt?

In Geistlicher Begleitung hat weder der eine, der begleitet wird, noch die andere, die begleitet, Zugriff auf das Wirken des Geistes. Gesprächs*führung* zu lernen heißt vielmehr, sich dem Dritten anzuvertrauen, auf die Führungskraft des Geistes zu setzen – und damit zugleich die Gefahr zu bannen, dass Führer und Geführte zu Verführern und Verführten werden: „Der die Übungen gibt" – von einem Meister oder Führer ist hier nicht die Rede –, „darf nicht den, der sie empfängt, mehr zu Armut oder einem Versprechen als zu deren Gegenteil bewegen noch zu dem einen Stand oder der einen Lebensweise mehr als zu einer anderen", so heißt es in den „Geistlichen Übungen" des *Ignatius von Loyola* (1491–1556), in deren Horizont sich viele Konzepte Geistlicher Begleitung einbetten lassen. Beim Suchen des göttlichen Willens erscheint es „angebrachter und viel besser, daß der Schöpfer und Herr selbst sich seiner frommen Seele mitteilt … Der die Übungen gibt, soll sich also weder zu der einen Seite wenden oder hinneigen noch zu der anderen, sondern in der Mitte stehend wie eine Waage *unmittelbar* den Schöpfer mit dem Geschöpf wirken lassen und das Geschöpf mit seinem Schöpfer und Herrn."[6] Es geht darum, dass geistliche Übungen Menschen für die Gnade Gottes „disponieren"[7].

Begleitende üben *doppelte Empathie:*[8] für die Regungen ihres Gegenübers ebenso wie für die Bewegung und den Willen Gottes. In solcher doppelter Empathie kann ein Begleiter sich fürbittend an Gott wenden, darin solidarisch mit den ihm Anvertrauten

6 *Ignatius von Loyola,* Geistliche Übungen, Würzburg ^{3}2003, Nr. 15.

7 Ebd., Nr. 1.

8 *Klemens Schaupp,* Gott im Leben entdecken, Würzburg 1994.

und zugleich rückgebunden an Gott und sein Reich. Dies mag den Begleiter davor bewahren, sein eigenes Reich aufzubauen und sich und den Begleiteten das Wirken der Gnade Gottes zu verbauen.

Begleitete suchen Kongruenz für sich selbst und zuvor bei ihrem Begleiter: im Sinne wirklicher, wirkmächtiger Präsenz, im Sinne einer Macht, die nicht ans Herrschen, sondern an eine Vollmacht denken lässt, die aus eigener Ursprünglichkeit erwächst, aus eigenen Quellen schöpft und sprudelt. Danach sehnen sich Menschen von Anfang an, auch schon in der Zeit der Alten Kirche.

Die *Apophthegmata Patrum*,[9] die Sprüche oder Weisungen der Väter, geben einen Einblick in das Leben der Mönche als Wüstenväter und Geistliche Begleiter. Exemplarisch genannt sei *Abbas Antonios*, der im Jahr 251 oder 252 in Mittelägypten geboren wurde. Die überlieferten Texte zeigen ihn in der Auseinandersetzung mit seinen *logismoi*, mit Gedanken und Einfällen, die ihn in Mutlosigkeit und Verwirrung stürzen; er führt die Demut und die Gabe der Unterscheidung (*diakrisis*) an, die ihm zu Hilfe kommen. Während er selbst sich im Kampf mit diversen Anfechtungen schult, reift er zum Begleiter heran. Die Auseinandersetzung mit der eigenen Person verleiht ihm Kongruenz und Kompetenz, für die *logismoi* eines Gegenübers Raum zu schaffen und dessen Einfällen – die einem nicht nur einfallen, die einen auch überfallen können – mit gleichbleibend ermutigender Aufmerksamkeit (*nepsis*) zu begegnen. Dies geschieht in der Absicht, dass der begleitete Mensch sich mit all seinen *logismoi* – ohne eine Vorselektion zu treffen – zeigt und offenbart, bevor die geistliche Gabe der Unterscheidung zum Einsatz kommt. Diese *discretio spirituum* entwickelt sich in den ignatianischen Exerzitien zu einer Form der Entscheidungsfindung.

9 *Sprüche der Väter,* Graz/Wien/Köln 1963.

7. Geistliche Wirkkräfte: Verlangen, Erinnern, Suchen

In Geistlicher Begleitung lassen sich drei Wirkkräfte[10] ausmachen: das Verlangen, das Erinnern und das Suchen nach Gott und seinem Reich. Alle drei Wirkkräfte können sich auf vierfache Weise zeigen und eine bedürftige, eine begehrende, eine bittende oder eine offene Gestalt annehmen.

Als erste Wirkkraft erscheint ein *Verlangen*, dessen Erfüllung wir nicht als Schatz in uns selbst tragen, vielmehr meint es ein existentielles Ausgerichtetsein auf andere und anderes. Zeigt es sich als *bedürftiges* Verlangen, so sucht es außerhalb unserer selbst nur eine Verlängerung dessen, was in uns selbst liegt. Im Unterschied dazu fordert ein *begehrendes* Verlangen ein, was wir deutlich als anderes und als uns fehlend wahrnehmen, etwa eine Gebetserhörung, aber wie die Bedürftigkeit verkürzt das Begehren das Verlangen in seiner Sinnrichtung auf die Verlängerung unserer selbst. So entstehen oft erste Enttäuschungen auf geistlichen Wegen, wenn zwar das Zuschneiden von Geistlichem auf die eigene Bedürftigkeit ein Ende hat, das Begehren aber nicht unmittelbare Erhörung findet. Die Annahme eigener Bedürftigkeit und eigenen Begehrens geht einem *bittenden* Verlangen voraus: Bittend anerkennen wir Erbetenes als uns Fremdes. Mit dieser Wendung wächst eine Bereitschaft heran, Ersehntes und Erfragtes, auf dessen Entgegenkommen wir angewiesen bleiben, als Geschenk anzunehmen. Schließlich zeigt sich ein *offenes* Verlangen, wenn wir nicht mehr beherrscht sind von eigener Bedürftigkeit und eigenem Begehren und das Bitten sich in einem oft schmerzhaften Geschehen zu einem andächtigen Warten entwickelt, zu einer Offenheit für das Geheimnis – und für all das, was im Leben ansteht.

Eine zweite Wirkkraft ist die *Erinnerung*. Exemplarisch für die *bedürftige* Erinnerung ist das Murren des Volkes, das lieber zu den sprichwörtlichen Fleischtöpfen Ägyptens (Ex 16,3) zurückkehrt, anstatt den Weg durch die Wüste weiterzugehen. Die *begehrende* Erinnerung bleibt fixiert auf Vergangenes und Vertrautes, auf die gute alte Zeit. *Bittend* fragen wir nach der Heutigkeit des Erinnerten, nach seiner gegenwärtigen Relevanz

10 *Herman Andriessen*, Sich von Gott berühren lassen, Mainz ²1995, 128–149.

und Präsenz. *Offen* wird die Erinnerung, wenn beispielhaft der Dritte auf dem Weg nach Emmaus Erinnerungen nicht nur wachruft, sondern den Jüngern in ihrer Bedeutung für heute und morgen erschließt: „Da gingen ihnen die Augen auf" (Lk 24,31).

Die dritte Wirkkraft lässt sich umschreiben als *Suche nach Gott und seinem Reich*. Der oft zitierte liebe Gott mag unserer *Bedürftigkeit* entsprechen. Als der *Begehrte* hat Gott unserer Lebensleere abzuhelfen – gefälligst! Ein Gott aber, dem wir uns mit dem Zauberwort *bitte* zuwenden, führt ein Eigenleben, wird uns zum Licht, folgt aber auch unergründlichen Absichten und zeigt in unseren Augen (s)eine dunkle Seite. Unsere Suche mag *offen* werden für das Geheimnis, unbenennbar und in zahllosen Namen sich offenbarend, unsere Kategorien, etwa von gut und böse, übersteigend.

Mit diesen je vier Gestalten lässt sich unsere existentielle Verfasstheit andeuten, gleichsam der Stand unseres Daseins, auf geistlichen Wegen der *Stand der Gnade*: Geht es vorwiegend um Bedürftigkeit und Begehren oder um Bitten und offenes Verlangen, Erinnern und Suchen?

8. Ausbildungsgänge zwischen Profession und Charisma

Um Geistlicher Begleiter zu werden, braucht es eine Ausbildung, doch sie allein genügt nicht: Schon die Zeugnisse der Alten Kirche zeigen, dass der eigene geistliche Weg eine wichtige Rolle spielt. Hinzu kommt, dass niemand sich zum Geistlichen Begleiter machen, sich allenfalls berufen lassen und von anderen in Anspruch nehmen lassen kann. Nicht nur die Mönche und Wüstenväter des Anfangs, auch Ordensfrauen, weibliche und männliche Laien, Priester und Diakone können Geistliche Begleiterinnen und Begleiter werden; einige Diözesen bieten Ausbildungen für hauptberuflich pastoral Tätige und gezielt auch für Ehrenamtliche an. Professionalisierung tut not, soll die Qualität Geistlicher Begleitung gesichert werden, und zugleich lauert eine Professionalisierungsfalle. Denn eine Ausbildung vermag Charismen nicht zu ersetzen, sondern vielmehr zu kultivieren. Gnade und Gnadengaben genießen also Priorität, es braucht eine gemäßigte, keine ungnädige Professionalität. „Zum ‚Mühen' um dieses Charisma gehört, daß der Begleiter selber in einer Begleitung steht und daß er sich theologisch wie auch psychologisch weiterbildet."[11]

9. Nochmals: „Erfahrung der Gnade"

Geistliche Begleitung, die sich auch in Gruppen vollzieht, arbeitet *unter* den Bedingungen jener eingangs geschilderten individualisierten Gegenwart genau *mit* diesen Bedingungen. Darin ist sie der Supervision verwandt. Dabei kommt Geistlicher Begleitung die Aufgabe zu, den Geist des Evangeliums auch politisch zum Tragen zu bringen. Denn Gnade, Gottes Zuwendung zu uns Menschen, lässt Gottes Geist in uns und unter uns wohnen. Gnade ist kein Geheimabkommen von Glaubenden mit ihrem Gott, Gnade wirkt vielmehr verändernd in einer gnadenlosen Erfolgsgesellschaft, so dass Gottes Reich hervorzubrechen vermag.

„Suchen wir selbst in der Betrachtung unseres Lebens die Erfahrung der Gnade. Nicht um zu sagen: da ist sie; ich habe sie. – Man kann sie nicht finden, um sie triumphierend als sein Eigentum und Besitztum zu reklamieren. Man kann sie nur suchen, indem man sich vergißt, man kann sie nur finden, indem man Gott sucht und sich in selbstvergessender Liebe ihm hingibt, ohne noch zu sich selbst zurückzukehren. Aber man soll sich ab und zu fragen, ob so etwas wie diese tötende und lebendigmachende Erfahrung in einem lebt, um zu ermessen, wie weit der Weg noch ist, und wie ferne wir noch von der Erfahrung des Heiligen Geistes in unserem sogenannten geistlichen Leben entfernt leben."[12]

11 *Michael Schneider,* Zur Praxis der geistlichen Begleitung. Hilfen und Hinweise, Köln 2000, 79.

12 *Rahner,* Über die Erfahrung der Gnade, 109.

„Der Eigenart vieler dienen“

Ein konzeptioneller Zugang zu Geistlicher Begleitung in der benediktinischen Spiritualität[1]

Christoph Hentschel

Zusammenfassung: Gregor der Große zeichnet ein Lebensbild *Benedikts,* das von einem Weg zur Vollendung geprägt ist. Auf diesem Weg wird *Benedikt* begleitet. Die Benediktusregel sieht die Herzensöffnung des Mönches vor dem Abt/geistlichen Vater als wesentliches Instrument Geistlicher Begleitung vor. Dem Abt kommt im Kloster zudem die Rolle des geistlichen Führers zu, dessen Aufgabe in der Heilung besteht.

Abstract: Gregory the Great illustrates a life picture of *Benedict* which is distinguished by a way leading to completion. On this way *Benedict* is attended. The interlocution between the abbot/spiritual father and the monk is a basic instrument of spiritual guidance presented by the Rule of St Benedict. The abbot furthermore is a spiritual leader whose mission means (spiritual) healing.

Über Leben und Werk des *Hl. Benedikt von Nursia* geben zwei Quellen Auskunft: Die eine ist die Mönchsregel, die *Benedikt* für die Klostergemeinschaft auf dem Montecassino geschrieben hat, die andere die Vita, die Papst *Gregor der Große* im zweiten Buch der Dialoge über Leben und Wundertaten der italischen Väter überliefert. Beide Werke unterscheiden sich in ihrem literarischen Charakter und in ihrer Zielsetzung. Während die Regel den Mönchen klare Anweisungen gibt und viele Einzelfälle berücksichtigt – kurz: das Leben der Mönche ordnet –, will die Vita den Leserinnen und Lesern ein Vorbild vor Augen stellen und diese auf dialogisch-narrative Weise erbauen. Diese Verschiedenheit bringt es mit sich, dass die Benediktusregel klare Vorstellungen und Hinweise zur Geistlichen Begleitung

1 Meinem langjährigen Geistlichen Begleiter und Freund Pfarrer *Thomas Schwaiger* in Dankbarkeit gewidmet.

übermittelt, während die Dialoge *Gregors des Großen* mit starken Farben erzählen, wie *Benedikt* begleitet wurde.

1. Geistliche Begleitung in der Lebensbeschreibung Benedikts in den Dialogen Gregors des Großen[2]

1.1 Vorbemerkung zur historischen Zuverlässigkeit der Dialoge

Papst *Gregor der Große* (540–604) schreibt mit seinen vier Büchern der Dialoge[3] über das Leben und die Wunder der italischen Väter keine Biografien im modernen Sinn, d.h. er wendet nicht die historisch-kritische Methode an, um anhand bestimmter Daten bestimmte Fakten darzulegen. *Gregor* schreibt eine Vita im Verständnis seiner Zeit: Er will seinen Leserinnen und Lesern Vorbilder vor Augen führen und sie dadurch ermutigen, selbst als Christinnen und Christen zu leben. Am Lebensbild *Benedikts*, dem das gesamte zweite der vier Bücher gewidmet ist,[4] will *Gregor* zeigen, dass *Benedikt* mit ganzem Herzen Christus nachgefolgt ist. Am Beginn des zweiten Buches bekommt der Leser aus dem Munde *Gregors* zu verstehen: „Ich kenne nicht alle Einzelheiten seines Lebens; das wenige aber, das ich erzähle, weiß ich von vier Mönchen, die seine

2 Der ursprüngliche Titel lautet: *Dialogorum Gregorii Papae Libri Quattuor De Miraculis Patrum Italicorum.* Das zweite dieser vier Bücher handelt von *Benedikt;* es liegt vor in der Ausgabe der *Salzburger Äbtekonferenz* (Hg.), *Gregor der Große,* Der hl. Benedikt. Buch II der Dialoge lateinisch/deutsch, St. Ottilien 1995.

3 *Gregor* wählt die literarische Form des Dialogs, weil ein Wechselgespräch zwischen ihm und seinem Diakon *Petrus* dargestellt wird. Zudem bietet der Dialog die Möglichkeit, den Stoff anschaulicher zu vermitteln als in einer Predigt oder einem Lehrtraktat; vgl. *Michaela Puzicha,* Benedikt von Nursia begegnen, Augsburg 2004, 18.

4 Das erste und das dritte Buch der Dialoge behandeln nur jeweils einen Aspekt verschiedener Heiliger, so dass in diesen beiden Büchern mehrere Heilige aufgezählt sind, jedoch nie mit ihrer gesamten Lebensgeschichte. Die Tatsache, dass *Benedikt* ein ganzes Buch gewidmet ist, zeugt sowohl von der Zuverlässigkeit der Überlieferungen als auch von der hohen Bedeutung, die *Gregor Benedikt* beimisst.

Schüler waren."[5] *Gregor* hat *Benedikt* nicht gekannt, kann sich aber offensichtlich aufgrund der Vermittlung durch vier Zeitgenossen[6] *Benedikts* auf Lokaltraditionen und mündliche Überlieferungen stützen. Er schafft also keine fiktiven Geschichten, die jeder Historizität entbehren, sondern arbeitet das Vorbildhafte jener Überlieferungen heraus.[7]

1.2 Benedikts geistlicher Weg oder: Geistliches Leben zwischen Erdentiefe und höchster Himmelshöhe

Gregor schildert das Leben *Benedikts* als geistlichen Weg, dessen äußere Stationen innere Prozesse markieren. *Benedikt* ist nicht von Anfang an vollkommen, sondern er begibt sich auf einen Weg, der zur Vollkommenheit führt. Grob ausgedrückt ist er unterwegs vom Erdloch in Subiaco über das Kloster auf dem Montecassino hin zum Himmel. Nicht nur topografisch betrachtet schreitet er von unten nach oben, sondern auch geistlich. Zwischen Höhle und Himmel gibt es fünf Stationen:

- Nach dem Abbruch des Studiums und dem Fortgang aus Rom begegnet *Benedikt* zunächst in Effide einer Asketengruppe, der er sich anschließt; er zieht sich dann aber in eine Höhle nahe des Ortes Subiaco zurück.8 Diese erste Station bedeutet Hinabsteigen in die Erde und ist geistlich als „Erdung" zu deuten. *Benedikt* lebt zurückgezogen und macht die Erfahrung des Geschöpflichen und der Ohnmacht. Es ist

5 Dial. 2, prol. 2. Im Folgenden richten sich die Abkürzungen nach dem Abkürzungsverzeichnis des LThK3 (1993). Einzige Ausnahme bildet die Benediktusregel, die als RB (Regula Benedicti) abgekürzt wird.

6 Dabei handelt es sich um *Constantinus,* der als Nachfolger *Benedikts* das Amt des Abtes auf dem Montecassino bekleidete; ferner um *Valentinianus,* Vorsteher des Klosters im Lateran, um *Simplicius,* den zweiten Nachfolger *Benedikts,* und um *Honoratus,* den Vorsteher eines Klosters, „in dem Benedikt zunächst lebte" (Dial. 2., prol. 2). Die Nennung konkreter Namen verfolgt offenbar den Sinn der Nachprüfbarkeit. Zudem legitimieren die vier Namen die Echtheit der Überlieferungen, auf die sich *Gregor* beruft.

7 Vgl. *Anselm Grün,* Benedikt von Nursia. Meister der Spiritualität, Freiburg i.Br./Basel/Wien 42002, 16–17; *Puzicha,* Benedikt, 13–16.

8 Vgl. dial. 2,1,1.4.

eine Zeit der Krise und der Entscheidung, eine Zeit der Begrenztheit des eigenen Ich.[9]

- Die Phase im Erdloch dauert drei Jahre, ehe sich für *Benedikt* eine Zeit des „Dazwischen" anbahnt: zwischen Höhle und klösterlichem Leben auf dem Montecassino. Erste Mönche sammeln sich um *Benedikt,* und 12 kleinere Klöster entstehen, *Benedikt* wird der Vorsteher einer Brüdergemeinschaft.[10] In dieser Phase geht es um die Weitergabe der eigenen geistlichen Erfahrungen. Etwas Weiteres erfährt *Benedikt* in dieser Zeit: Durch den Neid eines in der Umgebung lebenden Priesters wird er zum Aufbruch getrieben.[11] Dadurch soll deutlich werden, dass er nicht nach seinen eigenen Vorstellungen handelt, sondern sich schicksalhaft führen lässt.[12]
- Die dritte Station bildet der Montecassino, auf dem *Benedikt* ein Kloster errichtet.[13] Zentral ist hier das Symbol des Berges als besondere Nähe zum Himmel. Auf dem Berg wird *Benedikt* zum Abt. Dieses Amt im Spiegel des Berges bedeutet ein Wachen in doppelter Hinsicht: die Erwartung der Wiederkunft des Herrn und das Wachen über eine Gemeinschaft von Brüdern, die im Geist des Evangeliums unterwiesen werden soll.[14]
- Das Leben auf dem Montecassino führt *Benedikt* immer näher an den Himmel heran. Symbolisch kommt das in der Turmwohnung zum Ausdruck, die er als Abt bewohnt. Die Zeichenhaftigkeit wird noch weiter verstärkt, indem diese Turmwohnung in zwei Bereiche – einen oberen und einen unteren – unterteilt wird, die durch eine Treppe voneinander getrennt sind.[15] *Benedikt* befindet sich nun ganz auf der Höhe seines Lebens und in unmittelbarer Nähe zum Himmel.[16]

9 Vgl. *Puzicha,* Benedikt, 32–33.
10 Vgl. dial. 2,1,4; 2,3,13.
11 Vgl. dial. 2,8,1.5.
12 Vgl. *Puzicha,* Benedikt, 33–34.
13 Vgl. dial. 2,8,10.
14 Vgl. *Puzicha,* Benedikt, 34–35.
15 Vgl. dial. 2,35,2.
16 Vgl. *Puzicha,* Benedikt, 35–36.

– Die fünfte und letzte Station weist über dieses Leben hinaus, indem eine Himmelsstraße erscheint, die sich vom Kloster in östlicher Richtung zum Himmel erstreckt.[17] Der geistliche Aufstieg *Benedikts* wird durch die letzte Wegmarke zum Himmel vollendet. Wichtig ist die östliche Richtung als Symbol: Es ist der Ort der aufgehenden Sonne, die den Auferstandenen und Wiederkommenden darstellt.[18]

Ganz allgemein kann aus *Benedikts* geistlichem Weg folgender Leitsatz Geistlicher Begleitung formuliert werden: Der geistliche Weg führt in die Tiefe, kennt Zeiten eines mühevollen „Dazwischen", ist wach und erwartend, spendet Leben und führt in den Himmel.

1.3 Benedikt als Geistlich Begleiteter

1.3.1 Die Begegnung mit Romanus: Geistliche Beziehung ist initiatorisch und verschwiegen

An den entscheidenden Punkten seines Lebens darf *Benedikt* Menschen begegnen, die ihm den Dienst Geistlicher Begleitung anbieten. Am Beginn seines monastischen Weges ist dies der Mönch *Romanus*, der einem nicht weit von Subiaco entfernt liegenden Kloster entstammt.[19] Die Begegnung zwischen *Benedikt* und *Romanus* ereignet sich, kurz nachdem *Benedikt* nach Subiaco aufgebrochen ist. *Romanus* fragt *Benedikt* nach dem Ziel seiner Reise und bietet ihm jedwede Hilfestellung. *Romanus* wahrt die Diskretion, da er *Benedikt* verspricht, mit niemandem über seinen Aufenthalt in der Höhle zu sprechen.[20] Die Geschichte berichtet weiter, dass *Romanus Benedikt* das Gewand gottgeweihten Lebens reicht und ihm zur Seite steht.[21] Mit dem Gewand ist nicht der Habit als Kleidungsstück des Mönches gemeint, sondern der innere Habitus, die Geistes-

17 Vgl. dial. 2,37,3.
18 Vgl. *Puzicha,* Benedikt, 36.
19 Vgl. dial. 2,1,5.
20 Dial. 2,1,4.
21 Vgl. ebd.

haltung, die den wahren Mönch auszeichnet. *Romanus* weist *Benedikt* also in das monastische Leben ein. *Gregor* greift damit ein Motiv auf, das seit den ersten Tagen der Mönche existiert: Wer Mönch werden will, kann das nicht für sich alleine, er bedarf der Einweisung durch einen erfahrenen Mönch. So ist auch die Nahrung, die *Romanus Benedikt* bringt, als physische und spirituelle Nahrung zu verstehen.[22] *Benedikt* ist in seinem Einsiedlerleben auf Hilfe anderer angewiesen, was den materiellen sowie den geistlichen Hunger betrifft.[23]

1.3.2 Der Osterbote: Geistliches Leben lässt sich überraschen und ist offen für Korrektur

Die Zeit in der Höhle entfremdet *Benedikt* so sehr von der kirchlichen Gemeinschaft, dass dieser jeden Bezug zu gemeinsamen gottesdienstlichen Feiern verliert und selbst das Osterfest übersieht. So geschieht es, dass an einem Ostersonntag auf göttliches Geheiß ein Priester zu *Benedikt* kommt. Jetzt kann dieser wieder kennen lernen, was er in den drei Jahren in der Höhle vernachlässigt hat: *Benedikt* und der Priester beten gemeinsam, preisen Gott, führen geistliche Gespräche und halten miteinander Mahl.[24] Der Priester übt *Benedikt* gegenüber die Funktion eines kritischen Korrektivs aus, das in der Geistlichen Begleitung notwendig ist.

1.3.3 Die geistliche Freundschaft mit Theoprobus ist ein Weg der Empathie

In der Begegnung zwischen *Benedikt* und *Theoprobus* greift *Gregor* das Motiv geistlicher Freundschaft auf. *Benedikt* war ursprünglich der Geistliche Begleiter des *Theoprobus*, der auf die Weisungen *Benedikts* hin Asket wurde. Dafür, dass aus der Begleitung eine Freundschaft geworden ist, spricht die Tatsache, dass *Theoprobus* unangemeldet in die Zelle *Benedikts* auf dem Montecassino kommen darf. *Theoprobus* sieht *Benedikt* eines

22 Vgl. dial. 2,1,5.
23 Vgl. *Puzicha,* Benedikt, 37–38.
24 Vgl. dial. 2,1,6–7.

Tages weinen. Das Gespräch zwischen beiden legt offen, dass *Benedikt* über die bevorstehende Zerstörung des Klosters auf dem Montecassino trauert. Diese Trauer kann er mit seinem Freund teilen, aber auch die Hoffnung, dass zumindest keiner der Brüder zuschaden kommen wird.[25] Zwei Aspekte der geistlichen Freundschaft scheinen wichtig zu sein: Zum einen kann *Theoprobus* offensichtlich den rechten Abstand auch in der Zelle wahren, zum anderen können *Theoprobus* und *Benedikt* Trauer und Hoffnung miteinander teilen.[26]

1.3.4 Die Geschwister Benedikt und Scholastika: Der geistliche Weg ist von der göttlichen Liebe dominiert und kann bisweilen Regeln überwinden

Sehr eindrucksvoll schildert *Gregor* die Begegnung zwischen *Benedikt* und seiner Schwester *Scholastika*, die schon seit Kindestagen Gott geweiht ist. Ein Mal im Jahr treffen sich die Geschwister zum gemeinsamen Gebet und zum geistlichen Gespräch. *Scholastika*, die schon ihren nahen Tod ahnt, bittet *Benedikt* bei ihrem letzten Treffen, die Nacht über mit ihr in geistlichen Gesprächen zu verweilen. *Benedikt* will das gar nicht zulassen, weil er keinesfalls mit der Regel brechen will, noch vor Einbruch der Dunkelheit ins Kloster zurückzukehren. *Scholastika* beginnt daraufhin zu beten, und noch während ihres Gebets verfinstert sich der bislang wolkenlose Himmel; ein heftiges Gewitter bricht los, so dass *Benedikt* nicht in sein Kloster zurückkehren kann. So verbringen *Benedikt* und *Scholastika* die Nacht über mit geistlichen Gesprächen und können sich gegenseitig stärken.[27] Die Begegnung mit seiner Schwester lässt *Benedikt* erkennen, dass es Situationen geben kann, in denen die klösterlichen Weisungen um der Liebe willen außer Kraft gesetzt werden. Er darf durch seine Schwester in der Weisheit reifen und erkennen, dass die Liebe größer als alles ist.[28]

25 Vgl. dial. 2,17,1–2.

26 Vgl. *Puzicha,* Benedikt, 39–40.

27 Vgl. dial. 2,33,2–4.

28 Vgl. *Puzicha,* Benedikt, 41–43.

1.3.5 Die geistliche Verbundenheit mit Servandus: Das geschenkte Ziel eines gemeinsamen geistlichen Weges ist geteilte Gotteserfahrung

Neben der Freundschaft zu *Theoprobus* verbindet *Benedikt* auch mit dem Diakon und Abt *Servandus* eine enge geistliche Beziehung. Eines Nachts, als *Benedikt* im oberen Teil seiner Turmzelle und *Servandus* im unteren Teil weilt, wird dem Mönchsvater eine Vision geschenkt: Mitten in der Nacht darf er die ganze Welt wie in einem einzigen Sonnenstrahl schauen, der heller als der hellste Tag leuchtet.[29] Sinn dieser Vision ist, dass *Benedikt* Gewissheit über die Existenz Gottes in der Welt erhalten soll, woran er *Servandus* Anteil geben will. Das Wesen einer engen geistlichen Beziehung, wie sie *Gregor* hier schildert, besteht in der Mitteilung einer Gotteserfahrung. Beide Seiten zeigen Offenheit für Gott und können diese auch in eine Sprache kleiden.[30]

Das Ende seines Lebens erfährt *Benedikt* im Kreis seiner Brüder. Er lässt sich in die Kirche tragen, stärkt sich durch den Empfang der Eucharistie und lässt seinen geschwächten Leib von seinen Brüdern stützen. Mit erhobenen Händen stirbt er unter Worten des Gebetes.[31] *Benedikt* erscheint, angefangen vom Eremitenleben in der Höhle bis zu seinem Tod, als ein begleiteter Mensch. *Gregor* stellt damit heraus, dass die Beziehung zu Menschen auch für einen Mönch eine entscheidende Rolle spielt.[32]

29 Vgl. dial. 2,35,3.

30 Vgl. *Puzicha,* Benedikt, 40–41.

31 Vgl. dial. 2,37,2.

32 Vgl. *Puzicha,* Benedikt, 43.

2. Geistliche Begleitung in der Benediktusregel

2.1 Das Verständnis Geistlicher Begleitung in der Benediktusregel

2.1.1 Christus als Gegenüber und Ziel Geistlicher Begleitung

Im Prolog seiner Mönchsregel charakterisiert *Benedikt* das klösterliche Leben als einen vom Evangelium geführten Weg.[33] Es ist der Weg, den *Benedikt* selbst gegangen ist und den er auch für seine Mönche vorsieht. Das Gehen des geistlichen Weges im Kloster stellt keinen Selbstzweck dar, sondern erstrebt ein gelingendes Leben.[34] *Benedikt* drückt es mit den Worten des Psalmisten folgendermaßen aus: „Wer ist der Mensch, der das Leben liebt und gute Tage zu sehen wünscht?“[35] Für den geistlichen Weg ist dem einzelnen Mönch durch die Regel ein Handwerkszeug gegeben. Das wichtigste Instrument stellt die Ausrichtung der eigenen Existenz an Christus dar,[36] die u.a. von einem rechten Umgang mit den bösen Gedanken geprägt sein soll. Dazu gehören zwei Komponenten, nämlich das Zerschellen dieser Gedanken an Christus[37] und die Aussprache darüber mit einem geistlichen Vater. An diesem Punkt kommt Geistliche Begleitung ins Spiel: Für den Mönch wird sie zum Mittel, die

33 Vgl. prol. 21. Alle Zitate aus der Benediktusregel, die in diesem Beitrag angeführt werden, richten sich nach der *Salzburger Äbtekonferenz* (Hg.), Regula Benedicti. Die Benedictusregel. Lateinisch/Deutsch, Beuron ^{4}2005.

34 *Grün,* Benedikt, 42.

35 Ps 34,13 in RB prol. 15.

36 Vgl. RB 4,44–50, v.a. V. 50.

37 Die Vorstellung des Zerschmetterns böser Gedanken an Christus erwähnt *Benedikt* schon in prol. 28. Dort führt er sie in Form eines Zitates aus Ps 137,9 an. Der Fels, an dem die bösen Einflüsterungen zunichte gemacht werden sollen, ist Christus. Damit greift *Benedikt* auf 1 Kor 10,4 zurück. Sachlich geht es darum, dass der Mönch in Situationen der Bedrängnis Hilfe nur von Christus zu erwarten hat; vgl. *Michaela Puzicha,* Kommentar zur Benediktusregel. Mit einer Einführung von *Christian Schütz.* Im Auftrag der *Salzburger Äbtekonferenz,* St. Ottilien 2002, 60. Vgl. dazu auch *Aug.,* enarr. in Ps 136,21–22, zitiert bei *Michaela Puzicha* (Hg.), Quellen zur Benediktusregel. In Zusammenarbeit mit *Johannes Gartner* und *Plazidus Hungerbühler.* Im Auftrag der *Salzburger Äbtekonferenz,* St. Ottilien 2007, 20–21.

Gedanken, die die eigene Christuszentriertheit gefährden, zu ordnen. Das Böse ist eine Realität. Es geht darum, den Schatten anzunehmen, nicht ihn zu moralisieren.

Die Aussprache mit einem erfahrenen Mönch stellt schon in der Zeit vor *Benedikt* eine im Mönchtum verbreitete Form der Ordnung böser Gedanken dar, die auch Herzensöffnung genannt wird.[38] Sie ist ein spezieller Dienst an der Christusbeziehung der Mönche, der durch erfahrene geistliche Väter ausgeübt wird. Nach RB 7,44 ist es der Abt, dem der Mönch seine bösen Gedanken offen legt, und für *Benedikt* repräsentiert der Abt innerhalb der klösterlichen Gemeinschaft Christus; der Abt handelt an Christi statt, „wird er doch mit dessen Namen angeredet“[39]. In diesem Sinn ist der Abt der Geistliche Begleiter der Mönche.

2.1.2 Geistliche Begleitung greift ein, ohne übergriffig zu sein

Der Abt muss nicht nur darauf warten, bis Mönche zu ihm kommen und um seinen Rat bitten, er hat in manchen Fällen auch aus eigener Initiative sein Amt auszuführen, indem er auf Brüder zugeht, die das gemeinschaftliche Leben gefährden. Gemäß 2 Tim 4,2 soll er tadeln, ermutigen und streng zurechtweisen.[40] Angesichts einer Gemeinschaft unterschiedlicher Charaktere von Mönchen bedeutet das eine schwere Aufgabe, die er nach dem Grundsatz der benediktinischen discretio zu erfüllen hat: Gespür für den rechten Augenblick, Strenge und gutes Zureden, Ernst des Meisters und Güte des Vaters.[41] Das Ziel des äbtlichen Handelns ist sowohl im Falle des Zwiegesprächs unter vier Augen als auch im Fall der Zurechtweisung die Heilung.[42]

38 Das ist bezeugt etwa bei *Cassian.*, coll. 2,10,1–3; inst. 4,9, zitiert bei *Puzicha,* Quellen, 132–133.

39 RB 2,2.

40 Vgl. RB 2,23.

41 Vgl. RB 2,24.

42 Vgl. RB 28,5; 46,6.

2.1.3 Geistliche Führung trägt Verantwortung

Heilung ist auch der Schlüssel zum Verständnis der Strafkapitel, etwa in RB 23–26. Verfehlungen sollen nach der Regel zunächst mit zwei Ermahnungen, dann durch öffentliche Zurechtweisung, aber auch durch Ausschließung und körperliche Strafen sanktioniert werden.[43] Diese Strafen bedeuten nicht einen Racheakt des Abtes, sondern sollen Heilung bewirken. Auch wenn heutzutage manche Formen der Heilung fremd erscheinen,[44] so stellen sie doch für *Benedikt* ein Instrument Geistlicher Begleitung dar, das sich vornehmlich an diejenigen richtet, die wenig Gespür für das gemeinschaftliche Zusammenleben aufbringen oder aus den eigenen Fehlern nicht lernen können. Das eigenverantwortliche Eingreifen des Abtes ist eher mit dem Begriff der *geistlichen Führung* zu bezeichnen als mit *Geistlicher Begleitung.*

2.2 Der Abt als Geistlicher Begleiter

2.2.1 Geistliche Begleitung fordert und fördert eine Herzensöffnung als Grundlage von Führung

Der Abt ist der erste Seelsorger des Klosters. Das Vier-Augen-Gespräch bietet für den zu begleitenden Mönch einen geschützten Rahmen, den Abt verpflichtet es zur Diskretion. Wenn der Mönch dem Abt seine bösen Gedanken bekennen soll, geht es um Heilung und niemals um Beschämung.[45] Die bösen Gedanken sollen nicht allzu sehr Macht über den Bruder bekommen, so dass dieser gar das Ziel seines monastischen Weges, nämlich Christus selbst, aus den Augen verliert. RB 4,50 schränkt diesen Dienst nicht auf den Abt ein, sondern spricht ganz allgemein vom geistlichen Vater (senior spiritalis). RB 7,44 dagegen sieht im Abt denjenigen, dem der Mönch seine bösen Gedanken bekennt und darüber hinaus all das im Ge-

43 Vgl. RB 23.

44 Vgl. *Ambrose Tinsley,* Im Hause Benedikts. Der Heilige und seine Regel. Aus dem Englischen von *Irmgard Schmidt-Sommer,* Beuron ^{2}2002, 100–105.

45 Vgl. RB 46,5–6.

heimen begangene Böse. Es würde zu kurz greifen, wenn es nur um schädliche Absichten ginge, die Regel will vielmehr eine Offenlegung des Inneren. Nichts soll verschwiegen werden, alles muss dem Abt offen gesagt werden. Für den Weg des Mönches bedeutet diese auch als *exagoreusis* bezeichnete Übung ein Wachsen in der Demut,[46] wodurch jedes Verharren im Schein vermieden werden soll.[47] Diese Form Geistlicher Begleitung stellt eine alte mönchische Praxis dar, die schon bei *Basilius*[48] und *Cassian*[49] bezeugt ist. Die zugrunde liegende Vorstellung besagt, dass durch das Aussprechen die ungeordneten Gedanken an Kraft verlieren. Für den Mönch bedeutet dies freilich ein hohes Maß an Bereitschaft, soll er doch dem Abt, dem auch die Leitung des Klosters anvertraut ist, seine inneren Regungen offen legen.[50]

2.2.2 Geistliche Begleitung hat Geduld und wartet auf den rechten Augenblick

Der Abt hat verantwortungsbewusst mit den ausgesprochenen inneren Regungen seiner Mönche umzugehen. Dieses hohe Maß an Verantwortung setzt *Benedikt* in Beziehung zum eschatologischen Endgericht, d.h. der Abt muss das Kloster mit dem ständigen Bewusstsein der Wiederkunft Christi führen, der als Hirt und nicht als Rächer erscheinen wird.[51] Der Abt ist für alle Mönche seines Klosters und nicht nur für sein eigenes Leben verantwortlich. Daraus resultiert für *Benedikt* die Bereitschaft seitens des Abtes, stets Rechenschaft abzulegen. Missstände einiger Brüder sind daher gleich anzusprechen und verdienen keinen Aufschub. Die Kunst der äbtlichen Begleitung der Klostergemeinschaft besteht in einem Gespür für den rechten Augen-

46 Demut bedeutet in diesem Kontext die Konfrontation mit der eigenen Wirklichkeit.

47 *Benedikt* begründet diese Verpflichtung des Mönches in RB 7,45–48 biblisch unter Rückgriff auf Ps 37,5; 106,1; 118,1; 32,5.

48 Vgl. Bas., reg. fus. 26; 227, zitiert bei *Puzicha,* Quellen, 381–382.

49 Vgl. Cassian., coll. II 10,1–3; 13,12; inst. 4,9, zitiert bei *Puzicha,* Quellen, 132–133.384.

50 Vgl. *Puzicha,* Kommentar, 164–165.

51 Vgl. RB 2,39.

blick, ist doch jeder Mönch aufgrund seiner Eigenart anders geprägt. Deshalb verlangt der eine nach gewinnenden Worten, der andere ist durch Tadel zur Ordnung zurückzuführen, und der dritte muss von der Fehlerhaftigkeit seines Verhaltens überzeugt werden.[52] Es wird deutlich, dass sich im Dienst des Abtes (Geistliche) Begleitung und (geistliche) Führung verbinden. Das vertrauensvolle Vier-Augen-Gespräch zwischen Abt und Mönch ist eben nur eine Form Geistlicher Begleitung, eine andere die geistliche Führung durch den Abt. Zu allererst soll der Abt in seinem geistlichen Führungsstil Christus, den guten Hirten repräsentieren.[53]

2.3 Der Abt als geistlicher Führer

2.3.1 Geistliche Begleitung macht gelingendes geistliches Leben sichtbar

Ein wesentliches Element der geistlichen Führung durch den Abt besteht in der Darlegung der göttlichen Weisung,[54] wobei *Benedikt* betont, dass der Abt mehr durch sein Tun und Handeln als durch Worte lehren soll.[55] Der Abt gilt als Vorbild für die Mönche, d.h. am Abt soll die mönchische Lebensweise sichtbar werden. In der Benediktusregel werden beide Weisen des Lehrens jedoch nicht gegeneinander ausgespielt. Auch hier hat der Abt auf die Eigenart vieler zu achten: Einem verständigeren Mönch mag die Darlegung der göttlichen Weisung in Worten genügen, der einfältige bedarf möglicherweise des nachahmenswerten Beispiels. In allem muss der Abt jedoch selbst leben, was er auch lehrt.[56] Der Abt als sichtbares Zeichen monastischen Lebens bildet Christus ab, und durch diese Transparenz wird klar: Christus ist der Leiter des Klosters. An diesem Punkt kommt

52 Vgl. RB 2,31.

53 Vgl. *Puzicha,* Kommentar, 91. RB 2,31–36 gehen in ihrer Formulierung übrigens auf *Benedikt* selbst zurück, d.h. die Führungskunst des Abtes scheint ein wesentliches Anliegen des Mönchsvaters zu sein.

54 Vgl. RB 2,4.

55 Vgl. RB 2,12.

56 Vgl. RB 2,11–13.

wieder die große Verantwortung mit ins Spiel, die dem Abt auferlegt ist. Eben weil es um die Repräsentanz Christi geht, muss der Abt immer und überall bereit sein, Rechenschaft abzulegen.[57]

2.3.2 Geistliche Begleitung beinhaltet eine heilende Komponente

Der geistliche Leitungsdienst des Abtes wird in der Benediktusregel mit dem Handeln eines weisen Arztes verglichen, und zwar bezogen auf Brüder, die sich verfehlen bzw. die schon des Öfteren zurechtgewiesen und ausgeschlossen wurden, sich aber nicht gebessert haben. Das Bild des Arztes verwendet *Benedikt* im 27. und im 28. Kapitel seiner Regel. Wie ein Arzt soll der Abt Brüdern gegenüber handeln, die sich verfehlen und ausgeschlossen werden. Die Überschrift des 28. Kapitels charakterisiert diese Brüder als Unverbesserliche. Was darunter genau zu verstehen ist, erläutert der lateinische Titel der Überschrift *De his, qui saepius correpti emendare noluerint*: Es sind Brüder, die bewusst in einer Verweigerungshaltung gegenüber der Ordnung des Klosters verharren. Wie die ausgeschlossenen Brüder im 27. Kapitel gelten sie für *Benedikt* als krank.[58]

Wenn der Abt diesen Mönchen gegenüber wie ein weiser Arzt handeln soll, bedeutet das für *Benedikt* ein Handeln nach dem Vorbild Christi, der sich selbst mit einem Arzt vergleicht: *Nicht die Gesunden brauchen den Arzt, sondern die Kranken.*[59] Jesus sieht sich zu den Kranken und Sündern gesandt, um ihnen die Barmherzigkeit des Vaters zu verkünden. Ebenso ist

57 RB 2,2 bezeichnet den Abt deshalb nicht zu Unrecht als Stellvertreter Christi: *Christi enim agere vices in monasterio creditur;* vgl. dazu auch RB 63,13.

58 Vgl. dazu auch *Pachomius,* Praecepta atque iudicia 5, zitiert bei *Puzicha,* Quellen, 268.

59 Vgl. Mt 9,12 in RB 27,1. Das Motiv ‚Christus als Arzt‘ ist in der Alten Kirche verschiedentlich bezeugt, so dass *Benedikt* darauf zurückgreifen kann; vgl. *Ign.,* Eph 7,2 (bei *Andreas Lindemann/Henning Paulsen,* Die Apostolischen Väter. Griechisch-deutsche Parallelausgabe auf der Grundlage der Ausgaben von *Franz Xaver Funk/Karl Bihlmeyer* und *Molly Whittaker* mit Übersetzungen von *M. Dibelius* und *D.-A. Koch,* Tübingen 1992, 183); *Aug.,* tract. in ev. Ioh. 3,3; 7,21; *Orig.,* hom. in Lev 8,1, zitiert bei *Puzicha,* Quellen, 266–268.

es auch Jesus Christus, der durch den Abt den Kranken im Kloster die Barmherzigkeit des Vaters verkündet. In erster Linie soll es dem Abt um die Rückkehr der kranken Brüder in die Gemeinschaft gehen. Den ersten Dienst der Tröstung und der Motivation zu Demut und Buße lässt der Abt durch Senpekten, d.h. durch erfahrene geistliche Väter, ausführen. Damit werden sowohl der Abt als auch der kranke Bruder geschützt: ersterer vor einem allzu autoritativen Auftreten, letzterer vor einem Versinken in einer schwierigen Situation.[60] Die Senpekten üben einen wichtigen Dienst aus, sie begleiten den schwachen und kranken Bruder geistlich. In seinem labilen Zustand stehen sie ihm mit Trost zur Seite, wobei sie im Gespräch die Tatsachen offen darlegen, um so den Bruder zur Annahme seiner verstrickten Lage und damit zur Buße zu bewegen. Die Rückholung des Bruders, der zur Einsicht in sein Fehlverhalten gelangt ist, erfolgt durch die gesamte Gemeinschaft, indem sie für ihn betet.[61]

Im Motiv des Arztes liegt die Metaphorik der in den verschiedenen Versen des 28. Kapitels aufgeführten Tätigkeiten des Abtes begründet: Der Unverbesserliche ist mit lindernden Umschlägen und Salben der Ermahnung zu behandeln, sodann mit der Arznei der Heiligen Schrift und schließlich mit dem Brenneisen des Ausschlusses und der Rutenschläge.[62] Wenn alle diese Mittel keine Frucht zeigen, sollen alle Brüder gemeinsam mit dem Abt für den Kranken beten, „dass der Herr, der alles vermag, ihm die Heilung schenkt“[63]. Erst im letzten Schritt, wenn der Unverbesserliche überhaupt keinen Willen zur Besserung zeigt, muss sich die Gemeinschaft von diesem Bruder ganz trennen. Diesen Fall drückt *Benedikt* wiederum im Vokabular der Medizin aus: Der Abt muss dann einen chirurgischen Eingriff vollziehen und „das Messer zum Abschneiden“[64] ansetzen.

60 Vgl. RB 27,2–3; ferner *Puzicha*, Kommentar, 278.
61 Vgl. RB 27,4.
62 Vgl. RB 28,3.
63 RB 28,5.
64 RB 28,6.

Dieser letzte notwendige Schritt ist biblisch begründet durch 1 Kor 5,13; 7,15. Dies stellt nicht nur eine Strafe für den unbußfertigen Bruder dar, sondern schützt auch die Gemeinschaft. Dieses Vorgehen des Abtes ist ein Teil des geistlichen Leitungsdienstes, der v.a. die Heilung im Blick hat.

2.3.3 Geistliche Führung sucht Verlorenes

Mit RB 27,5 scheint ein neues Bild auf: das des guten Hirten, das ebenso christologisch gefüllt ist wie das des Arztes. Im pastoralen Handeln des Abtes ist letztlich Christus am Werk. Kommt der Abt dieser Sorge nicht nach, wird die Transparenz auf Christus beeinträchtigt; daher warnt *Benedikt* den Abt vor einer allzu autoritativen Führung und untermauert dies mit einem Drohwort aus Ez 34,3–4.[65] Gegen Ende des 27. Kapitels steht nochmals eine Anspielung auf das Evangelium. In freien Stücken paraphrasiert *Benedikt* Lk 15,4–5, um deutlich zu machen, dass der Abt mehr Sorge auf einen kranken Bruder zu verwenden hat als auf viele „Gesunde“[66].

2.3.4 Geistliche Führung akzeptiert Schwächen, ohne sie gutzuheißen

Ein weiteres biblisches Bild trägt *Benedikt* indirekt ins 27. Kapitel hinein: Das Bild vom Irregehen in Vers 8 ist im vierten Gottesknechtslied Jes 53,6 verankert. Darüber hinaus zeigt auch RB 27,9 eine Verbindung zu Jes 53. Während *Benedikt* vom Tragen des verirrten Schafes spricht, wird vom Gottesknecht berichtet, dass er die Sünde trägt (vgl. Jes 53,4–5.11–12).[67] Die Gottesknechtslieder, insbesondere das dritte in Jes 53, bilden eine gedankliche Brücke zu Jesus Christus und seiner Passion.[68] Somit erscheinen im 27. und 28. Kapitel der Benediktusregel drei große christologische Bilder: der Arzt, der gute Hirt und der leidende Gottesknecht. Diese drei Bilder, die einen mit-

65 Vgl. RB 27,6–7.
66 Vgl. RB 27,8.
67 Vgl. *Puzicha,* Kommentar, 282–283.
68 Vgl. 1 Clem 16,3–16 (bei *Lindemann/Paulsen,* Apostolische Väter, 96–99).

leidenden und gebrochenen Christus zeichnen, sind Vorbilder für den geistlichen Führungsstil des Abtes: Um Sorge, Mitleid und Ertragen der Schwächen soll es ihm gehen, nicht um ein Beherrschen. Ertragen der Schwächen heißt jedoch nicht, sie gutzuheißen. Gegen Ende der Benediktusregel steht dazu geschrieben: *Er [der Abt] hasse die Fehler, er liebe die Brüder.*[69] Die Fehler an den Brüdern sind abzulehnen, die Brüder jedoch mit aller Sorge in die Gemeinschaft zurückzuholen.

2.4 Ausblick: Die Anachoreten – hinreichend begleitete Brüder

Unmittelbar nach dem Prolog stellt *Benedikt* im ersten Kapitel seiner Mönchsregel verschiedene Arten von Mönchen vor. An erster Stelle nennt er die Koinobiten, d.h. die in einer klösterlichen Gemeinschaft lebenden Brüder, die er als Idealtyp herausstellt.[70] Im Anschluss daran verweist er auf die Anachoreten[71] bzw. die Einsiedler, die den Urtypus der Mönchsbewegung darstellen. Ursprünglich lebten Anachoreten weitab von der Stadt in der Wüste, jedoch nur nach vorhergehender hinreichender Schulung durch eine klösterliche Gemeinschaft.[72] Daran knüpft *Benedikt* an und setzt damit voraus, dass jeder Anachoret einmal ein Koinobit war. Der Sinn des gemeinschaftlichen Lebens als eines ersten Schrittes besteht in der Vorbereitung auf das Leben in der Einsamkeit der Wüste, in dem die Anachoreten „gegen die Sünden des Fleisches und der Gedanken kämpfen"[73]. Konkret heißt das, dass sie im Einsiedlerleben keines Abtes oder geistlichen Vaters bedürfen. Das setzt voraus, dass Einsiedler in der Zeit ihres gemeinschaftlichen Lebens die eigene Fähigkeit geistlicher Führung und Geistlicher Begleitung entdecken und

69 RB 64,11.

70 Vgl. RB 1,1–2.

71 Der Terminus *Anachoret* leitet sich aus dem Griechischen her und bedeutet als Verb *zurückziehen.* Vgl. *Karl Suso Frank,* Art. Anachoreten, in: LThK^3 1 (2006), 572.

72 Vgl. *Cassian.,* coll. 18,6,1–2; inst. 5,36,1; *Cassiod.,* inst. div. 1,29,3; vgl. dazu auch den Canon 38 des Conciliums Agathense, alle zitiert bei *Puzicha,* Quellen, 35–37.

73 RB 1,5.

kultivieren konnten, so dass sie sich fortan selbst begleiten können. *Benedikt* ist wichtig zu betonen, dass dies keine Leistung des Mönches darstellt, sondern dass Gott so an einigen Brüdern handelt. Allgemein kann daraus der Leitsatz Geistlichen Begleitens formuliert werden, dass Geistliche Begleitung durch einen Menschen zeitlich begrenzt ist. Nur Gott selbst ist der ewige Begleiter.

Mit Teresa von Avila auf dem Weg zur Menschwerdung

Inspiration für eine Konzeption Geistlicher Begleitung

Norbert Jaroslav Žuška OCarm

Zusammenfassung: Was hat *Teresa von Avila,* als Frau des Gebetes und Lehrerin des geistlichen Lebens, uns zu sagen, die wir heute als Geistliche Begleiterinnen und Begleiter anderen Menschen zu ihrer *Menschwerdung* verhelfen möchten? Was hat sie erfahren, was erstrebt? Was empfiehlt sie denen, und wovor warnt sie diejenigen, die sie auf dem Weg der Gottesfreundschaft begleitet? Auf diese und ähnliche Fragen wird auf den folgenden Seiten eine Antwort gesucht.

Abstract: Teresa of Avila, woman of prayer and teacher of a spiritual life: what does she have to say today to persons who – as spiritual companions – want to help other people attain their *incarnation?* What did she experience, what did she aspire to? What does she recommend to those she accompanies on the way to the friendship with God, and what does she advise against? An answer to these and similar questions will be looked for on the following pages.

Wonach verlangen und wen brauchen Menschen zu ihrer Menschwerdung? fragt *Klaus Kießling* in seiner Dissertation *Seelsorge bei Seelenfinsternis*; und nachdem er versucht, eine *theologische Anthropologie* aufzuzeichnen, gibt er folgende Antwort: Als Frauen und Männer, die *Verweise auf das Geheimnis des Lebens* sind, brauchen Menschen zu ihrer Menschwerdung *Mystagogen und Inspiratoren*; als *freigelassene Geschöpfe* brauchen sie *Freisetzer und Mahner*; als *Mitmenschen* – als auf Liebe ausgerichtete Wesen – brauchen sie *Stellvertreter und Anwälte*; als *Zukunftssuchende* brauchen sie *Wegbegleiter*. Die – nicht bloß theoretische – Möglichkeit, auf dem Weg der Menschwerdung zu scheitern, *unterstreicht* die Bedeutung solcher Frauen und Männer.[1]

1 Vgl. *Klaus Kießling,* Seelsorge bei Seelenfinsternis. Depressive Anfechtung als Provokation diakonischer Mystagogie, Freiburg i.Br. 2002, 291–300.

In meinem Beitrag möchte ich eine Frau vorstellen, die all diese Dimensionen in sich trägt und die uns Menschen, die sich auf den Dienst der Geistlichen Begleitung einlassen, wertvolle Inspiration bieten kann. Zu ihren Lebzeiten war sie sowohl *progressiv* als auch *gut verwurzelt* im Boden der Kirche. Aufgrund ihrer *hartnäckigen Suche nach Wahrheit* und ihrer zugleich lebendigen *sympathischen Menschlichkeit*, aufgrund ihrer *großen bewährten Erfahrung* kann sie uns, den Geistlichen Begleiterinnen und Begleitern von heute, zur *Gesprächspartnerin* und *Wegbegleiterin* werden. Diese Frau heißt *Teresa von Avila.*[2]

Ich möchte *Teresas* eigenen Worten möglichst viel Platz einräumen und Teile ihrer Texte zitieren, weil ich selber in ihren Schriften ausgiebige Nahrung für mein geistliches Leben und meine Gottesfreundschaft gefunden habe, sowie auch Unterstützung für Menschen, die ich begleite. Als Schlüssel zu *Teresas* Texten nehme ich die von *Klaus Kießling* oben genannten *Ansprüche* an diejenigen, die als Begleiterinnen und Begleiter zur Menschwerdung anderer beitragen möchten.

1. Als Verweise auf das Geheimnis des Lebens brauchen Begleitete zu ihrer Menschwerdung Mystagogen und Inspiratoren

Mystagoge und Inspirator ist ein Mensch, der das Geheimnis des Lebens selber erfahren hat und aufgrund seiner Erfahrung imstande ist, das Geheimnis des anderen im anderen zu spüren und dessen Verwirklichung zu fördern.

Teresa von Avila spricht aus Erfahrung: „Ich werde nichts sagen, was ich nicht aus Erfahrung von mir oder anderen weiß

2 *Teresa von Avila,* geboren als *Teresa Sánchez de Cepeda y Ahumada* (*28. März 1515 in Ávila, Kastilien, Spanien; † 4. Oktober 1582 in Alba de Tormes, bei Salamanca) war Karmelitin und Mystikerin; sie ist Kirchenlehrerin und Heilige. Im Rahmen meiner Lizentiatsarbeit versuchte ich *Teresa von Avila* mit *Carl Rogers* ins Gespräch zu bringen und daraus einen Beitrag zur Geistlichen Begleitung zu entwickeln, die sowohl die geistliche als auch die psychologische Dimension des Prozesses im Blick hat. Vgl. *Norbert J. Zuška,* Beziehung, die wirkt, Frankfurt a. M. 2009.

oder vom Herrn im Gebet zu verstehen gegeben bekam."[3] Mit diesen Worten leitet sie das Buch *Weg der Vollkommenheit* ein, das als Katechismus des inneren Betens gilt. Inneres Beten ist für *Teresa* der *königliche Weg der Liebe* zwischen Gott und Mensch sowie zwischen Mensch und Gott. Auf diesem Weg kann der Mensch das Ziel seines Lebens nicht verfehlen. „Wer dich, mein höchstes Gut, wirklich liebt, geht sicher auf einer breiten königlichen Straße. Weit weg ist da der Abgrund. Kaum ist er ein bisschen gestolpert, reichst du, Herr, ihm die Hand. Ein oder auch viele Stürze genügen nicht, um verloren zu gehen, wenn er zu dir … Liebe fasst."[4]

Wer aber ist *Teresas* höchstes Gut, das Geheimnis ihres Lebens und zugleich dessen Ziel? Wie sieht *Teresas* Gottesbild aus?

Teresas Gottesbild entfaltete sich begreiflicher Weise im Laufe ihres Lebens. Als kleines Kind glaubte *Teresa* an Gott, der *Glück für immer* bedeutet. In der Jugendzeit, als sich ihr eigenes Leben zu entfalten begann, verblassten das Gottesbild und die Gottesbeziehung ihrer Kindheit. Sie selber blickt später auf diese Zeit mit großem Schmerz zurück und bezeichnet sich – im Sprachgebrauch ihrer Zeit sowie aus der Perspektive der erfahrenen Liebe Gottes – als *große Sünderin*.

Gott, der sich als Gott einer persönlichen Freundschaft herauszukristallisieren beginnt, tritt mit *Teresas* ersten Schritten auf dem Weg des inneren Betens deutlicher in Erscheinung. Diese Schritte fallen ihr schwer, weil sie sich nicht würdig fühlt, mit diesem *erhabenen Gott ihrer Kindheit* in eine tiefere persönliche Beziehung zu treten. Ihre Unfähigkeit, im Alltag auf die Liebe Gottes zu antworten, bringt sie sogar dazu, das innere Beten für bestimmte Zeit aufzugeben: „Es schien mir besser zu sein, mich so zu verhalten wie die vielen – denn armselig, wie ich bin, gehörte ich zu den schlimmsten – und nur mündlich die Gebete zu verrichten, zu denen ich verpflichtet war"[5]. Um das Gefühl der eigenen Unwürdigkeit zu besiegen, versucht *Teresa* in der Zeit des inneren Betens sich Jesus als den vorzustellen, der *allein oder niedergeschlagen* ist: „Mir schien, dass er mich,

3 *Teresa von Avila,* Weg der Vollkommenheit, Freiburg i.Br. 2003, 72.

4 *Teresa von Avila,* Das Buch meines Lebens, Freiburg i.Br. 2001, 525f.

5 *Teresa,* Leben, 134.

wenn er einsam und niedergeschlagen war, als einer, der in Nöten ist, zu sich lassen müsste."[6] Auf diese Weise lernt sie allmählich seine Gegenwart und vor allem seine um unsretwillen leidende Liebe zu verinnerlichen.

Mit der wachsenden Erfahrung der Liebe Gottes, die an keine Bedingungen geknüpft ist, die einfach da ist, weil sie sich selbst nicht verleugnen kann, kann *Teresa* später sogar die Schwachheit – ihre eigene und diejenige ihrer Mitschwestern – in diese Beziehung mit hinein nehmen. Diese Schwachheit taucht gleichsam an der empfindlichsten Stelle auf und tritt als die Unfähigkeit in Erscheinung, auf Gottes Liebe entsprechend zu antworten. An ihre Schwestern schreibt sie: „Und wenn ihr ihn noch nicht liebt …, dann könnt ihr es von euch aus nicht fertig bringen, ihn entsprechend zu lieben, weil er nicht von eurer Wesensart ist; wenn ihr aber seht …, wie sehr er euch liebt, dann nehmt ihr den Schmerz in Kauf, viel mit jemandem zusammenzusein, der so anders ist als ihr."[7]

Diese Aussage betrifft das Wesentliche ihrer Gotteserfahrung und infolge dessen ihres Gottesbildes: Gott selber ist die *Quelle*, der *Träger* und der *Garant* dessen, dass die göttlich-menschliche Liebesbeziehung zur gelungenen Wirklichkeit werden kann. Im Hinblick auf ihre eigene Schwachheit kann sie nun erfahrungsgemäß über Gott sagen: „Eher würde ich müde, ihn zu beleidigen, als dass seine Majestät aufgehört hätte, mir zu verzeihen. Er wird nie müde zu geben, und seine Erbarmungen sind unerschöpflich; lasst uns also nicht müde werden, zu empfangen."[8] Das ist das Schlüsselwort für *Teresas* geglückte Gottesbeziehung: *nie müde werden*, von Gott alles *zu empfangen* – sein Erbarmen sowie seine Kraft und seine Gnadengeschenke, die zum Aufbau der Gottesfreundschaft nötig sind.

Gott ist für *Teresa* zum *wahren, treuen und zärtlichen Freund* geworden: „Du mein Herr, wie bist du doch der wahre Freund … Wer könnte das laut genug herausschreien, um zu verkünden, wie treu du zu deinen Freunden stehst! Alles versagt, du aber, Herr von allem, versagst nie … Du mein Herr, wie zärtlich,

6 Ebd., 164f.
7 Ebd., 157.
8 Ebd., 286.

sanft und köstlich verstehst du es, mit ihnen umzugehen!“[9] Vor einem auf diese Weise erfahrenen Gott braucht der Mensch nichts zu verstecken. Alles, was ihn beflügelt und bedrückt, alle Gefühle – auch die der Frustration und der Unzufriedenheit – haben ihren Platz in der Beziehung zu diesem göttlichen Freund. Einmal, nach enormen Schwierigkeiten, die *Teresa* bei einer Klostergründung durchzustehen hatte, sagt sie: „Da … wusste ich nicht, was tun, sondern zerriss mich geradezu und sagte zu unserem Herrn, eher vorwurfsvoll, dass er mir entweder nicht auftragen sollte, mich auf solche Werke einzulassen, oder aber diese Notlage beseitige.“[10]

Dabei geht aber für *Teresa* die Majestät Gottes nicht verloren! *Teresas Freund* ist *Gott und Mensch, Herr und Freund* zugleich. Nach einer Vision berichtet sie: „Ich sah, dass er, obwohl er Gott war, Mensch war, der sich über die Schwächen der Menschen nicht entsetzt, sondern Verständnis hat für unsere armselige Lage, die wegen der ersten Sünde, die wieder gutzumachen er kam, so vielen Stürzen ausgeliefert ist. Ich kann mit ihm umgehen, wie mit einem Freund, obwohl er doch Herr ist.“[11]

Teresa von Avila inspiriert mit der ihr geschenkten Gotteserfahrung und der daraus gewachsenen Gottesfreundschaft bis heute viele Gott suchende Menschen, so wie jede Geistliche Begleiterin und jeder Begleiter, die auf dem Weg sind, Mystagogen, Gotterfahrene, ja Gottliebende zu werden, diejenigen inspirieren, die sich ihnen als Begleitete anvertrauen.

2. Als freigelassene Geschöpfe brauchen Begleitete zu ihrer Menschwerdung Freisetzer und Mahner

Freisetzer und Mahner kann nur ein Mensch sein, der die Freiheit des anderen zu schätzen gelernt hat; der selbst in dem Maße frei ist, dass er den anderen nicht an sich selbst und für sich selbst zu fesseln braucht; der zugleich ein auf Erfahrung beruhendes Gespür dafür hat, was – nicht selten hinter der

9 Ebd., 371.

10 *Teresa von Avila,* Das Buch der Gründungen, Freiburg i.Br. 2007, 275.

11 *Teresa,* Leben, 554.

Maske der scheinbaren Freiheit – die unantastbare Freiheit des Menschen bedroht.

Wie *Teresa von Avila* sich selber als *freiheitsfreundliche* Geistliche Begleiterin versteht, kommt darin zum Ausdruck, welche *Methode* des inneren Betens – und des damit einhergehenden geistlichen Lebens – sie ihren Schülerinnen und Schülern *auferlegt.* Diese *Methode* heißt, *einfach das zu tun, was der Liebe dient,* weil beim inneren Beten „es nicht darauf ankommt, viel zu denken, sondern viel zu lieben … Was euch also dazu anregt, mehr zu lieben, das tut“[12].

Teresa ist überzeugt, dass jeder Mensch ein Geheimnis Gottes ist. Seine Seele ist „als eine gänzlich aus einem einzigen Diamanten oder sehr klarem Kristall bestehende Burg zu betrachten“[13], in deren innerster Mitte Gott selbst wohnt, so dass „wir kaum imstande sind, die große Würde und Schönheit der Seele zu begreifen“[14]. Gott selbst ruft jeden Menschen aus seinem Innersten zur Liebesbeziehung, deswegen ist die Gottesbeziehung eines jeden Menschen einmalig und nicht auf andere übertragbar. Die *einmalige und freie Wahrnehmung* und die *einmalige und freie Antwort* des jeweiligen Menschen sind für *Teresa* unantastbar. Es ist „für jede Seele, die sich dem inneren Beten wenig oder viel hingibt, wichtig, dass man sie nicht in einen Winkel *(der inneren Burg)* einzwängt oder einengt. Man lasse sie durch diese Wohnungen streifen, aufwärts und abwärts und nach den Seiten hin. Da ihr Gott eine so große Würde verliehen hat, soll sie sich nicht zwingen, lange Zeit in einem einzigen Raum zu bleiben“[15]!

Um aber *Teresa* in diesem Punkt nicht miss zu verstehen, gilt es, sie nicht nur als *Freisetzerin,* sondern auch als *Mahnerin* vorzustellen. Den Grund für die Notwendigkeit dieser Rolle bringt *Teresa* auf den Punkt, wenn sie bei ihren Schwestern Liebe zu Gott mit geistlichem Genuss verwechselt sieht: „Vielleicht wissen wir aber nicht, was Lieben ist, worüber ich nicht sehr erstaunt wäre, denn es besteht nicht in der größten Wonne,

12 *Teresa von Avila,* Wohnungen der Inneren Burg, Freiburg i.Br. 2005, 144.

13 *Teresa,* Wohnungen, 78.

14 Ebd., 79.

15 Ebd., 94f.

sondern in der größten Entschlossenheit, Gott in allem zufrieden stellen zu wollen und uns mit aller Kraft zu bemühen, ihn nicht zu beleidigen"[16]. *Teresa* sieht für den Menschen eine reale Gefahr – die übrigens bis heute besteht –, die Gottsuche mit einer Selbstsuche, die Liebe zu Gott mit einem vielleicht gut vertuschten und der betreffenden Person gar unbewussten Egoismus zu verwechseln; noch anders gesagt: eine Ich-Beziehung für die Gott-Beziehung zu halten. Deswegen ist für *Teresa* das, was der Mensch in seiner Gottesbeziehung empfindet, ja was er unter Liebe versteht, noch keine Garantie für die Echtheit der Gottesfreundschaft, sondern erst die Entschlossenheit, den Willen Gottes zu erfüllen. Nur Gott nämlich – nicht der Mensch – ist derjenige, der weiß, was wahre Ich-Du-Beziehung und wahre Liebe sind. Die praktische Liebe zum Nächsten ist demnach für *Teresa* ein sicheres wahrnehmbares Zeichen für die Echtheit der Gottesfreundschaft, „denn ob wir Gott lieben, kann man nie wissen …, die Liebe zum Nächsten erkennt man aber sehr wohl"[17]. Vor diesem Hintergrund lässt sich auch die Vehemenz der Mahnungen *Teresas* verstehen. Drei von ihnen möchte ich nennen:

Die erste Mahnung heißt: *das innere Beten nie aufzugeben.* „Es ist vor allem wichtig, ja es ist alles daran gelegen, mit ganz großer, entschiedener Entschlossenheit zu beginnen und dann nicht mehr stehen zu bleiben, bis man das Ziel erreicht hat – und dies, was auch immer geschehen mag, was auch immer uns begegnet, selbst wenn die Mühe noch so groß wird oder wenn andere über uns reden, unabhängig auch davon, ob wir das Ziel tatsächlich erreichen oder unterwegs fallen und den Mut verlieren, ja unabhängig davon, ob unterdessen die ganze Welt untergeht."[18]

Die zweite: *Jesus, den Mensch gewordenen Gott, nie zu vergessen.* Diesen Standpunkt hat *Teresa* auch gegen angesehene geistliche Autoritäten ihrer Zeit *hartnäckig* verteidigt. „… obwohl man mir widersprochen und gesagt hat, ich würde das

16 Ebd., 144f.

17 Ebd., 200.

18 *Reinhard Körner* (Hg.), Die Botschaft vom Gebet. Aus ‚Weg der Vollkommenheit', Kapitel 19–42, Leipzig 1997, 31f.

nicht verstehen ..., wird man mich nicht zum Bekenntnis verleiten, dass das ein guter Weg sei *(an Jesu Menschheit vorbei)* ... Und schaut, ich wage zu sagen, dass ihr jemandem, der euch etwas anderes sagt, nicht glauben sollt ... denn wenn sie *(die Seelen)* den Führer – den guten Jesus – verlieren, werden sie den richtigen Weg nicht finden ... denn der Herr sagt selbst, dass er der Weg sei – außerdem sagt der Herr, dass er das Licht sei – und niemand zum Vater gelangen kann, außer durch ihn“[19].

Die dritte ist die oben genannte *praktische Nächstenliebe*, die notwendigerweise aus einer authentischen Gottesliebe erwächst: „Wenn ich Seelen sehe, die darauf erpicht sind, die Gebetsweise zu erkennen, die sie üben, und dann, wenn sie darin verweilen, so verspannt sind, dass sie, wie es aussieht, das Nachdenken weder anzurühren noch anzustoßen wagen, damit ihnen beim Verkosten der Wonne und Andacht nur ja nichts entgeht, dann sehe ich daran, wie wenig sie von dem Weg verstehen, auf dem man zur Gotteinung gelangt, wo sie glauben, das ganze Geschäft würde darin bestehen. Aber nein, Schwestern, nein! Werke will der Herr!“[20]

3. Als Mitmenschen – als auf Liebe ausgerichtete Wesen – brauchen Begleitete zu ihrer Menschwerdung Stellvertreter und Anwalte

Stellvertreter und Anwalt ist ein Mensch, der – in Liebe verwurzelt – einem anderen Menschen eine wahre und keine bloß gespielte Beziehung anbieten kann; der für den anderen vor Gott da ist, falls seine eigene – aus welchen Gründen auch immer gelähmte – Gottesbeziehung nicht (mehr) trägt oder gefährdet ist; der zur Stimme der Verstummten wird und auf diese Weise eine Kommunikation sowohl mit Gott als auch mit anderen Menschen möglich macht und Isolation vermeidet; der eine Brücke zu den erkrankten, verdrängten oder verlorenen Qualitäten (den geistlichen, den psychischen sowie den physischen und sozialen) dieses Menschen bildet – so lange, bis

19 *Teresa,* Wohnungen, 281–283.
20 Ebd., 202.

dieser in der Lage ist, seinerseits in Beziehung zu sich selbst, zu anderen und zu Gott treten; der sich zugleich selbst auf einen anderen Stellvertreter und Anwalt, Christus, existentiell angewiesen weiß und dankbar an seiner Stellvertretung partizipiert im Bezug auf das Gelingen seines eigenen Lebensweges sowie der Wege derer, die er begleitet.

An dieser Stelle möchte ich *Teresas* Ansatz auf dem Gebiet des fürbittenden Gebetes anführen, und zwar mit Hilfe eines konkreten Beispiels. Im vorletzten Kapitel im *Buch meines Lebens* geht *Teresa von Avila* das Thema Fürbittgebet direkt und praktisch an. Am Anfang berichtet sie von einer Person, die das Augenlicht fast verloren hätte. *Teresa* hat großes Mitleid mit ihr, fühlt sich aber wegen eigener Sünden unwürdig und unsicher, ob ihr Gebet angenommen werden könne. Sodann berichtet sie folgendes: „Da erschien er *(Jesus)* mir so wie bei anderen Malen und zeigte mir gleich zu Beginn die Wunde an seiner linken Hand und zog mit der anderen einen großen Nagel heraus, der in ihr steckte … und er sagte mir, dass ich nicht daran zweifeln sollte, dass einer, der das für mich erlitten hatte, um so mehr erfüllen würde, worum ich ihn bat; dass er mir verspräche, dass ich ihn um nichts bäte, was er nicht tun würde, denn er wisse schon, dass ich ihn um nichts bitten würde, was nicht zu seiner Ehre wäre, und dass er folglich auch tun würde, worum ich ihn jetzt bat; dass ich bedenken solle, dass ich ihn auch damals, als ich ihm noch nicht diente, um nichts gebeten hätte, was er nicht viel besser getan hatte, als ich es hätte erbitten können; um wie viel besser würde er es jetzt tun, wo er wusste, dass ich ihn liebte, und dass ich daran nicht zweifeln sollte."[21]

Teresa fühlt sich solidarisch mit dieser leidenden Person – nicht bloß äußerlich, sondern von innen heraus, aus ihrem Herzen. Doch erlebt sie sich zugleich als eine, die selbst in Schuld verstrickt ist, die selbst einen *Anwalt* braucht und die kein sicheres Mittel in der Hand hat, mit dem sie Gott zum heilenden Handeln an jener Person bewegen könnte. In dieser Einstellung des *Mitfühlens* und der eigenen *Ohnmacht* vor Gott erfährt sie Jesus als einen, der sich mit dem Leid der Menschen

21 *Teresa,* Leben, 583.

in dem Maße solidarisiert, dass er es am eigenen Leib erfahren wollte und erfahren hat, und der in seinem Leiden das Leiden aller Menschen trägt. *Teresa* wird versichert, dass die Liebe, mit der Jesus sie sowohl vor ihrer Umkehr als auch danach liebte und liebt – eine Liebe, die sich auf alle Menschen bezieht –, der Beweggrund seines heilenden Handelns ist. Auf diese Weise wird *durch ihre stellvertretende Bitte* die *Stellvertretung Jesu* für diese Person *aktiviert.* Im beschriebenen Fall wird dadurch Jesu Liebe für diese Person ganz spürbar; sie wird zur nicht zu verleugnenden Erfahrung, weil Jesus diese Person auch körperlich heilt. *Teresa* beschreibt die Geschichte jener Person nicht weiter. Dass aber dieses Ereignis für sie neue Beziehungsmöglichkeiten auf allen Ebenen eröffnete – zu Gott, zu sich selbst sowie auch zu anderen –, liegt auf der Hand.

Die Erfahrbarkeit der Liebe Gottes bezieht sich allerdings nicht nur auf die *Taten*, die als Gottes Antwort auf das Fürbittgebet zu deuten sind und die die natürlichen Möglichkeiten der menschlichen Kräfte übersteigen, sondern nicht weniger auch auf das *Mittragen des Leidens der anderen* durch die Person, die für die leidende Person stellvertretend betet. Einmal hat *Teresa* von unerträglichen Schmerzen eines Verwandten erfahren: „Ich ging also hin und er bewegte mich zu solchem Mitgefühl, dass ich den Herrn ganz inständig um seine Heilung zu bitten begann."[22] Dieses aktive und im inständigen Fürbittgebet zum Ausdruck gebrachte *menschliche Mittragen* des Leidens eines anderen Menschen wird zum anschaulichen Bild des aktiven Mittragens Gottes, das *letztendlich niemals unterhalb der Erlösungserwartung der Menschen ausfällt.*[23]

Die *Gefühle Gottes* werden durch den *menschlichen Stellvertreter* auch in einer Situation sichtbar, in der ein Mensch sich entschließt, Böses zu tun: „Einmal war ich sehr betrübt, weil ich wusste, dass jemand, dem ich sehr verbunden war, etwas

22 Ebd., 584.

23 Vgl. *Ottmar Fuchs,* Aspekte einer praktischen Theologie der „Stellvertretung", in: *J. Christiane Janowski/Bernd Janowski/Hans P. Lichtenberger* (Hg.), Stellvertretung. Theologische, philosophische und kulturelle Aspekte, Bd. 1: Interdisziplinäres Symposion Tübingen 2004, Neukirchen-Vluyn 2006, 231.

tun wollte, was sehr gegen Gott und seine Ehre verstieß, und er war schon dazu entschlossen. Ich war so niedergeschlagen, dass ich nicht wusste, was tun. Ein Mittel, dass er davon abließe, schien es schon nicht mehr zu geben."[24] Damit war die Sache für *Teresa* allerdings nicht erledigt: „Ich flehte Gott von ganzem Herzen an, eines anzuwenden. Aber solange ich es nicht erlebte, gab es für meinen Schmerz keine Linderung."[25] Auch diesmal war *Teresas* engagierte Stellvertretung ganz sichtbar *erfolgreich*, und diesem Menschen blieb ein Leben zerstörender Schritt erspart.

Teresa greift das fürbittende Gebet als ein mächtiges Mittel auf, das Gott selber ihr *in die Hand gibt*, um stellvertretend für andere Menschen vor ihm einzutreten und ihnen auf diese Weise (oftmals ganz unmittelbar spürbar) zu helfen – sowohl in ihren vielfältigen Nöten als auch im Voranschreiten auf dem Weg ihrer Gottesfreundschaft. „Dass unser Herr Seelen aus schweren Sünden herausholte, weil ich ihn darum bat, und andere zu größerer Vollkommenheit führte, kommt oftmals vor."[26] Dies hat ihr am Anfang *arge Skrupel* bereitet, weil sie nicht glauben konnte, dass Gott so viele Gnaden – abgesehen von seiner Güte – auf ihre Fürbitte hin schenkt. Später hat sie aber einen besseren Standpunkt gefunden: „Ich preise seine Majestät und fühle mich beschämt, weil ich sehe, dass ich noch mehr in seiner Schuld stehe. Auch lässt es mich meines Erachtens in der Sehnsucht wachsen, ihm zu dienen, und es wird die Liebe belebt."[27]

4. Als Zukunftssuchende brauchen Begleitete zu ihrer Menschwerdung Wegbegleiter

Wegbegleiterin oder Wegbegleiter ist ein Mensch, der den gleichen Weg, auf dem er andere begleitet, mitgeht, allerdings ohne zu vergessen, dass es im Rahmen des einzigen Weges, der Christus selbst ist, viele Wege gibt, die zum Ziel, zu Gott führen;

24 *Teresa,* Leben, 584f.
25 Ebd., 585.
26 Ebd., 586.
27 Ebd.

der dieses Ziel nie aus dem Auge verliert; der eine Hoffnung verkörpert, besonders wenn der Weg im *Weglosen* zu gehen ist.

Ich erwähnte bereits, dass *Teresa* den Weg der Gottesfreundschaft *erfahrungsmäßig* selbst gegangen ist; auch dass sie *mitzugehen* wusste mit ihrer ganzen Personalität – mit Verstand, mit Emotionalität, mit engagierter Liebe. Wie ist das mit den vielen Wegen? Wenn wir *Teresas* mitreißende Texte lesen, kann bei uns der Eindruck entstehen, dass *Teresa* das, was sie selber in ihrer Gottesbeziehung erlebte, verabsolutiert und als für alle erfahrbar einschätzt. Dieser Eindruck kommt auch beim Lesen anderer Mystikerinnen und Mystiker nicht selten auf. Spätestens dann allerdings, wenn *Teresa* nicht mehr ihre eigene Erfahrung, sondern ihre Schwestern und andere Personen vor Augen hat, muss dieser Eindruck zurücktreten, „denn so wie es *im Himmel viele Wohnungen gibt* (Joh 14,2), gibt es auch viele Wege“[28]. Anderswo bringt sie dasselbe auf folgende Weise zum Ausdruck: „Der Herr führt jede *(Seele)* so, wie er sieht, dass sie es braucht.“[29]

Mit menschlichen Begleitern hat *Teresa* nicht immer die besten Erfahrungen gemacht. Der wichtigste *Begleiter* war ihr daher Jesus selbst. Er war A und O ihrer Liebesbeziehung sowie derjenige, von dem sie die Kunst der Begleitung lernte. Wie schon gesagt, der privilegierte Ort ihrer Christusbegegnung war das innere Beten. Was ist darunter zu verstehen? „Meiner Meinung nach ist inneres Beten nichts anderes als Verweilen bei einem Freund, mit dem wir oft allein zusammenkommen, einfach um bei ihm zu sein, weil wir sicher wissen, dass er uns liebt.“[30] Praktisch: „Ich bemühte mich, so gut ich konnte, mir Jesus Christus, unser Gut und unseren Herrn, in meinem Innern zu vergegenwärtigen; und das war meine Art zu beten.“[31]

Im *Weg der Vollkommenheit* empfiehlt *Teresa* das Gleiche ihren Schwestern: „Stell dir vor, dass der Herr nun bei dir ist, betrachte, mit welcher Liebe und Demut er dich unterrichtet. Glaubt mir, wenn ihr das tut, so gut ihr könnt, werdet ihr nie ohne die Gesellschaft dieses guten Freundes sein … In all euren

28 Ebd., 212.

29 *Teresa,* Wohnungen, 300.

30 *Teresa,* Leben, 156f.

31 Ebd., 109.

Mühen wird er euch beistehen. In allen Bereichen eures Lebens wird er gegenwärtig sein. Einen solchen Freund an der Seite zu haben – ist das etwa wenig?"[32]

„Ich bitte euch nicht, dass ihr euch auf ihn konzentriert, auch nicht, dass ihr große Gedankengänge entwickelt und mit eurem Verstand hohe und feinsinnige Betrachtungen haltet. Ich bitte euch nur um das eine, dass ihr ihn anschaut ... In dem Maße, als ihr nach seiner Gegenwart verlangt, werdet ihr ihn finden. Dass wir unseren Blick auf ihn richten, bedeutet ihm so viel, dass er es von seiner Seite her an Aufmerksamkeit nicht fehlen lassen wird."[33]

„Wenn ihr froh gestimmt seid, dann betrachtet ihn als den Auferstandenen! ... Wenn ihr mit Sorgen beladen oder traurig seid, dann betrachtet ihn im Garten Getsemani ... Oder schaut ihn euch an, wie er gebunden an der Geißelsäule steht ... – und das alles, weil er euch liebt! ... Er wird seine Schmerzen vergessen, um euch zu trösten – nur weil ihr bei ihm Trost sucht, nur weil ihr den Kopf wendet und ihn anschaut."[34]

Teresa empfiehlt ihren Schwestern nichts anderes, als *einfach* und *konsequent* das zu glauben, was der Glaube der Kirche ist im Bezug auf die immerwährende Gegenwart Jesu bei uns nach seiner Auferstehung, und dies besonders in den Zeiten des Betens zu verwirklichen. Durch das Praktizieren dieser geglaubten Wahrheit im Gebet gelangen wir zu ihrer Verinnerlichung. Auf diese Weise *wächst* und *verbreitet* sich die Gegenwart Christi im Alltag und umfasst allmählich das ganze Leben der Beterin und des Beters.

Das Ziel des Weges, das Begleiterinnen und Begleiter nie aus den Augen verlieren dürfen, ist die *Menschwerdung* der begleiteten Person. Diese Menschwerdung als Ziel der Gottesfreundschaft hat allerdings bei *Teresa von Avila* einen ganz bestimmten Inhalt: nämlich die Gotteinung des Menschen durch den Mensch gewordenen Sohn Gottes. Es geht um keine *eingebildete* Gotteinung, sondern um eine durch die Nächstenliebe bewährte; um keine *billige*, sondern um eine, die den Menschen *viel kostet*,

32 *Körner*, Botschaft, 55.
33 Ebd., 56.
34 Ebd., 57f.

weil sie keine verkleidete Selbstsucht zulässt, sondern die Einung mit dem Willen Gottes meint. Diese Gotteinung ist für *Teresa* das Ersehnte, das Wertvollste, das Sicherste: „Ich gestehe euch, dass das mit viel Mühe verbunden, aber seinen Preis wert ist, und der Lohn um so größer sein wird, wenn ihr siegreich daraus hervorgeht. Dass es möglich ist, daran besteht kein Zweifel, sofern tatsächlich die Einung mit Gottes Willen besteht. Das ist die Gotteinung, nach der ich mich mein Leben lang gesehnt habe; um sie bitte ich den Herrn immer wieder, denn sie ist die eindeutigste und sicherste."[35]

Noch eine Stelle möchte ich anfügen; eine von manchen dieser Art, die *Teresas Kompetenz* als *Wegbegleiterin im Weglosen*, als *Hoffnungsträgerin* dort, wo es scheinbar keine Hoffnung mehr gibt, bestätigt. Sie spricht nämlich von *Teresas* eigener erfahrener Trostlosigkeit sowie von Gottes Treue und Hilfe. Nachdem *Teresas* Geistliche Begleiter ihr große Angst gemacht haben, ihre Erfahrungen im Gebet seien vom *Bösen*[36], berichtet sie folgendes: „Mir gereichte nichts zum Trost … Als ich dort *(in der Kapelle)* nun allein war, … ich mein Herz hätte ausschütten können, vermochte ich weder Gebete zu sprechen noch zu lesen, sondern war wie jemand, der vor lauter Qual und Angst, ob mich denn der Böse so täuschen könnte, erschüttert und völlig verworren und zermürbt war, ohne zu wissen, was ich mit mir anfangen sollte … Als ich mich also in dieser großen Bedrängnis befand …, genügten allein schon folgende Worte, um mir sie zu nehmen und mich völlig zu beruhigen: *Hab' keine Angst, Tochter, ich bin es und ich werde dich nicht im Stich lassen; fürchte dich nicht.* Ich glaube, entsprechend meinem Zustand hätte es sonst viele Stunden gebraucht, um mich zu überreden, mich zu beruhigen, und kein Mensch hätte dazu genügt. Und siehe da, allein durch diese Worte war ich beruhigt, voller Kraft und Mut, Gewissheit, und so voll Ruhe und Licht, dass ich meine Seele in einem Nu ganz verändert erlebte, und dass

35 *Teresa,* Wohnungen, 198f.

36 Zur Lehre der Kirche über das Böse vgl. *Marion Wagner,* Personalität des Bösen?, in: *Ulrich Niemann/Marion Wagner* (Hg.), Exorzismus oder Therapie. Ansätze zur Befreiung vom Bösen, Regensburg 2005, 32–48; zu meiner Einstellung zu dieser Thematik s. *Žuška,* Beziehung, 77f, Anm. 101.

ich glaubte, dass ich jetzt mit der ganzen Welt gestritten hätte, dass es von Gott kam. Wie gut ist doch Gott! Wie gut ist der Herr, und wie mächtig! Er gibt nicht nur Ratschläge, sondern die Abhilfe. Seine Worte sind Taten. O mein Gott! Und wie stärkt er den Glauben, wie wächst da die Liebe!“[37]

5. Als vom Scheitern Bedrohte brauchen Begleitete zu ihrer Menschwerdung den gescheiterten und auferstandenen Messias und seine Zeugen

Einen wichtigen Durchbruch in ihrer Beziehung zu Gott erlebte *Teresa* in der Fastenzeit 1554 vor einem Bild des verwundeten Jesus: „Da geschah es mir, dass ich eines Tages beim Eintritt in den Gebetsraum ein Bild sah … Es war ein Bild eines ganz mit Wunden bedeckten Christus und so andachterweckend, dass es mich beim Anblick zuinnerst erschütterte, ihn so zu sehen, denn es stellte gut dar, was er für uns durchlitten hatte. Das, was ich empfand, weil ich mich für diese Wunden kaum dankbar gezeigt hatte, war so gewaltig, als würde es mir das Herz zerreißen. Aufgelöst in Tränen warf ich mich vor ihn nieder und flehte ihn an, mir ein für allemal Kraft zu geben, ihn nicht mehr zu beleidigen.“[38]

Das, worüber *Teresa* hier berichtet, hat mit übertriebenen krankmachenden Schuldgefühlen nichts zu tun, wie es vielleicht auf den ersten Blick scheinen mag. Es geht um Einsehen der Wahrheit über die *verwundete* – um des Menschen willen *gescheiterte* – Liebe Gottes, die von uns meistens nicht wahrgenommen und infolgedessen auch nicht beantwortet wird.[39] Es

37 *Teresa,* Leben, 2001, 370–372.

38 Ebd., 163.

39 Zur Unterscheidung zwischen krankmachenden Schuldgefühlen und einem Schmerz der Liebe, der als Schuld erlebt wird, bietet uns *Teresa* eine wichtige Einsicht, wenn sie über die falsche und die wahre Demut spricht. Nachdem sie die falsche Demut als vom Bösen inspiriert bezeichnet, *die uns in große innere Unruhe bezüglich der Schwere unserer Sünden versetzt,* beschreibt sie die wahre Demut auf folgende Weise: „Die wahre Demut, so ausgeprägt sie auch entwickelt sein mag, beunruhigt, verwirrt und verängstigt die Seele nicht, im Gegenteil, sie bringt ihr Frieden, innerliche Freude

geht um Gottes- und um Selbsterkenntnis, die schmerzt, weil sie die Desillusionierung unseres Selbstbildes mit sich bringt. Selbsterkenntnis ist für *Teresa* eine der wichtigsten Voraussetzungen der Gottesfreundschaft: „Möge es Gott gefallen, Schwestern, uns die Gnade zu schenken, dieser Selbsterkenntnis nie davonzulaufen!“[40] Dabei weist sie aber mit *psychologischem Scharfblick* darauf hin, wo man sie auf eine Weise findet, die nicht von unserer falschen Sichtweise verzerrt wird: „So halte es die Seele mit der Selbsterkenntnis: Sie glaube mir und fliege dann und wann hinaus, um die Größe und Majestät ihres Gottes zu betrachten; dort wird sie ihre Unzulänglichkeit besser und freier … entdecken als in sich selbst.“[41]

Die Freundschaft mit Gott, der sich mit dem Menschen bis zum Äußersten solidarisiert, ja der sich mit ihm in Liebe vereint, erweitert *Teresas* Herz und befreit sie von der Angst vor Prüfungen, vor Scheitern und vor dem Tod. Sie lässt in ihr eine Sehnsucht wachsen, die als ein Vorgeschmack des Lebens über den Tod hinaus bezeichnet werden kann: „Meine einzige brennende Sehnsucht ist dann zu sterben. An das Fegefeuer oder die großen Sünden, die ich begangen habe und für die ich die Hölle verdient hätte, denke ich dann nicht. Alles gerät mir bei dieser brennenden Sehnsucht, Gott zu sehen, in Vergessenheit, und jene Leere und Einsamkeit kommen der Seele besser vor als alle Gesellschaft der Welt.“[42]

Diese Sehnsucht hat allerdings noch eine andere Dimension. Über die Seelen, die zur Gotteinung gelangt sind, schreibt *Teresa*: „Was mich aber von allem am meisten wundert … ist, dass ihre

und Gelöstheit. Selbst wenn einer beim Anblick seiner ganzen Schlechtigkeit deutlich erkennt, dass er die Hölle verdient, selbst wenn er todtraurig wird und meint, alle müssen ihn doch zurecht verabscheuen, ja selbst wenn er fast nicht mehr um Erbarmen zu bitten wagt, ist doch dieser Schmerz – wenn es sich um echte Demut handelt – mit einer solchen innerlichen Freude verbunden, dass man ihn nicht mehr missen könnte. Dieser Schmerz beunruhigt und bedrängt die Seele nicht, er macht sie vielmehr weit und befähigt sie, Gott noch mehr zu dienen.“ *(Körner,* Botschaft, 144f.)

40 *Teresa,* Wohnungen, 319.

41 Ebd., 95.

42 *Teresa,* Leben, 297.

Sehnsucht, ihm (*Gott*) zu dienen, und dass er durch sie gelobt werde, und sie, wenn möglich, der einen oder anderen Seele nutzen, jetzt so groß ist, dass sie nicht nur nicht sterben, sondern noch ganz viele Jahre am Leben bleiben und dabei die größten Prüfungen erleiden möchten, um zu erreichen, dass der Herr von ihnen gelobt würde, sei es in noch so geringen Dingen."[43]

Als *Teresa* vor dem Bild des *gescheiterten Messias* auf die oben genannte Erfahrung zurückschaute, sah sie in ihrem Leben von da an eine wichtige Nachwirkung: „Ich … setzte mein ganzes Vertrauen auf Gott."[44] Wenn ein Mensch sein *ganzes Vertrauen* auf den Mensch gewordenen, gescheiterten und auferstandenen Sohn Gottes setzen kann und tatsächlich setzt, dann ist er für mich ein Zeuge und ein vertrauenswürdiger Wegbegleiter auf dem Weg zur Menschwerdung und zur Gottfindung; zur Menschwerdung in der Gottfindung; zur Gottfindung, die an der Menschwerdung eines Menschen nie vorbei gehen kann.

Die in diesem Beitrag zitierten Texte und Aussagen *Teresas von Avila* stellen natürlich nur einen winzigen Teil des ganzen Reichtums ihrer *Erfahrung* und ihrer *Lehre* dar. Sie sind vor allem als eine Einladung zu verstehen, bei dieser Frau sowie bei anderen bewährten Gottesfreundinnen und -freunden weitere Inspiration für geistliches Leben und für Geistliche Begleitung zu suchen. Zugleich weiß ich aus eigener Erfahrung, dass jede kleine Ermutigung *auf dem Weg der Gottesfreundschaft* mir sehr wertvoll ist. Falls diese Seiten für die Leserinnen und Leser zu einer solchen kleinen Ermutigung werden könnten, würde ich mich sehr freuen.

43 *Teresa,* Wohnungen, 351.

44 *Teresa,* Leben, 164.

Qualitativ-empirischer Zugang zu Geistlicher Begleitung

Forschungsergebnisse[1]

Hermann-Josef Wagener/Klaus Kießling

Zusammenfassung: Erste qualitativ-empirische Forschungsergebnisse versuchen Geistliche Begleitung zu konturieren und belegen ihre Wirkweisen im Selbstbild, im Gotteskonzept und im Beziehungsgeschehen der Begleiteten. Dabei wird deutlich, dass Geistliche Begleitung pastoralpsychologischer Kompetenzen bedarf.

Abstract: First results of qualitative empirical research try to outline spiritual guidance and document its effects on the guided persons – effects which concern their self-awareness, their concept of God and their relations. These results reveal that spiritual guidance stands in need of pastoral psychological competence.

Was verstehen wir unter Geistlicher Begleitung? Wie wirkt Geistliche Begleitung? Dazu liegen bis heute keine aussagekräftigen qualitativ-empirischen Untersuchungen vor. Der folgende Beitrag versteht sich als ein erster Versuch, diesem Mangel entgegenzuwirken.

In den Jahren 2006 bis 2008 baten wir 25 Geistliche Begleiterinnen und Begleiter zu einem Interview, um mit ihrer Unterstützung unser Forschungsvorhaben in Gang zu setzen. Sie erklärten sich dazu bereit. Um ein möglichst breites Spektrum von Auskünften zu gewinnen, war uns bei der Auswahl der zu Befragenden an einer Vielfalt von Qualifikationen, Kontexten und Voraussetzungen gelegen, unter denen Frauen und Männer

1 Erste Forschungsergebnisse wurden bereits veröffentlicht: *Hermann-Josef Wagener/Klaus Kießling,* Empirischer Zugang zu Geistlicher Begleitung. Erste Ergebnisse qualitativer Forschung, in: Wege zum Menschen 60/2008, 323–333. Diese bezogen sich auf 15 Interviews. Mittlerweile liegen weitere Auswertungen vor, die in das Gesamtergebnis unserer qualitativ-empirischen Studie Eingang gefunden haben. Dieses liegt hiermit vor – im Sinne einer Fortschreibung der bereits im Jahr 2008 veröffentlichten ersten Forschungsergebnisse.

möglichst unterschiedlichen Alters an ganz verschiedenen Orten Geistliche Begleitung anbieten. Jedes Interview verlief anhand eines im Vorfeld von uns entwickelten Leitfadens mit insgesamt 27 Fragen und dauerte zwischen 60 und 90 Minuten.

1. Leitfaden – Fragen an Geistliche Begleiterinnen und Begleiter

I. Einstieg:

1. Stellen Sie sich bitte kurz vor (Priester, Diakon, Laie; Studium und Form der Aus- oder Fortbildung in Geistlicher Begleitung; Spiritualität, die der Geistlichen Begleitung zugrunde liegt).
2. Wie sieht der finanzielle, zeitliche und räumliche Rahmen der Geistlichen Begleitung aus?
3. Welche Personen wenden sich an Sie als Begleiterin, als Begleiter?
4. Welche Vorstellungen, Hoffnungen, Anforderungen und Ziele herrschen bei den Begleiteten vor? Treffen sich diese mit Ihren Vorstellungen? Wie sehen diese aus?
5. Was unterscheidet Ihrer Meinung nach Geistliche Begleitung von Beratung, Therapie und Supervision?
6. Wie gestaltet sich Ihrer Meinung nach das Verhältnis zwischen Geistlicher Begleitung und Seelsorge?

II. Selbstkonzept:

1. Was motiviert Sie, andere Menschen geistlich zu begleiten?
2. Was müssen Geistliche Begleiterinnen und Begleiter können, über welche Kompetenzen muss eine Begleiterin, ein Begleiter verfügen?
3. In Ihrer Ausbildung wurden Sie geistlich begleitet. Haben Sie sich dabei verändert? Wenn ja, welche Veränderungen haben Sie an sich wahrgenommen?
4. Im Gespräch nimmt jede und jeder eine bestimmte Rolle ein. Wie verstehen Sie sich selbst: eher als geistlicher Vater oder geistliche Mutter – oder eher als Partnerin und Freundin, als Partner und Freund?
5. Orientieren Sie sich an einem bestimmten pädagogischen bzw. psychologischen Konzept?

6. Welche Erfahrung ist für Sie als Geistliche Begleiterin, als Geistlicher Begleiter besonders positiv oder beglückend bzw. besonders enttäuschend oder negativ?

III. Gotteskonzept:

1. Welches Gottesbild liegt Ihrem Tun zugrunde?
2. Welches Gottesbild möchten Sie in der Begleitung transparent machen?
3. Hat sich Ihr Gottesbild bzw. Ihre Gottesbeziehung während Ihrer Ausbildung oder während Ihrer Tätigkeit als Begleiterin, als Begleiter gewandelt? Wenn ja, worin liegt die Veränderung?
4. Emotionstheorien kennen Gefühle, die in einem gewissen Sinne „Motor“ der Gottesbeziehung sein können; kennen Sie solche Gefühle? Wenn ja, welche sind das?
5. Gedanken und Gefühle verändern die Gottesbeziehung; kennen Sie solche Gefühle und Gedanken? Wenn ja, welche sind das?
6. Wie gestaltet sich für Sie eine erwachsene Beziehung zu Gott?
7. Wie sehen für Sie erwachsene Beziehungen zu Gott aus?
8. Welche Gottesbilder begegnen Ihnen in der Geistlichen Begleitung als Chance, welche als Risiko?
9. Was machen Sie, wenn das Gottesbild der Person, die Sie begleiten, zu Ihrem Gottesbild konträr steht?

IV. Beziehungsebenen:

1. Bei der Geistlichen Begleitung werden verschiedene Beziehungsebenen angesprochen: diejenige zwischen begleitender und begleiteter Person, jene zwischen Gott und Begleiterin bzw. Begleiter und schließlich jene zwischen Gott und begleiteter Person. Welche Ebene ist für Sie im Gespräch die wichtigste?
2. Wie und auf welchen Beziehungsebenen wirkt sich Geistliche Begleitung aus?
3. Welche Themen kommen am häufigsten vor?
4. Gibt es ein Netz von Beziehungen, das den Begleiteten bzw. die Begleitete zusätzlich stützte?
5. Welche Rolle spielt das Gebet bei der Begleitung?

V. Was ist nicht zur Sprache gekommen und müsste noch genannt werden?

Die Einzelgespräche wurden mitgeschnitten und transkribiert, bevor sie der Auswertung zugeführt wurden: Jede Transkription von durchschnittlich 16 dicht beschriebenen Seiten haben wir zuerst zu einem anonymisierten Einzelportrait verdichtet.[2] Daraus entwickelten wir dann, je nach Fragestellung, unsere Thesen. Diese sollen Einblicke in das empirisch zugängliche Verständnis von Geistlicher Begleitung gewähren und ansatzweise zu erkennen geben, wie Geistliche Begleitung wirken kann – in den Augen derer, die sie anbieten.
Die einzelnen Interviews können aufgrund ihrer Länge hier nicht vollständig vorgelegt werden. Wir präsentieren eine Auswahl von sechs Einzelportraits, um das breite Spektrum von Geistlicher Begleitung zu dokumentieren. Im Anschluss daran formulieren wir unsere Thesen, die aus der Auswertung *aller* 25 Interviews hervorgegangen sind. Die Entwicklung unserer Thesen kann bei Bedarf eingesehen werden.

Dieser Beitrag zur qualitativen Forschung lässt also alle 25 Begleiterinnen und Begleiter selbst zu Wort kommen – im jeweils kursiv gesetzten Originalton. Auf diese Weise sollen neben konzeptionellen auch empirische Zugänge zu Geistlicher Begleitung geschaffen werden. Letztere sollen nicht vorschnell einer Bewertung unterzogen werden, sondern als solche Gehör und in der ihnen eigenen theologischen Würde Anerkennung finden. Um die ihnen zugesicherte Anonymität wahren zu können, ist jeder und jedem Befragten ein fiktiver Name zugeordnet.

2 Zur Erstellung von Verdichtungsprotokollen s. *Inghard Langer,* Das Persönliche Gespräch als Weg in der psychologischen Forschung, Köln 2000, und *Klaus Kießling,* Zur eigenen Stimme finden. Religiöses Lernen an berufsbildenden Schulen (Zeitzeichen; Bd. 16), Ostfildern 2004, 83–88.

2. Einzelportraits

2.1 Sina:

> „Gott ist nichts anderes als Liebe;
> in der Geistlichen Begleitung weitet und öffnet sich das Gottesbild."

Sina ist 55 Jahre alt und Gemeindereferentin. In den letzten zehn Jahren arbeitete sie hauptberuflich als Krankenhausseelsorgerin in einem der größten Krankenhäuser ihres Bundeslandes. Ihre Ausbildung zur Geistlichen Begleiterin absolvierte sie in einem Intervallkurs von zweieinhalb Jahren. Dieser zielte auf Ausbildung in Einzelbegleitung, war von franziskanischer Spiritualität geprägt und mit Bibliodrama gekoppelt. Die Erfahrungen, die sie mit Bibliodrama sammelte, wurde in der Ausbildungsgruppe als geistlicher Weg beziehungsweise als pastorales Handeln gedeutet.

Einzelseelsorge liegt ihr und ist, wie sie sagt, ihr *Ding. Das ist auch eine Arbeit, die zufrieden macht.* Daneben begleitet sie auch Gruppen in der Gemeinde. Sie bietet dazu Exerzitien im Alltag und thematische Glaubensgespräche an.

Die Menschen, die zu ihr kommen, begleitet sie ein bis zwei Jahre; sie sind *in der Kirche beheimatet* und in der *Mehrzahl Frauen*. Sie wollen ihr Leben und ihren Glauben *klären* und ihre jetzige Situation *aus dem Glauben heraus deuten*. Zudem sind sie daran interessiert, mit Hilfe ihres Glaubens ihre problematischen Situationen zu bewältigen. Sina selbst möchte in der Geistlichen Begleitung das Leben vor Gott zur Sprache bringen und in diesem Horizont deuten.

Geistliche Begleitung ist für sie *ein offener Prozess*, bei dem es *wichtig ist, den ganzen Menschen zu sehen*. Diese Sichtweise unterscheidet sich ihrer Meinung nach von Beratung und Therapie, die zielgerichtet sind, also eine Vorstellung davon haben, was sie durch das Gespräch zu bewirken versuchen.

Aufgrund ihrer Selbsterfahrungen ist Sina motiviert, andere Menschen geistlich zu begleiten. Sie hat erfahren, wie sie *sich selbst mehr kennen lernte, sich das Leben ein Stück weitete* und sie *es ordnen konnte*. In allem, was ihr begegnete, erspürte sie

Gott. Dabei fand eine *Akzentverschiebung* statt: *Was ist wichtig im Leben?* Zudem bildete sich ein *eigenes Gebetsleben* heraus.

Insofern sollten Sinas Meinung nach alle Geistlichen Begleiterinnen und Begleiter darin kompetent sein, sich selbst und die eigene Gottesbeziehung zu kennen und das *Handwerkzeug* wie *themen- oder personenzentrierte Interaktion, Gesprächsführung und Entwicklungstheorien* anwenden zu können, damit *ich auch ein Stück spüren oder erkennen kann, was bei dem anderen Menschen passiert.*

In den Gesprächen orientiert Sina sich an ihrem Konzept der Offenheit und der Nachfolge, das Evangelium zu leben. Dabei nimmt sie die Rolle einer Zuhörerin ein, die den begleiteten Menschen wertschätzt. *Gespräche gelingen oftmals dann besonders gut, wenn es mir gelingt, im Anderen auch ein Stück Gott zu sehen … Der Mensch ist ein Ebenbild Gottes … Immer dann, wenn es bewusst oder präsent wird, wenn Gott irgendwo spürbar ist, denk' ich, dass Gespräche gelingen … Letzten Endes sind ja alle Gespräche … keine Einbahnstraße, es ist ja ein gegenseitiges Geben und Nehmen. Also, das empfind' ich so, dass auch Gespräche für mich sehr fruchtbar sind, die auch mich ein Stück weiter bringen; … zum Beispiel, wenn ich plötzlich Schönes in meinem Leben sehe, bei dem Anderen Schönes in seinem Leben entdecke, ein Stück Gottesnähe auch entdecke.* Von ihrer Persönlichkeit her versucht sie den *nahen Gott zu suchen*, den Gott, der *in den Menschen zu finden ist* und *der Menschen begleitet, der da ist*, den *Gott der Liebe*. Diesen Gott möchte Sina in ihrer Geistlichen Begleitung auch transparent machen.

Während ihrer Ausbildung hat sich ihr Gottesbild *geweitet* und *geöffnet. Es ist offener geworden.* In diesem Sinne möchte Sina auch blockierende und einengende Gottesbilder *weiten.*

Eine erwachsene Gottesbeziehung sieht Sina darin gegeben, dass ein Mensch *im Bezug zu Gott authentisch lebt, autonom seine Entscheidungen trifft und eigenverantwortlich sein Leben gestaltet sowie nicht in seiner Kindheit oder Vergangenheit hängt und sich nicht von Zukunftsängsten auffressen lässt*, sondern im Jetzt lebt.

In der Geistlichen Begleitung liegt, so Sina, die Aufgabe, *dem Bild, was Gott von mir hat, … dem ähnlicher zu werden.*

Dabei erinnert sie Konstellationen, in denen das Gottesbild der begleiteten Person zu ihrem eigenen konträr steht.

Immer dann, wenn es mir gelingt oder auch wenn es den Anderen gelingt, sich und Gott mit hinein zu nehmen in die Gegenwart oder in das Bewusstsein …, dann sind es gelingende Beziehungen. So sind menschliche Beziehungen *auch immer Gottesbeziehungen.* Und *dann kann auch alles, was ich lebe, Gebet sein.*

2.2 Monika:

> „Geistliche Begleitung ist ein dialogischer Prozess, den man gemeinsam geht und dem ein dreifaltiges Gottesbild zugrunde liegt."

Monika ist 53 Jahre alt und verheiratet, hat zwei Kinder und ein Enkelkind. Sie ist gelernte Religionslehrerin und zur Zeit als Bezirksreferentin für die Gemeindecaritas tätig. Die franziskanische Spiritualität hat sie bis heute begleitet. Besonders ihre Schulzeit war von einem *konsequenten Glaubensleben* geprägt. In ihrer Ausbildung zur Geistlichen Begleiterin kam sie mit der ignatianischen Spiritualität in Berührung.

Für Monika muss eine Begleiterin bzw. ein Begleiter Gesprächsführung erlernt haben, theologische und exegetische Grundlagen sowie eine Sensibilität für psychologische Prozesse kennen, aber auch ein Grundwissen über psychische und geistliche Entwicklungsprozesse im Menschen.

Monika sieht in Geistlicher Begleitung immer auch einen Anteil an Beratung, Supervision und Psychotherapie, weil diese Angebote *drei Formen des Miteinander-auf-dem-Wegseins* bilden. Gleichzeitig macht die *Beziehung zu Gott*, die *Glaubensbeziehung* das Wesentliche der Geistlichen Begleitung aus. Sie ist für Monika das *Urelement der Seelsorge*, in dem sie viel geschenkt bekommt: *Für mich ist an der Geistlichen Begleitung das Wichtigste, was ich geschenkt bekomme während dieses Prozesses. Also, ich nehme mindestens genauso viel aus einer Geistlichen Begleitung, wie ich gebe. Insofern bin ich in einer Skala nicht irgendwo oben und der begleitete Mensch unten, sondern ich fühl' mich eigentlich auf einer Ebene mit ihm … Das ist für mich eine wesentliche Motivation, mit einem anderen Menschen zusammen auf dem Weg zu sein.*

In ihrer Geistlichen Begleitung legt Monika großen Wert darauf, sehr viele lebenspraktische Themen zu besprechen und diese existentiellen Fragen abzuarbeiten, bevor sie den Prozess abschließt. In diesem Zusammenhang stellen sich Fragen nach dem geistlichen Anteil des gemeinsamen Weges: *Ich habe gerade in großen Krisenzeiten gemerkt, dass das Geistliche da nicht zu Wort kommt, dass die Geistliche Begleitung eher darin bestand, dass ich eben* die zu begleitende Person *in meine Gebete mit aufgenommen habe, … aber diese Lebensthemen vordergründig waren.* Doch dann kam der Zeitpunkt, *wo eben Gott wieder mit ins Spiel kam.* Als die Lebensrichtung klarer wurde, der Schmerz verarbeitet war und eine neue Perspektive sichtbar wurde, trat die Frage auf, *was hat das Ganze jetzt eigentlich mit Gott zu tun? Und diese Ausgleitphase war die Phase, in der dann eben noch 'mal geschaut werden konnte, was kann und muss stabilisiert werden* und *wie kann das in den Alltag übernommen werden?*

Monika nahm eine eigene Geistliche Begleitung wahr. Dabei machte sie die für sie bedeutsame Erfahrung, *selbst erkannt zu haben, dass etwas ausgesprochen werden muss: Und mit diesem Aussprechen sind mir eben selber sehr viele Dinge aufgegangen. Indem ich mich selbst darüber sprechen hörte, hat es konkrete Gestalt angenommen.* Für Monika ist es wichtig, gespiegelt zu werden und die Dinge, die sie beschäftigen, in den Dialog zu bringen.

Als Geistliche Begleiterin nimmt sie gerne die Rolle einer *Begleiterin* in *distanzierter Freundschaft* und *Gefährtin auf dem Weg* ein: *Also, es ist nicht diese Intimität oder Vertrautheit, die in einer Freundschaft da ist, mir ist eine Distanz wichtig …, also ich würde nie im Rahmen einer Geistlichen Begleitung jemandem das Du anbieten. Das ist mir wesentlich, das auf dem Niveau auch zu lassen, und ich weiß auch nicht, ob ich für Menschen, die mir sehr nahe stehen, als Geistliche Begleiterin zur Verfügung stehen möchte.* Sie will *mit Menschen Enttäuschungen aushalten, Krisen durchstehen oder auch Freuden teilen.*

Ihr Gott, den Monika in ihren Gesprächen transparent machen möchte, ist *der väterlich-mütterliche, der brüderliche und der schwesterliche Gott.* Auch ihrem geistlichen Tun liegt das *dreifaltige Gottesbild* zugrunde, das sich immer wieder durch ihre unterschiedlichen Lebensphasen veränderte. Zur Zeit ist es *ein sehr väterliches Gottesbild und ein sehr brüderliches Jesusbild,* wobei *der Heilige Geist* eine wichtige Rolle spielt: Der Heilige Geist *ist für mich nicht so personifiziert, aber ich lasse ihm eigentlich auch viel Platz in meinem Leben.* Der Geist betont nach Monika überwiegend *das Weibliche, also dieses Intuitive, das Emotionale und Heilende.* Für sie ist es wichtig, Impulse aus der Dreifaltigkeit zu setzen, um bestimmte Gottesbilder verändern zu können. So konnte sie zum Beispiel bei einer Frau deren negatives Vaterbild durch das brüderlich-schwesterliche Jesusbild und den *weiblichen* Heiligen Geist korrigieren, so dass die Begleitete *für sich noch 'mal einen anderen Zugang gefunden hat und dieses negative Vaterbild für ihr Gottesbild nicht brauchte.* Monika ist davon überzeugt, dass gute Erfahrungen mit den Freunden oder Geschwistern zum Beispiel schlechte Muttererfahrungen und damit ein negativ geladenes mütterliches Gottesbild kompensieren können und damit bei Korrekturen hilfreich sein können: *Insofern glaube ich, dass in der Dreifaltigkeit Gottes eine Chance liegt, noch 'mal nachzuschauen, was für ein Gott kann denn da mit dahinter stecken. Die Risiken sind für mich schon die, dass sich jeder so seinen Gott halt auch bastelt und wir nichts Gemeinsames mehr meinen, wenn wir über Gott sprechen.* Stehen konträre Gottesbilder miteinander im Dialog, versucht Monika sie *auszuloten*: *Einfach schauen, was sind die prägnanten Punkte bei dem jeweiligen Gottesbild, und dann gibt es Schnittmengen, wo wir schauen können, passt da irgendwas dazu, gibt es ein Gleichnis dafür, um dieses Gottesbild auch ein Stück weit zu legitimieren oder zurecht zu rücken?*

Veränderungen hat Monika in ihrem eigenen Gottesbild erlebt: *In Situationen, wo Gott eher der strafende oder mahnende für mich war, der Wächter, der Aufpasser, die Moral. Das passt jetzt nicht mehr in mein Leben, da habe ich einfach andere Vorstellungen und andere Lebenserfahrungen auch gewonnen. Und ich denke auch … von einem sehr naiven Gottesbild, der so alle Wünsche erfüllt.* Nicht Ärger oder Wut, sondern *Verlust*erfahrungen – *Familie oder Freund zu verlieren* – und das *Klagen* darüber haben ihre Gottesbeziehung verändert.

Ihre Gottesbeziehung ist wesentlich durch das Gefühl der Liebe geprägt, durch das *Erfahren der Liebe und … Sehnsucht nach Liebe.* Dazu kommt die *Treue, zu wissen, ich kann mich verlassen auf eine Zusage, auf ein Wort.*

Monika stellt sich eine erwachsene Beziehung zu Gott so vor, *die Existenz Gottes hinterfragt zu haben* oder die *Sinnfrage gestellt zu haben: Ich denke, dass auf kindlichen Urerfahrungen, auf menschlichen Urerfahrungen und diesem In-Frage-stellen dann auch ein erwachsener Glaube aufgebaut werden kann oder sich aufbaut. Ich denke, er braucht auf alle Fälle auch eine Auseinandersetzung mit dem Glaubensgut der Religion und bei uns eben auch mit der Bibel.*

Jede Geistliche Begleitung beginnt für Monika mit dem Ritual des Kerze-Entzündens, aber nicht immer, sondern je nach Situation, mit einem Gebet. *Es ist nicht ritualisiert, dass es mit einem Gebet beginnt und mit einem Gebet enden muss.* Oft ist es bei Monika aber so, dass sie ein frei formuliertes oder auch vorgefertigtes Gebet in die Sitzung mitbringt, über das dann gesprochen werden kann.

Zu ihr kommen nicht nur geistlich interessierte Frauen mit ihren Lebens- und Partnerproblemen, sondern sie bringt jeden Monat die Krankenkommunion zu Seniorinnen und Senioren der Gemeinde: *Das ist* (neben der vereinbarten Geistlichen Begleitung) *noch 'mal ein anderer geistlicher Weg in dem Sinn, … wo es sehr existentiell auch um Gott geht.*

Monika teilt ihren Begleitungsprozess in fünf sukzessive Phasen auf:

(1) Die Phase des Vertrautwerdens

Hier werden Körperhaltung, Mimik und Gestik wahrgenommen. Zuhause stellt Monika sich die Person, die sie begleitet, noch einmal vor, um sich in die zu begleitende Person einzufühlen.

(2) Die Phase des Sich-Öffnens

Nachdem beide sich miteinander vertraut gemacht haben, beginnen sie sich zu öffnen. Der Dialog wird vertieft.

(3) Die Phase des Arbeitens
Sie ist ein zielgerichtetes Unterwegssein: Probleme werden besprochen und bearbeitet; beide suchen nach Ergebnissen.

(4) Die Phase des Reflektierens
Der bisher gegangene Weg wird reflektiert: Welchen Weg sind wir gegangen? Wo hat der Weg hingeführt? Wo war der Weg blockiert, wo stagnierte er, wo führte er weiter? Kann es zum Ende kommen?

(5) Die Phase des Verabschiedens
Hier beginnen das Ausgleiten aus dem Prozess und die Ablösung. Wenn die Lebensrichtung klarer, eine Perspektive neu sichtbar wird, dann kommt die Frage, *was hat das Ganze … mit Gott zu tun?* Diese Ausgleitphase ist eine *Phase, in der dann eben noch 'mal geschaut werden konnte, was kann und muss stabilisiert werden* und *wie kann das in den Alltag übernommen werden?*

2.3 Jan:

> „Religion ist einfach nicht per se gut –
> in der Art und Weise, wie sie vermittelt wird."

Jan, 55 Jahre alt, ist Priester und hauptamtlich zuständig für die Geistliche Begleitung von pastoralen Mitarbeiterinnen und Mitarbeitern. Dabei spielt der Grundgedanke einer *Seelsorge an Seelsorgern* für ihn eine wichtige Rolle – dahingehend, *dass im kirchlichen Dienst ja Menschen arbeiten, die sehr viel für andere … tun, sich sehr für andere engagieren, vielleicht auch verausgaben, wo es notwendig ist, dass sie Räume haben, dass sie auch mal in den Pott, aus dem sie geschöpft haben, wieder was 'rein tun können.*

Die *klassische Geistliche Begleitung*, die nach Jan bis zu vier Jahren andauern kann, unterscheidet sich von Einzel-, Orientierungs-, Krisen- oder Berufsreflexionsgesprächen.

Diejenigen, die zur regelmäßigen Geistlichen Begleitung kommen, wünschen eine *innere Stabilität in Glaubensfragen* oder auch einen *inneren Standpunkt* zu finden und *mit den eigenen inneren Quellen in Berührung* zu kommen. Sie möchten nicht nur das *Gefühl haben, über fromme Dingen zu reden*, sondern *im guten Sinne Frömmigkeit spüren*, also eine *religiöse Praxis* finden, die *realistisch* ist und *greift*.

Jan möchte eine Brücke schlagen zwischen dem Alltag und dem Beten oder der religiösen Erfahrung. Eine solche erdnahe oder geerdete Spiritualität zu vermitteln, stellt für ihn selbst ein ganz entscheidendes Thema dar. So steckt hinter seiner Geistlichen Begleitung die *benediktinische und karmelitanische Spiritualität*, also eine *realistische Verbindung von konkreter Arbeit und Spiritualität*.

Geistliche Begleitung stellt für Jan kein Zweiergespräch zwischen Begleiter und Begleiteten dar, sondern ein *Zweiergespräch zwischen Gott und dem Menschen, der zur Geistlichen Begleitung kommt*. Dabei versteht er sich selbst als Geburtshelfer und Brückenbauer zwischen dem konkreten Alltagsleben und Gott, um das, was im Gespräch thematisiert wird, *zum Klingen zu bringen*. Geistliche Begleitung ist für Jan das bewusste *Realisieren, dass Gott in Jesus Christus mit jedem Menschen in einer konkreten Beziehung steht. Und dann dem Menschen wieder zu ermöglichen, das wieder neu für sich zu erschließen. Und das sehe ich also als Sinn der Geistlichen Begleitung*. Dies ist etwas grundlegend anderes als ein Beratungsgespräch: *Ich verstehe die Kunst des Begleiters darin, dass er … die Begleitungsbeziehung ganz und gar ernst nimmt …* und *gleichzeitig auch immer irgendwie im Blick hat, es geht hier nicht um unsere Beziehung ausschließlich, sondern es geht vor allem um die Beziehung Gottes zu dem, der da kommt*. Der Geistliche Begleiter muss nach Jan fähig sein, sich selbst in seiner Bedeutung ein Stück weit – im Sinne des Johannes vom Kreuz – zurück zu nehmen und so im Gespräch nicht zu dominieren.

Überzeugt ist Jan davon, *dass Gott wirklich ein Gott grenzenloser Liebe ist* und *eine konkrete Liebesgeschichte mit jedem einzelnen Menschen hat*, ein Gott, der einen jeden *ungebrochen annimmt*.

Nicht über fromme Dinge reden, sondern die *heilsame* und *persönliche Erfahrung von Glauben* zu machen, motiviert Jan, andere Menschen geistlich zu begleiten. Für ihn ist das Gefühl des *persönlichen Angesprochenseins* wichtig: *Ich glaube an dich, Gott, und du, Gott, meinst mich*. In dieser Du-Beziehung tauchen als wesentliche Aspekte Dankbarkeit und Staunen auf.

Eine solche erwachsene Gottesbeziehung sieht Jan dann als gegeben an, *wenn jemand seinen eigenen Weg geht, … freier wird von so Sprechblasen oder … Floskeln* und *ideologiefrei ist* oder einen *nüchternen Zugang zu Gott* und *den positiven Wert von Krisen realisiert hat.* Das Gottesbild der *unbegrenzten Zuwendung und Liebe*, also *in allem, was geschieht, getragen und gehalten zu sein,* begreift Jan als eine große Chance in der Geistlichen Begleitung. Risikoreiche Gottesbilder erkennt er besonders in zwanghaften und schuldbeladenen Gottesvorstellungen, die krank machen. *Religion ist einfach nicht per se gut – in der Art und Weise, wie sie vermittelt wird.*

Als Grenzerfahrung erlebt Jan Situationen, in denen das Gottesbild des Begleiteten konträr zu seinem eigenen steht. Hier passt er auf, dass er nicht in die Bewertung hineinrutscht. Dennoch bleibt das Gottesbild Schlüsselthema fast jeder Geistlichen Begleitung. *Trotzdem gibt es auch viele berufliche Themen, also die Auseinandersetzung mit dem Chef, mit dem Pfarrer … und Konflikte, die es da gibt. Oder Beziehungsfragen. Oft einfach auch lebensgeschichtliche Erinnerungen, die dann hoch kommen, so bald da 'mal ein beschützterer Rahmen da ist, dass dann die Herkunftsfamilie, die Beziehung zu Mutter und Vater eine wichtige Rolle spielen. Aber interessanterweise ist es sehr oft so, dass das Thema Gottesbild dahinter steckt.* Gebete formuliert er frei. Sie dienen ihm als spirituelle Ausdrucksmöglichkeit.

Zu ihm kommen *gemeinhin Menschen mit einer einigermaßen gesunden, auch sozialen Stabilität, für die die menschlichen Beziehungen ganz wichtig sind.* So stecken hinter seiner Geistlichen Begleitung Konzepte wie partnerzentrierte Seelsorge, Gesprächsführung, Selbsterfahrung und die Theologie von *Peter Knauer.*

Als beglückend erlebt Jan die Aha-Erlebnisse in der Geistlichen Begleitung. *Und da hast du das Gefühl, auf einmal geht jemandem 'was auf, oder da spürst du richtig, da ist irgendwo so 'was wie ein Wachstum im Moment 'mal passiert …, da ist Gott spürbar im Raum.* Dagegen erfährt er Situationen als enttäuschend, in denen er das Gefühl bekommt, *da passiert irgendwie nichts.* Oder wenn Menschen in ihrer religiösen Vorstellung *sehr ängstlich* und *außengesteuert sind, für die Spiritualität so 'was ist wie auch Leisten von Frömmigkeitsübungen … und die dann, wenn man auf die persönliche Ebene gehen will, … dann abblocken.*

Geistliche Begleiterinnen und Begleiter sollen seiner Meinung nach *Lebensweisheit, einen theologischen Standpunkt* und eine *Kompetenz in Gesprächsführung* besitzen, *schon einmal durch Krisen hindurchgegangen sein* und *dabei die Erfahrung mit Gott gemacht haben.*

2.4 Niklas:

> „Bringe dich so, wie du bist, vor Gott und erkläre dich dann. Du wirst geklärt."

Niklas ist Priester und 48 Jahre alt. Neben seiner priesterlichen Aufgabe in einem Diözesanverband begleitet er viele Christinnen und Christen nicht ausschließlich geistlich, sondern auch psychotherapeutisch. Den Zugang zur Geistlichen Begleitung fand er durch seine therapeutische Ausbildung.

Doch zuvor erlernte er als Jugendlicher die Franziskaner kennen, später – während des Theologiestudiums – erfuhr er im Gemeindeleben Weltkirche. Heute ist seine Spiritualität wesentlich verwurzelt in der franziskanischen, aber auch in der ignatianischen Sichtweise. Über ein Jahr verbrachte Niklas in einem Zentrum für gemeinschaftliche Spiritualität für Priester und Diakone, *mit täglicher Schriftbetrachtung, Betrachtung der Punkte der Spiritualität, das aktuelle Leben mit einzubeziehen und gemeinsam zu arbeiten und zu leben … Also auch dort insgesamt Volk Gottes zu erleben, das war für mich wichtig.*

Im Pfarramt merkte er, *ich komme nicht an die Leute 'ran und habe dann angefangen, mich mit Medizin zu beschäftigen, habe eine Heilpraktikerausbildung gemacht und dann in Brasilien eine ganz tolle Psychotherapie erlebt.* In diesem Zusammenhang hat er auch ein Gefühl dafür bekommen, *was die heilsamen Orte und Momente in der Liturgie sind.*

Im Moment kommen Ordensschwestern, Ordensbrüder, Priester, pastorale Kolleginnen und Kollegen, Ärzte und Jugendliche sowie junge Erwachsene zu ihm, um sich geistlich begleiten zu lassen: *Die kommen meistens und sagen, ich habe ein Problem. Ich brauche einen Rat. Und dann kommen wir ins*

Gespräch, dem nach zu spüren, was bewegt mich, was lockt mich, wo habe ich eine Gotteserfahrung? Oft sind es Themen, wo sie den Eindruck haben, da kann ich mit niemand drüber reden, weil es so exotisch anmutet … Manchmal geht es darum, Beziehungen zu klären … also viele kommen auch auf der therapeutischen Schiene 'rein. Also ein Trauma nach einem Unfall zum Beispiel. Oder eine bedrängende Situation in der Arbeit, dass sie da klar kommen. Oder Prüfungen … Das sind so die Anlässe, wo dann jemand auch tiefer einsteigen möchte.

In erster Linie geht es Niklas darum, der Sehnsucht nach Gott nach zu gehen. Und dann einen Weg zu deuten in der Nachfolge Jesu. Dabei ist ihm wichtig, dass die begleitete Person sich so vor Gott bringt, wie sie ist, und sich in der Klärung ihrer Beziehungsgeschichten lieben, aufbauen und aufrichten lässt: *Bring dich so, wie du bist, vor Gott, und erkläre dich dann. Du wirst geklärt.*

In seiner eigenen Geistlichen Begleitung fühlte Niklas sich oft herausgefordert. *Ich muss mich stellen, ich muss 'was von mir geben, ich muss eine Wahl treffen, eine Entscheidung für Gott treffen … Das war für mich immer ein ganz wichtiges Thema, mit meinen eigenen Schwächen und Problemen nicht ins Urteil zu gehen, sondern immer wieder vermittelt zu kriegen, stelle dich vor Gott hin, lass dich lieben. Lass dich aufbauen, lass dich aufrichten.*

Seelsorge heißt für Niklas zunächst einmal *Zuwendung*. Sie besteht darin, dass jemand ankommen kann und aufgehoben ist – mit dem Ziel, dass jemand auch sich selbst in eine Gemeinschaft integrieren kann. Dagegen geht nach Niklas Geistliche Begleitung tiefer. Sie ist für ihn ein *wirklicher Wegegang*. Dabei treibt ihn selbst die Frage um, wann Geistliche Begleitung endet. *Also das Thema Beenden in der Geistlichen Begleitung ist 'was, was ich noch lernen möchte*. Ein Kriterium der Ablösung ist für ihn sicherlich dann gegeben, wenn sich ihm der Eindruck aufdrängt, dem Begleiteten nichts mehr geben zu können.

Als enttäuschend erlebt Niklas Geistliche Begleitung, wenn sich der Begleitete auf keinen Prozess einlassen kann. *Frustrierend ist* zudem, *wenn das so eher seicht dahin läuft, wenn man nicht gleich in die Tiefe kommt*. Zugleich findet er es faszinierend, wenn Schriftbetrachtung und geistliche Impulse durch therapeutische Passagen intensiver erlebt werden.

Geistliche Begleiterinnen und Begleiter sollen Niklas' Meinung nach auf praktische Lebenserfahrung zurückgreifen können und grundsätzlich alles, was die Leute antragen, irgendwie schon einmal selber durchlebt haben. Daneben müssen sie über geistliches Handwerkszeug verfügen, also in Gesprächsführung, gruppendynamischem Training und Moderation geübt sein.

In der Geistlichen Begleitung, die er anbietet, nimmt Niklas eine väterliche Rolle ein. *Obwohl, ich versteh' mich nicht als Papa für die Leute. Aber ich merke, so wie sie sich anvertrauen, darf ich mich auch liebevoll mit einem Überblick zuwenden. Und ihnen auch einen Schutz geben, indem sie 'was bearbeiten können oder 'was öffnen können.* Dabei legt er großen Wert darauf, Verbindlichkeit und Tragfähigkeit zu entwickeln und auf die intimen Momente in der Gottesbeziehung diskret zu achten. *Wenn ich merke, jetzt geht es um einen Akt der Hingabe, oder jetzt ist jemand dabei, einen ganz persönlichen Schritt zu tun, dann sag' ich, tun Sie das jetzt 'mal ganz in der Stille … Hier geht es um eine Intimität der Person mit Gott, die gehört ihm.*

Niklas Gottesbild, dass Gott die Liebe ist, will er gesprächsweise transparent machen. Dann ist es ihm wichtig, sich für Gott zu entscheiden, also die Augenblicke vor und mit Gott zu gestalten.

Niklas hat sich im Laufe seines Lebens *auf Du und Du mit Gott* durchgearbeitet. Als er das erste Mal mit Gottes Nähe konfrontiert wurde, nahm er eine devote Haltung ein. In der tiefen Beziehung zu Gott zu leben, heißt für ihn heute, sehr natürlich zu leben. Darin zeigt sich eine erwachsene Gottesbeziehung, zu der auch Verantwortung gehört *für das, was mit mir passiert, und für das, ja, wenn ich mich schuldig mache, wenn ich daneben gegangen bin, wenn ich merke, jetzt kommt es auf mein Wort an.*

Emotionen, die die Gottesbeziehung prägen und verändern, sieht er in Schuldgefühlen und massiven Widerständen, in Zorn, Trauer, Freude, im Berührtsein, im Erleben von Kraft und Lähmung gegeben.

Ein förderliches Gottesbild erkennt Niklas in dem *Gott, der mich liebt.* Oft fordert er den Begleiteten auf: *Lass dich lieben von Gott, trau dich, ihn anzugucken, und lass dich von ihm anschauen, guck nicht weg. Das ist oft ganz schwer auszuhalten …* Im richtenden Gott sieht er einen Gott, der *nicht bestraft, sondern die Dinge klärt und scheidet.*

Der Blick auf Gott ist ihm in der Geistlichen Begleitung eminent wichtig: *Die Kapelle ist ein toller Ort dafür. Ich sehe, dass wir* – Begleiter und Begleitete – *die gleiche Blickrichtung haben. Und ich frage nach, wie ist es grade? An welchem Punkt bist du grade? Manchmal kommt dann auch die Rückfrage, ja, wie lebst denn du das? Und dann ist auch 'mal eine Selbstauskunft dabei.*

Das Gebet setzt er sehr moderat und verhalten ein. Er versucht aus dem laufenden Prozess heraus ein *Gebet im Sinne von Segen und Bestärkung* zu formulieren.

2.5 Yannik:

> „Ich kann nur das geben, was ich selber erfahren habe, nur das kann ich. Und in dem Sein-Dürfen durch den Anderen, da entsteht Verwandlung."

Yannik ist Pastoralreferent, 37 Jahre alt, verheiratet und Vater von zwei Kindern. Er bezeichnet sich selbst als pastoralen Begleiter und als Ansprechperson für seine Gemeinde mit 2500 Mitgliedern. Neben Theologie studierte er auch Religionswissenschaften in Deutschland und in den USA. Zudem beschäftigte er sich mit östlicher und westlicher Philosophie. Schon im Studium interessierte ihn der Dialog mit anderen Religionen und deren Spiritualität. Schwerpunkt seines Handelns lag in der aktiven Friedensarbeit, in der Begegnung und Verständigung zwischen den Religionen. Ein anderer Schwerpunkt war Spiritualität und Gesprächspsychotherapie nach Carl Rogers. Das war sein Weg, der ihn auch zur Geistlichen Begleitung führte. *Ich habe erst als junger Erwachsener zum Glauben gefunden durch eine lange Krise und Krankheit* und durch eine Begegnung in einem Kapuzinerkloster. Gemeindeleben lernte Yannik erstmals in seiner Pastoralassistentenzeit kennen. Bevor er Christ wurde, war er auf der Suche im Bereich der Esoterik und des Buddhismus. *Ich habe sozusagen Gotteserfahrung oder Transzendenzerfahrung gemacht über Zen-Meditation … Das sind meine geistlichen Wurzeln … Kontakte kamen zum Christentum über Klostererfahrungen.*

Nach einer diözesanen Ausbildung wurde Yannik in die Arbeitsgemeinschaft „Geistliche Begleitung" aufgenommen. Dabei ist ihm ein Grundsatz wichtig: *Nur wer selber sich begleiten lässt, sich weiter unterwegs versteht …, der kann auch andere begleiten.* Durch Artikel im Gemeindeblatt, durch Meditations- und Exerzitienkurse bekommt er Kontakt zu Leuten, die sich für eine Geistliche Begleitung interessieren.

Von seiner Spiritualität her ist Yannik monastisch und franziskanisch geprägt, *Gott eben nicht nur in der Bibel zu entdecken, sondern im Leben, in allem, was mir begegnet …, in der Arbeit, aber auch im Gebet. In der Freude und in der Verzweiflung. Mit den Menschen und in der Natur, in allem Gott zu begegnen, Gott zu suchen, und hin und wieder entdeckt Gott uns, und wir entdecken ihn.* Gotteserfahrung bedeutet für ihn immer Selbsterfahrung.

Geistliche Begleitung stellt nach Jannik für den zu Begleitenden einen Raum des Zuhörens, des Begleitetwerdens, des Sich-Selbst-Vergewisserns und des Suchens dar, aber auch ein Stück Selbstwerdung, Selbstfindung und Seelenwachstum; *hier kann ich meine ganz konkreten Lebensprobleme, meine ganz konkreten Lebensfragen, meine Konflikte mit Leuten, meine Sehnsüchte, meine Gefühle, meine Einsamkeit aussprechen, und ich weiß, es hat etwas mit Gott zu tun – meine Art zu glauben, zu leben und zu beten. Hier fühle ich mich in der Tiefe verstanden, und da ist jemand, der sozusagen mitgeht.* Sie erwarten, über Träume, Bibelstellen, Körperausdruck, Imaginationstechniken, also Visualisierung und Phantasieübungen an der eigenen Persönlichkeit arbeiten zu können, und Yannik betont: *Ich kann nur das geben, was ich selber erfahren habe, nur das kann ich.* Ihm ist klar, *Geistliche Begleitung findet immer statt unter dem Fokus der Gottesbeziehung, ja, es geht am Ende, manchmal auch am Anfang darum, Gott mehr im eigenen Leben zu erfahren oder das Leben vor oder mit den Augen Gottes zu sehen oder …*

bewusst 'mal die Gegenwart Gottes zu erleben, durchzugehen, zu spüren.

Beim Meditieren praktiziert er einen Dreierschritt: Zulassen, Loslassen, Überlassen. *Ich lasse zu, was ist, ich lasse los, was ist, und ich überlasse mich Gott. Oder hinein in das größere Leben, das mich umfängt.*

Geistliche Begleitung ist für ihn prozess- und wachstumsorientiert. Dadurch unterscheidet sie sich deutlich von Seelsorge im Sinne von Tür- und Angelgesprächen.

Ein Grundsatz seiner Tätigkeit lautet: *Wer sich auf sich selbst einlässt, der kommt am Ende bei Gott an. Und wenn er bei Gott ankommt, wird er auch wieder bei den Menschen auftauchen.* Selbsterkenntnis ist die Grundlage von Geistlicher Begleitung, sonst ist für ihn Geistliche Begleitung nur Buchwissen, aber kein Erfahrungs- und Erlebniswissen. *Weisheit im Sinne der Wüstenväter ist ein Wissen, das durch dich hindurch gegangen ist, Erlebniswissen. Das ist für mich schon die Grundlage*, und persönliche Veränderungen im Begleitungsprozess geschehen nur, wenn die Beziehung stimmig ist. *Und in dem Sich-Erlauben, in diesem Sein-Dürfen durch den Anderen, da entsteht Verwandlung.*

Yannik versteht sich selbst als Hebamme und Begleiter im Sinne der Emmausperikope, *ich bin mit unterwegs*, oder im Sinne des Exodus, *ich bin da.*

Für ihn ist Gott die Ewigkeit, das Absolute, die Kraft und die *Luft, die in allem steckt, die in mir ist und die mich umgibt … Da bin ich sozusagen an der Wurzel der Mystiker. Ich habe sozusagen erst in der Begegnung mit dem Christentum … gelernt, Gott als Du anzusprechen.* Yannik kennt keine Gottesferne: *Also, ich kenne nur alles oder nichts. Vorher kannte ich Gott nicht, und dann hat er sich meiner bemächtigt oder ist in mir aufgebrochen. Also, an Gott leiden, das ist für mich keine personale, persönliche Frage und Auseinandersetzung. Ich kann da mitempfinden vom Herzen her und mitringen, aber es ist für mich keine Frage, es ist für mich in meiner Erfahrung nicht vorhanden.*

Eine erwachsene Gottesbeziehung stellt für Yannik eine Beziehung dar, die eine Weite kennt, sich selbst relativiert und um die vielen Gesichter Gottes weiß, aber die auch das kindlich

Naive bewahrt und das Dunkle, Unheilvolle, Widersprüchliche integrieren kann.

Bei einem krankhaften Gottesbild versucht Yannik den Bezugsrahmen zu verstehen, weshalb der Begleitete auf solche problematischen Gedanken kommt.

Am Anfang und am Ende der Geistlichen Begleitung gibt es eine Phase, wo Yannik mit dem Begleiteten ein Lied singt, Ruhe und Stille aushält oder ein Gebet spricht.

Geistliche Begleitung, Psychotherapie und Supervision sind jeweils für sich eigenständig, aber es gibt für Yannik auch Überschneidungen, wobei ihm jedoch wichtig ist, um einen Fokus zu wissen. Der Fokus ist für ihn die Geistliche Begleitung: Menschliche und göttliche Beziehung fließen ineinander.

Er wünscht sich, dass das Angebot Geistlicher Begleitung als ein *Dienst der Kirche* wahrgenommen wird sowie *zwischen Geistlicher Begleitung und Beichte eine Klärung* stattfindet.

2.6 Alexander:

> „Gott muss man spüren wie einen hochprozentigen Wein oder Sherry."

Alexander ist 70 Jahre alt und evangelischer *Spiritual*, der das *Geistliche Leben braucht.* Er hat eine Klinische Seelsorgeausbildung (KSA) und eine Fortbildung in Konzentrativer Bewegungstherapie absolviert. Letztere wollte er eigentlich nur als Methode kennen lernen, *um mit der Selbsterfahrungsgruppe andere Methoden zu praktizieren.* Doch dabei entdeckte er (sein) geistliches Leben.

Die Konzentrative Bewegungstherapie hat ihn befähigt, seine männlichen und weiblichen Anteile zu integrieren und auch zu leben. In diesem Zusammenhang las er „Meditieren – mit Leib und Seele", ein *fantastisches Buch von Anthony de Mello,* der als indischer Christ die körperlichen Übungen aus der indischen Tradition übernimmt und christlich interpretiert. Durch dieses Buch lernte er, *wie man wieder glauben kann.* Hinzu kam „Gott, der mich atmen lässt", ein Buch von *Anton Rotzetter.* Es war eines der besten Bücher, die Alexander je in seinem Leben gelesen hatte. Dieses Buch hat ihn fasziniert und angesprochen.

Der *Alltag* ist für ihn *der Raum des Glaubens*. Früher betete er vornehmlich im Gottesdienst und bei der Predigtvorbereitung; jetzt ist sein Leben Gebet. Vom stillen meditativen Sitzen hält Alexander wenig; *das ist für mich ein Gräuel*. Stattdessen geht er lieber *für 16 Minuten* in den Garten und betrachtet ihn unter spirituellen Gesichtspunkten, *da erlebe ich viel mehr*.

In der Theologie ist er protestantisch, in der Liturgie mehr katholisch. Im Laufe seiner spirituellen Suche blieb er *an der franziskanischen Spiritualität hängen, die genau dem entspricht, was die Konzentrative Bewegungstherapie an Methode anbietet … Das war die Entdeckung für mich, und dann habe ich ein eigenes Feld* – das Angebot Geistlicher Begleitung – *entwickelt*. Dass er keine offiziell anerkannte Ausbildung in Geistlicher Begleitung durchlaufen hat, darunter leidet Alexander sehr: *Ich hätte gerne meine offizielle Anerkennung, möglichst auch einen Titel, das gebe ich ehrlich zu, ich würde mich gerne Spiritual nennen, aber ich weiß nicht, ob ich das überhaupt darf*.

Sein Besprechungszimmer, in dem er Geistliche Begleitung abhält, ist mit vielen unterschiedlichen Symbolen ausgestaltet. Was einen Menschen im geistlichen Leben beeindruckt, muss unbedingt seinen symbolischen Ausdruck finden, meint Alexander. Denn *die franziskanische Meditation ist … ganz frei* und *fängt immer beim Symbolischen an … Den Leuten eben einen Freiraum geben, der sie fähig macht, sich auf etwas anderes zu konzentrieren. Manche sitzen erst 'mal einfach nur da und atmen schon auf und sagen, es geht mir schon besser … Die Leute setzen sich hier hin, sie bekommen einen Tee, und manchmal führen wir zu Beginn ein kleines Gespräch aus der Situation heraus*, wobei sich die spirituelle Ebene einfach ergibt. Der Rahmen des geistlichen Gesprächs ist ein Psalm zu Beginn und ein Segen am Ende.

In der Mitte des Wandschranks liegt die Bibel, Wort und Sakrament, links daneben eine Schale voller Wasser (Taufe) und rechts eine Scheibe Vollkornbrot (Eucharistie). *Das ist das Zentrum, das liegt da, und dann gehe ich hin und hole die Bibel und lese einen Psalm … Und dann lege ich das ab, und dann schweige ich. Jetzt überlasse ich es dem anderen*, etwas dazu zu sagen. Dieser erfährt *die Tatsache, dass für mich ein Psalm gelesen wird, für mich, nicht für die Gemeinde. Sonst bin ich für Gott und die Welt da – jetzt ist Er für mich da, und das erlebe ich hier.*

Seine Geistliche Begleitung versteht Alexander als eine *Beratung mit spirituellen Elementen* oder als eine *geistliche Supervision der Frömmigkeit.* Er arbeitet mit dem, was die Leute an Problemen, Trauer und Konflikten mitbringen, und möchte darin die theologisch-spirituelle Dimension entschlüsseln. *Wie du … mit dir umgehst – das ist die spirituelle Dimension. Wo ist da Gott?*

Für Alexander ist Gott *die Liebe* und derjenige, *der das Leben richtet, aufrichtet, zurechtrichtet und zurechtrückt,* aber auch *Fels, Quelle und Licht. Das sind alles Dinge, die man wahrnimmt, mit den Augen, die Quelle mit dem Mund, den Fels mit den Füßen … Und der Fels, auf dem ich stehe, die Quelle, die mich nährt und mich erfrischt, und das Licht, was mich erhellt.*

Der Unterschied zwischen Geistlicher Begleitung, Psychotherapie und Supervision besteht für ihn darin, *in welcher Weise mein Christsein präsent ist.* In der Psychotherapie spielt die geistliche Dimension nur eine Rolle für den Therapeuten. *Aus welchen Gründen, Wertvorstellungen therapiere ich, warum wende ich mich Menschen zu*? In der Supervision geht es primär um das professionelle Handeln des Seelsorgers, erst sekundär um die spirituelle Dimension. *Bei der Seelsorge ist das offen, inwieweit der christliche Hintergrund zur Sprache kommt.*

Ziel seiner Geistlichen Begleitung ist es, das Licht Gottes zu entdecken. Manchmal wollen Menschen gesegnet werden, Rituale im Alltag erleben: *Und da gibt es so 'was: den Blumensegen. Also alles franziskanisch, werden Sie merken. Segen über Brot und Wein, also nicht Eucharistie, Segen zum Geburtstag, Segnung der Hände, Segnung von Hand, Kopf und Herz, da gibt es ja diesen wunderschönen Segen des Antonius …: „Macht des Vaters sichere dich, Weisheit des Sohnes unterweise dich, und Liebe des Heiligen Geistes entflamme dich."– Macht ist etwas, das man in den Händen hält, da wird die Hand gesegnet … Weisheit des Sohnes unterweise dich, da wird das Kreuz auf die Stirn gemacht, wo unser Denken ist, und Liebe des Heiligen Geistes, da ist das Herz wichtig. Und das kann ich ja nicht be-*

rühren, da … sage ich denen, die sollen die Hände kreuzen über dem Herzen. Und ich berühre dann die Hand hier … Auch einen Salzsegen gibt es. Für Alexander geht es immer wieder um den körperlich beziehungsweise leibhaftig erfahrenen Ritus.

Alexander möchte für die Begleiteten geistlicher Vater *und* Mutter sein, also *ein liebender geistlicher Begleiter mit väterlichen und mütterlichen Zügen.* Väterlich und mütterlich, *das beinhaltet für mich Wärme, bergen, fühlen, Zuneigung, in den Arm nehmen.*

Den sich in Liebe hingebenden Jesus, der Gott treu bleibt, und Gott bleibt ihm treu – diese Gottesvorstellung will Alexander in der Geistlichen Begleitung transparent machen. Dann wird *anderes wichtiger als dieser grausame Gott, der seinen Sohn umbringt … Und davon muss man viele Menschen befreien.*

Gott muss man spüren, *deswegen ist für mich ganz wichtig, Eucharistie so zu feiern, dass ich auch 'was spüre … Der Wein, der ist nicht nötig zum Leben, man braucht nur Wasser zum Leben. Aber der Wein ist die überschäumende Gnade Gottes … Das ist ein starker 15–18%iger Wein …, ich nehme auch Sherry, dann reicht es, wenn Sie einen winzigen Schluck nehmen, und dann merken Sie, wie das hinein geht. Und dann stelle ich mir vor, also so ist Gott gegenwärtig in mir, wenn ich das spüre.*

Alexanders Geistliche Begleitung möchte dazu dienen, tiefer in die eigene Frömmigkeit hineinzuwachsen. Und dabei will er auch mit-leiden. *Das gehört für mich auch mit dazu, das zu repräsentieren, dass … das Leiden auch dazu gehört.* Wenn man sich verstanden und angenommen fühlt, ändert sich das Gottesbild.

Eine erwachsene Gottesbeziehung sieht Alexander in der Freundschaft. *Freundschaft heißt für mich, einen Menschen haben, mit dem ich teilen kann, was mich bewegt, im tiefen Sinn bewegt … Danach sehne ich mich, und so wünsche ich mir auch Gott.*

Diese sechs Einzelportraits mögen genügen, um Leserinnen und Leser das breite Spektrum dessen erahnen zu lassen, was Expertinnen und Experten unter Geistlicher Begleitung verstehen. Wir selbst entwickelten aus allen Einzelportraits insgesamt 13 Thesen, indem wir Aussagen der einzelnen Befragten zu bestimmten Fragestellungen verdichteten. Die so entstandenen Thesen wollen einen Einblick in das vielfältige Verständnis von Geistlicher Begleitung geben. Darum folgt jeder These eine Erläuterung.

3. Thesen

Unsere Thesen und Erläuterungen versuchen Geistliche Begleitung zu konturieren und belegen dabei Wirkweisen im Selbstbild, im Gotteskonzept und im Beziehungsgeschehen. Exemplarische Aussagen der 25 befragten Geistlichen Begleiterinnen und Begleiter „blenden“ wir nachfolgend erneut im kursiv gesetzten Originalton „ein“.

3.1 Was verstehen die Befragten unter Geistlicher Begleitung?

These

Geistliche Begleitung steht für die *längerfristige Begleitung* eines Menschen und richtet ihren *Fokus auf das Spirituelle*. Ihr Ziel liegt darin, den *Glauben zu aktualisieren*, *Glaubens- und Lebensklärung* miteinander zu *verbinden* und sich mit der eigenen *Gestaltung des Gottesbezuges* ausdrücklich auseinanderzusetzen. Geistliche Begleitung versteht sich als eine *Form des Miteinander-auf-dem-Weg-Seins* und stellt für Begleiterinnen und Begleiter einen Grunddienst der Kirche dar.

Erläuterung

Die genannte *längerfristige Begleitung*, bei der es den Befragten *um das Leben in der Perspektive der Beziehung zu und mit Gott geht*, versteht sich als ein *Gesprächsprozess* mit dem *Fokus auf das Spirituelle*. Im Sinne der in der These vorgebrachten Zielsetzung, *Glauben zu aktualisieren* sowie *Glaubens- und Lebensklärung* miteinander zu *verbinden*, geht es ausdrücklich um die *Auseinandersetzung mit der Gestaltung des Gottesverhältnisses*, mit anderen Worten darum, die *Gottesbeziehung zu pflegen, darin zu wachsen und sich zu entfalten*. Geistliche Begleitung will *den Lebensweg neu erkennen und suchen*. In ihrem konkreten Verlauf sucht sie *das Leben vor Gott zu bringen*, und im Gegenzug geht es um die deutende *Wahrnehmung, wie Gott auf mein Leben schaut*.

Geistliche Begleitung versteht sich auch als eine Hilfestellung für Menschen, das *in ihnen Befindliche zu finden*, die *Stimme Gottes zu hören*, den *Willen Gottes zu erhorchen* und *seine Wegweisung zu erkennen*. Sie basiert in der Regel auf keiner Notlage und unterscheidet sich von anderer Seelsorge dadurch, dass sie nicht punktuell oder kasual, sondern prozesshaft orientiert ist. Geistliche Begleitung verstehen die Befragten als eine *Form* und eine *Kernkompetenz von Seelsorge*. Sie vollzieht sich in Einzel- und Gruppengesprächen.

In der Geistlichen Begleitung von Gruppen geht es auch darum, miteinander einzuüben, was es heißt, *nicht nur wissenschaftlich den Glauben zu leben, sondern auch davon zu erzählen, wie es persönlich damit geht*.

Geistliche Begleitung versteht sich entweder als Dreiergespräch zwischen den beteiligten Menschen und Gott oder als Unterstützung im *Zweiergespräch zwischen Gott und dem Menschen, der zur Begleitung kommt*. Sie ist *keine intellektuelle Verkündigung, sondern ein Mitgehen, ein emotionales Verkünden, nah zu sein*, und ein lebensförderliches *Nachdenken*. Sie bildet eine *Form des Miteinander-auf-dem-Weg-Seins* oder einen *Weg des gemeinsamen Suchens*.

Für zahlreiche Begleiterinnen und Begleiter geschieht Geistliche Begleitung *in* der Kirche, *aus* der Kirche heraus und *für* die Kirche. Sie ist ein kirchliches Geschehen.

Nachfolgend lassen wir einzelne Befragte im Originalton zu Wort kommen.

Birgit: *Jesus hat auch nicht immer die Massen angesprochen; … fast alle Begegnungen sind Gespräche, die er ganz intensiv mit einem führt*. Geistliche Begleitung ist ein *Verkündigen auf einem anderen Niveau, keine intellektuelle Verkündigung, sondern ein Mitgehen, ein emotionales Verkünden, nah zu sein*.

Peter: *Es geht in der Geistlichen Begleitung ja eigentlich immer darum, Glaubensklärung und Lebensklärung zu verbinden …*

Und dieses Gespräch ist ausgewiesen … als ein Gespräch, in dem die Beziehung zu Gott ausdrücklich einbezogen ist.

Jonas' Intention bei der Geistlichen Begleitung lässt sich am besten mit der These ausdrücken, dass der Mensch Mensch wird: *Und von da aus ergibt sich das andere nach und nach. Ich kann … noch so viel Spirituelles einem anderen hin reden, oder was auch immer. Wenn das Menschsein nicht in Ordnung ist, dann hat es keinen Sinn … Wir Menschen müssen so werden, wie Gott uns geplant hat. Und das muss man 'rausfinden.*

3.2 Was verstehen die Befragten unter einer erwachsenen Gottesbeziehung?

These

Eine erwachsene Beziehung zu Gott hat eine *apriorisch orientierte* und *partnerschaftlich geprägte* Perspektive zum Inhalt, in der die Person mit Gott *autonom* und *authentisch* im *Jetzt* lebt, vor ihm *aufrecht stehend* und sich in allen Höhen und Tiefen *ernst genommen* fühlend. Eine solche Beziehung ist von Weite geprägt, kennt viele Gesichter Gottes und kann Unheilvolles und Widersprüchliches integrieren. Sie entbehrt infantiler Wunschideen und kindlicher Unterordnung.

Erläuterung

Das Spezifische einer erwachsenen Beziehung zu Gott zeigt sich, wenn ein Mensch Gott *hinterfragt* und dadurch seiner streckenweise als fremdbestimmt erlebten religiösen Kindheit und Vergangenheit nicht mehr anhängt, sondern mit Gott *autonom* und *authentisch* im *Jetzt* lebt. Diese Beziehung lebt aus der Erfahrung, dass sich Gott *neu offenbart*, und setzt auf Gott als *Partner und Gegenüber* – immer im *konfrontierenden Füreinander*. Befragte Frauen und Männer stehen Gott *Auge in Auge* gegenüber, fühlen sich vor ihm *aufrecht stehend*, von ihm *bedingungslos* geliebt – bei und trotz aller Konfrontation –, in ihren Höhen und Tiefen *ernst genommen*. Diese personale Beziehung zu Gott charakterisieren Begleiterinnen und Begleiter als *irreversibel*: sie kennt kein Zurück, ist *ideologiefrei*, *nüchtern* und versucht nach Auskunft der Befragten dem Wert von Krisen auf die Spur zu kommen. Die gesamte Bandbreite an Gefühlen in der Gottesbeziehung unterliegt bei ihnen offenbar einer positiv integrierenden Kontrolle. Eine erwachsene Gottesbeziehung scheint abgeklärter und ruhiger und damit weniger von aufwühlenden Gefühlen geprägt zu sein als die der Kindheit und Jugend. Sie erwächst aus dem Hinter-sich-lassen einer bedürftigen Haltung („Ich brauche etwas") und entsteht durch das Einstimmen auf das, was ist und geschieht. Sie hilft allen Facetten des Lebens gerecht zu werden.

Stefan: *Ich muss auch meinen Protest und mein Unverständnis mit ihm austauschen können. Ich muss mich nicht mehr in den Staub werfen vor Gott, … ich bin von Gott geliebt ohne Vorleistung. Dann kann man erst das, was im Exerzitienprozess Umkehrphase heißt, einbringen, … dass Gott auch Anforderungen an mich stellt.*

Birgit: *Ich kann sie nicht mehr rückgängig machen, ich kann nicht mehr dahinter zurück. Es ist die Erfahrung von Gott, der mich trägt, der mich durchs Leben führt, der mich begleitet und präsent ist. Er ist nicht irgendwo da oben, der Gott im Himmel, sondern er ist mein Gegenüber … Es ist ein Ernstnehmen, eine Auge-in-Auge-Beziehung … Also eine erwachsene Gottesbeziehung hält auch Trauer und Leid aus.*

Sina: *Dass er autonom seine Entscheidungen treffen kann … Ich denke, so authentisch ein Mensch lebt, so authentisch kann auch seine Gottesbeziehung sein … Zum Beispiel, dass ich auch eigenverantwortlich … mein Leben leben kann.*

Im Laufe ihres Lebens haben sich Katharinas Gottesbild und Gottesbeziehung stets gewandelt. *Ich habe 'mal meinen Glauben verloren, und ich danke Gott auf Knien, dass ich ihn nie wieder gefunden habe … Den ganzen Kram von damals weg, Schrott, nix wert.* Nicht ihr, sondern Gott musste es früher immer gut gehen. Nicht sie wünschte sich etwas von Gott, sondern Gott hatte stets Wünsche an sie. *Der liebe Gott ist beleidigt, der liebe Gott ist traurig, der liebe Gott wünscht sich von dir …, der liebe Gott …, wo man sich drum kümmern muss … Überhaupt dieses Gefühl, sowohl die Eltern wie auch Gott dürfen jederzeit mit dir machen, was sie wollen.*

Sophies zunächst begeisterte Gottesbeziehung, *in Gott verliebt* zu sein, wurde im Laufe der Jahre nüchterner: *Vielleicht war auch in dieser Zeit, in der ich so verliebt war, ein Wunscherfüller-Gott. Und dass es jetzt eben nicht mehr so ist. Das könnte vielleicht schon sein.* Ihre erwachsene Gottesbeziehung schildert Sophie als weniger illusionär.

3.3 Welche Gefühle verändern die Gestaltung der Gottesbeziehung?

These

Emotionen verändern die Gestaltung der Gottesbeziehung: Annahme, Geborgenheit, Nähe, Vertrauen. Freude und Berührtsein bauen eine Gottesbeziehung auf, sie entwickeln eine Dynamik des Wagens, der Neugier und der Spontaneität. Enttäuschungen verändern die Erwartungen im Gottesbezug und treiben dessen (Um-) Gestaltung voran. Gottesferne und Zweifel motivieren zu Reflexion und Differenzierung, sie fordern auch kognitiv heraus. Mut gibt Kraft zur Aggression, zur Zerstörung von Blockaden und lebensfeindlichen Gottesbildern. Gefühle des Freiwerdens und der Erleichterung weiten die Gottesbeziehung.

Dagegen können Schuldgefühle, Trauer und Zorn sich zu massiven Widerständen entwickeln. Leid und Schmerz, aber auch Schuld und Angst können manche Menschen von Gott weg und manche Menschen zu Gott hin führen.

Erläuterung

Peter: *Das Gefühl der Enttäuschung ist etwas, was einen weiterführt, auch das Gefühl der Annahme oder Nähe ist etwas Aufbauendes; insofern ist es verändernd.*

Lisa: *… so ein Gefühl von freier werden, Erleichterung … Also diesen engen Raum, dass der ein bisschen weiter wird.*

Gerhard spricht eine Empfehlung für Menschen aus, die den liebenden Gott nicht entdecken können: *Du musst den Mut haben, dein Bild immer wieder zu zerstören, das du dir von Gott gemacht hast.* Vielleicht lässt sich der liebende Gott dann finden. Bei dem strafenden und strengen Gott kennt er Gefühle des *Hasses und der Verlassenheit*, auch das Gefühl, *von Gott nicht angenommen* und *verworfen zu sein*. Menschen mit diesen Gefühlen motiviert Gerhard dazu, *mit Gott zu streiten* und *den Zorn Gott gegenüber zuzulassen* – in der Hoffnung, dass der Zorn verändernd wirkt.

Laura nimmt in ihrer Gottesbeziehung die Gefühle der *Geborgenheit* und des *Vertrauens* wahr, eine *gewisse Dynamik, die mir durch den Glauben vermittelt wird, dass ich einfach weiß, ich darf auch 'mal 'was wagen, oder eine gewisse Neugier auf das Leben, was das Leben so zu bringen und zu bieten hat, und jetzt so versuchen, einfach spontan auch zu sein.*

Für Anna ist *Gott wirklich der Boden und der Grund, der alles trägt, und dann kann auch alles sein … Alles darf sein. Und was sein darf, kann sich verändern.* Anna meint, es seien nicht immer die Gefühle, die verändern, sondern vielmehr auch der Eindruck, *wenn ich Gott nicht fühle.* Die Ferne Gottes und Zweifel, aber auch Freude, Trost und Begeisterung können ihrer Einschätzung nach die Gottesbeziehung verändern.

Johannes: Das Empfinden von Leid und Schmerz, das manche Menschen von Gott weg bringt und manche Menschen zu Gott hin führt, aber auch Gefühle der Schuld, der Angst und Lebensbedrohung verändern das Gottesbild. *Wenn all das sich mit Gott berührt, dann entsteht ganz viel Veränderung.*

Michaela: Während in der denkerischen Auseinandersetzung sich das Gottesbild klärt, verändert sich die Gottesbeziehung nur in den geistlichen Übungen und im Alltag. *Jedes Gefühl, dem die oder der Begleitete sich stellt, kann zum Motor der Klärung ihrer oder seiner Gottesbeziehung werden.*

3.4 Welche Gottesbilder wollen Geistliche Begleiterinnen und Begleiter in der Geistlichen Begleitung transparent machen?

These

In der Geistlichen Begleitung wird der bedingungslos liebende und begleitende Gott lebendig. Dabei findet der dreifaltige, väterlich-mütterliche und geschwisterliche Gott Resonanz. Der Menschgewordene erscheint uneingeschränkt als ein Gott der Nähe und des Lebens.

Erläuterung

Geistliche Begleiterinnen und Begleiter möchten einen den Menschen begleitenden Gott aufscheinen lassen, der *alle Wege mitgeht, in dessen Augen* der Mensch *kostbar und wertvoll* ist und der *bedingungslos annimmt, obwohl er konfrontiert.* Es ist ein *barmherziger, väterlich-mütterlicher, brüderlicher und schwesterlicher* Gott, der *stärkt, aufrichtet* und *das Leben in Fülle schenkt,* der *in Kommunikation steht, in Begegnung und Berührung.* Dieser Gott versteht das Menschsein in seinen Höhen und Tiefen und hält diese mit aus. Er hat eine *konkrete Liebesgeschichte* mit jedem Menschen und ist *in allen Dingen* und in *einem jeden Menschen zu finden.* Weil er *alles trägt, darf alles sein.* Solche Gottesbilder sind geprägt von den Aspekten, die Jesus in seinen Beziehungen zu Menschen und in seinem Gottesbezug lebte.

Sonjas Tun liegt das Bild eines barmherzigen Gottes zu Grunde, der den Menschen stärkt, nicht klein macht, sondern ihn aufrichten und ihm die Fülle des Lebens schenken will. *Das ist .... die Grundlage meines Glaubens, und dann ist das natürlich auch das, was ich weitergebe ... Das möchte ich ... mit allen Möglichkeiten auch vermitteln.*

Den inkarnatorischen, österlichen und auch unbegreifbaren Gott möchte Alexa in ihrer Geistlichen Begleitung transparent machen. Dabei rechnet sie aber auch mit entgegengesetzten Gottesbildern: *Nein, ich schließe nicht aus, dass Gott Angst macht, weil das 'was ist, was ich hier erlebe. Also, das ist für viele Theologiestudierende auch ein Aha-Erlebnis, wenn sie merken, sie werden von einem ganz anderen Gottesbild geprägt und ver-*

halten sich zu einem anderen Gott, den sie in der Theorie komplett ablehnen. Also, das klassische Bild: Man kann Gott ja alles sagen. Dann kommen wir drauf im Gebet, was haben Sie da eigentlich für Themen? Ja, und das rede ich mit Gott nicht, weil, da erwarte ich Sanktionen, oder das will er nicht so, oder da habe ich Angst, ihm das mitzuteilen. Das ist dann ganz oft ein Aha-Erlebnis. Sie möchte den Unterschied zwischen dem willentlichen (kognitiven) Gottesbild und der persönlichen Gottesvorstellung aufdecken.

Michaela möchte einen Gott mit zwei Seiten transparent machen. Das eine ist die Seite des bergenden Gottes, das andere die des Aufbruchs, *wo Gott mich einlädt zu gehen, auf mich zu, auf mein Leben, auf andere.*

3.5 Welche Rolle nehmen Geistliche Begleiterinnen und Begleiter ein?

These

Viele Befragte nehmen die Rolle einer Wegbegleiterin oder eines Wegbegleiters ein. Diese zeigt sich konkret in einem partnerschaftlichen, väterlichen, mütterlichen oder geschwisterlichen Verhalten, das eine Auge-in-Auge-Beziehung pflegt und die Lebens- und Glaubensentfaltung unterstützt.

Erläuterung

Im Sinne dieser These treten in der Rolle des Wegbegleiters oder der Wegbegleiterin konkret partnerschaftliche, väterliche, mütterliche oder geschwisterliche Typen hervor. Sie alle drücken eine Haltung aus, die stärkend und tröstend wirkt, motiviert, Halt gibt und von Zuhören geprägt ist; die das Gegenüber ernst nimmt und auf dessen Ressourcen vertraut; die Solidarität und zugleich spezifische (Gesprächs-) Führungsqualitäten aufweist; die aber auch konfrontiert und nachfragt. In dieser Rolle kommen auch die Brückenbauer und Hebammen ins Bild. Manche Rollen orientieren sich an der Emmaus- oder an der Exodusgeschichte.

Monika: *Da gibt es eine Rolle, wenn ‚Begleiterin' nicht der ausreichende Ausdruck dafür ist, würde ich vielleicht schon sagen, in distanzierter Freundschaft. Also es ist nicht diese Intimität oder Vertrautheit, die in einer Freundschaft da ist, mir ist eine Distanz wichtig … Also … distanzierte Freundin oder Gefährtin auf dem Weg wäre die Rolle.*

Judit möchte gerne die Rolle der *Elternschaft* übernehmen, *weil ich finde, das ist ja eine Begleitung, 'was Stärkendes oder 'was Tröstendes, eine haltende Tätigkeit, … ein großes Ernstnehmen des Gegenübers … und ein Vertrauen in dessen Fähigkeiten und Lebensfähigkeiten, und auf der anderen Seite ist es auch wieder was Solidarisches …, aber auch eine gewisse Art von Führen.*

Lisa: *Ich glaub' schon, dass ich eine bin, die zunächst 'mal hilft, das, was innen ist, hörbar zu machen. Also, dass ich dieses innere Durcheinander im Kopf helfe, erst 'mal genau vor sich zu bringen, zu ordnen und dabei demjenigen zu helfen zu entscheiden, was will ich denn damit?* Heißt das, dass Sie so eine Art Hebammenfunktion ausüben? *Ja, das ist ja vielleicht auch ganz schön.*

Helmut übernimmt gerne die Rolle eines Vaters, der die *Hand um die Schulter legt, motivierend spricht, mehr zulässt oder 'was Mütterliches wahrnimmt, der Geduld zeigt*, aber auch *nachfragt* und *konfrontiert.*

3.6 Welche Kompetenzen brauchen Geistliche Begleiterinnen und Begleiter?

These

Neben der Selbsterfahrung sind Geistliche Begleiterinnen und Begleiter auf die Fähigkeit angewiesen, psychische und geistliche Prozesse emotional und kognitiv wahrzunehmen, zu reflektieren und zu begleiten.

Erläuterung

Geistliche Begleiterinnen und Begleiter sollen darin kompetent sein, sich selbst zu erfahren; die eigene Gottesbeziehung zu pflegen und mit ihr vertraut zu sein; Empathie zu zeigen; sowohl themen- als auch personenzentriert zu interagieren sowie entwicklungstheoretisches und theologisches Grundwissen veränderend zur Geltung zu bringen. Sie sollen für psychische und geistliche Wachstums- und Entwicklungsprozesse sensibel sein. Sie brauchen die Fähigkeit, ihre eigene Kirchlichkeit differenziert zu reflektieren, das Leben aus dem Glauben zu deuten und ohne Scheu Zeugnis zu geben vom eigenen Glauben. Offensichtlich bedarf es pastoralpsychologischer Kompetenzen, damit Geistliche Begleitung, wie die Befragten sie verstehen, gelingt.

Peter: *Geistliche Begleiter sind Menschen, die selbst ein geistliches Leben führen ..., die selbst in Geistlicher Begleitung sich befinden ..., die ... in einer Ausbildung gelernt haben, geistliche Prozesse zu reflektieren. Das sind eigentlich die drei Qualifikationsmerkmale.*

Monika: ... *also ich denke auf alle Fälle eine Ausbildung in Gesprächsführung, eine Sensibilität für psychologische Prozesse bei den Menschen, also dafür auch ... ein Grundwissen über Entwicklungsprozesse im Menschen, ... auf alle Fälle eine Ausbildung, was eben auch geistliche Prozesse im Menschen anbelangt, ja und zumindest ... Praktische Theologie.*

Judit: *Geistliche Begleiter und Begleiterinnen müssen auch im Leben stehen, ... finde ich ganz wichtig.*

Lisa: *Sich selbst ganz gut zu kennen und zu wissen, an welchen Punkten bin ich empfindlich, oder wo fang' ich an zu fantasieren, was kann ich nicht vertragen, wo übernehme ich Probleme, die andere haben?*

Helmut: *Überhaupt ... sensibel zu werden für die Nähe zu Gott, heißt dann aber für mich, ich selbst bin ein Suchender. Ich selbst bin einer, der sucht, der findet, der neu sucht. Ich bin selber ein Fragender, ich bin selber einer, der eine Frage stellt, der die Zweifel aufkommen lässt und mit ihnen umgeht ...*

Laura: Geistliche Begleiterinnen und Begleiter sollen ihrer Meinung nach *eine Behutsamkeit und eine gewisse Empathie* zeigen, *um sich überhaupt in den anderen hinein versetzen zu können, auch spüren zu können, wie weit der im Glauben schon gereift ist, oder wo man überhaupt ansetzen muss, wo dessen Vorerfahrungen sind, wo vielleicht wunde Punkte sind, die man dann behutsam ansprechen muss.* Als zwei weitere wichtige Kompetenzen sieht Laura die Offenheit an, *keine Scheu zu haben, selbst Zeugnis zu geben von seinem eigenen Glauben*, und die Fähigkeit, *sein Leben aus dem Glauben heraus zu deuten und nicht als schicksalsergeben hinzunehmen.*

Alisa: Geistliche Begleiterinnen und Begleiter sollen *offen sein und nach dem Grundsatz handeln: Es gibt nichts, was nicht sein darf. Sie müssen Menschen wertschätzen können, eigene Geistliche Begleitung erfahren haben und ein Gottesbild vermitteln, das durch Höhen und Tiefen geht. Neben fundiertem biblischem Wissen verfügen gute Begleiterinnen und Begleiter über ein Gebetsleben und die Fähigkeit zur Reflexion von Begleitungsprozessen und dürfen keine Angst vor Krisenzeiten haben. Sie müssen die Grenzen von Geistlicher Begleitung akzeptieren können, firm sein in Gesprächsführung und Mut zur Konfrontation haben.*

3.7 Wie verlief die Selbsterfahrung Geistlicher Begleiterinnen und Begleiter?

These

Die Selbsterfahrung in Geistlicher Begleitung begünstigt Selbsterkenntnis, Selbstsicherheit, Ich-Stärke und vielfältige Klärungsprozesse – für die eigene Person sowie für verschiedene Phasen des Lebensweges. Dabei kommt es zu Veränderungen, insbesondere zu Intensivierungen, Weitungen und Öffnungen in der Gottesvorstellung, so dass die Befragten den Dialog zwischen Leben und Glauben – trotz Konfrontationen, Missverständnissen und Enttäuschungen – letztlich als heilsam erfahren.

Erläuterung

Die Selbsterfahrung vermehrt Selbsterkenntnis, Selbstsicherheit und Ich-Stärke und begünstigt Klärungen, derer es in verschiedenen Phasen des Lebensweges bedarf. Schwierige Erfahrungen, von denen die Befragten berichten, standen oft im Kontext des Konfrontiertwerdens, auch von Missverständnissen und Enttäuschungen. Darüber kam es zu Veränderungen in der Gottesbeziehung; diese hat sich geweitet, intensiviert und geöffnet. Manche gelangten nach eigenem Bekunden zu mehr Vertrauen in Gott, spürten Gott und fühlten sich ermutigt, die eigene Gottesbeziehung zu leben und ihr Ausdruck zu verleihen – mehr als bisher. Als heilsam erfuhren einige ihre Versuche, ihr Leben vor und gegenüber Gott zu artikulieren. Dabei konnten sie selbst wachsen und ihr Leben aus dem Glauben als sehr bereichernd, auch als wohltuend und hilfreich wahrnehmen. Zugleich verschoben sich manche Prioritätensetzungen, also die Antworten auf die Frage: Was ist mir im Leben wichtig?

Geistliche Begleitung festigte ihre Lebensentscheidungen und zeigte dabei Wege auf. Der Vollzug des Glaubens wurde so als Weggeschichte verstanden und erfahren. Manche Begleiterin und mancher Begleiter wurden herausgefordert, Spannungen auszuhalten und Krisen durchzustehen.

Michael: *Während meiner eigenen Geistlichen Begleitung erlebte ich Veränderungen bei mir. Ich gewann eine innere Stabilität, eine Perfektion meiner Rollen und mehr Selbststand, wurde konfliktfähiger, konnte immer intensiver bei mir selbst sein und bleiben.*

3.8 Worin unterscheidet sich Geistliche Begleitung von Beratung, Supervision und Psychotherapie?

These

Geistliche Begleitung unterscheidet sich von Beratung, Supervision und Psychotherapie durch den expliziten Fokus auf gelebte Gottesbilder und Gottesbeziehungen. Geistliche Begleiterinnen und Begleiter kennen ein eigenes Rollenverständnis, einen eigenen Arbeitsauftrag und eigene Rahmenbedingungen ihrer Tätigkeit. Sie grenzen sich sowohl gegen eine direkte Behandlung psychischer Störungen als auch gegen eine primäre Auseinandersetzung mit beruflichen Konflikten ab.

Erläuterung

Geistliche Begleitung, Beratung, Psychotherapie und Supervision sind jeweils eigenständige Angebote. Einerseits können sie sich überschneiden, andererseits unterscheiden sie sich im Fokus. So richtet Geistliche Begleitung ihr primäres und explizites Augenmerk auf den Glaubensvollzug und das spirituelle Leben, also auf Gottesbilder und Gottesbeziehungen. Lebenserfahrungen und biographische Herausforderungen werden in der Geistlichen Begleitung auf den eigenen Gottesbezug hin gedeutet und in diesem entdeckt. Dabei spiegelt sich die Gottesbeziehung in menschlichen Beziehungen wider.

Geistliche Begleitung unterscheidet sich von Supervision, Beratung und Psychotherapie im Rollenverständnis, im Arbeitsauftrag und in ihren Rahmenbedingungen. Sie thematisiert das Leben in der Perspektive der Beziehung zu und mit Gott. Geistliche Begleitung will aus dem Glauben eine neue Lebensperspektive oder eine neue Lebenseinstellung gewinnen. Begleitung versteht sich hier umfassend und vollzieht sich im größtmöglichen Horizont des Geistes. Im Sinne dieser These grenzt sie sich in ihrem Selbstverständnis sowohl gegen eine direkte Behandlung psychischer Störungen (Psychotherapie) als auch gegen die primäre Auseinandersetzung mit beruflichen Konflikten (Supervision) ab. Therapeutische Begleitung geht auf spezifische Weise über die begleitend-beratende Qualität Geistlicher Begleitung hinaus.

3.9 Welche Erfahrungen erleben Geistliche Begleiterinnen und Begleiter als positiv beziehungsweise als beglückend?

These

Geistliche Begleitung erfahren diejenigen, die sie anbieten, als beglückend, wenn sie sich als ein dialogischer Prozess vollzieht, in dem menschliches und geistliches Wachstum möglich wird, Gotteserfahrungen spürbar werden und sich im Zusammenwirken von Gott und Mensch Momente von Befreiung und Klärung einspielen.

Erläuterung

Beglückende Erfahrungen machen Geistliche Begleiterinnen und Begleiter, wenn sich im Prozess Neues auftut, Wachstum geschieht, Gotteserfahrungen möglich werden und sich „Aha-Erlebnisse“ einstellen. Dabei verweisen sie ausdrücklich auf Gesprächssituationen, in denen es zu einem Zusammenspiel zwischen Begleitetem und Gott kommt; in denen es dialogisch zugeht, sich also Prozesse des Gebens und Nehmens abspielen; in denen die je eigene Lebenssituation nicht einer Verurteilung unterzogen, sondern biblisch gedeutet wird. Positive Empfindungen setzen Gespräche frei, in denen sich ein Trauerkloß oder ein Knoten lösen, Befreiung geschehen und Klärung stattfinden kann.

Fasziniert ist ein Begleiter, wenn Schriftbetrachtung und geistliche Impulse durch therapeutische Intervention intensiver erlebt werden.

Jan: *Es gibt Momente, da hat man so ein „Aha-Erlebnis“. Und da hast du das Gefühl, auf einmal geht jemandem 'was auf, oder da spürst du richtig, da ist irgendwie so 'was wie ein Wachstum im Moment passiert. Gerade auch im Blick auf das Gottesbild, auf Glauben, dass da Gott spürbar ist im Raum. Das find' ich schon sehr beglückend. Das sind Momente, die kannst du überhaupt nicht machen, sondern die sind dann einfach da.*

Judit: *Beglückend ist, wenn ich merke ..., da ist so ein Zusammenspiel von ihm und Gott im Leben.*

Lisa: *Zu merken, wie ein Mensch aufblüht, wie jemand wächst, und dann sichtbar oder auch in kleinen Schritten ... zu entdecken, wie unterschiedliche Wege Gott hat, auf Menschen zuzugehen,* welche *unterschiedliche Formen es für Menschen gibt, ihre Beziehung zu Gott auszudrücken ... also die Kreativität, die Vielfalt von Formen, die es gibt. Für mich (ist) auch beglückend, wenn mir dann eine Bibelstelle einfällt, zum Beispiel zu einer konkreten Situation, also wirklich dann auch in Gesprächen zu erfahren, ja, sie trifft.*

3.10 Welche Erfahrungen erleben Geistliche Begleiterinnen und Begleiter als negativ beziehungsweise als enttäuschend?

These

Geistliche Begleiterinnen und Begleiter empfinden Enttäuschungen, wenn ein Prozess Geistlicher Begleitung zum Stillstand kommt, also keine Klärung und kein geistliches Wachstum hervorzubringen vermag oder wenn Begleitete sich dem Prozess der Begleitung verschließen und gegenüber sich selbst blind sind.

Erläuterung

Wenn ein Prozess Geistlicher Begleitung misslingt, Missverständnisse entstehen, sich nichts bewegt und alles sich im Kreise dreht, es zu keiner Klärung, zu keiner Tiefe und zu keinem geistlichen Wachstum kommt, fühlen sich Geistliche Begleiterinnen und Begleiter oft enttäuscht. Schwere Frustrationen erfahren sie, wenn sie auf offene Ablehnung stoßen, Begleitete sich einem Prozess nicht öffnen und gar mit sich und der Umwelt unversöhnt sterben müssen.

Stefan: *Wenn irgendwie ein Prozess einfach misslingt. Also wo dann irgendwann 'mal die Basis entweder nicht mehr da ist oder man merkt, das funktioniert nicht. Sicher kann auch eine enttäuschende Erfahrung sein, wenn man jemand auf einem Weg begleiten möchte, den er aber partout nicht gehen will …*

Peter: *In meiner Tätigkeit erlebe ich das größte Problem im Bereich des Missverständnisses. Dass ich etwas akzentuiere und merke plötzlich, ich werde dann nicht verstanden. Oder ich kratze etwas an.*

Judit: *Was mich … enttäuscht hat, ist, dass … die Begleiteten zum Teil nicht so in Schwung kommen, nicht so bereit sind …, praktisch Gott mit ganzem Herzen zu dienen …*

Helmut: *Die negative Erfahrung … ist, dass … ich sehe, es bewegt sich eigentlich wenig. Kommt immer wieder das Selbe. Ich würde gerne mal …, dass sich 'was bewegt, dass sich was aufbaut, dass sich was klärt.*

Sabine: Schwere, enttäuschende Erfahrungen macht sie in der Sterbebegleitung: *Ich weiß noch bei einer Patientin, die ist so unversöhnt gestorben, dass mir das unglaublich wehtat. Aber es war nicht möglich, da … noch irgend etwas aufzulösen.* Auch die Erfahrung der *offenen Ablehnung* mit den Worten „*Nee, ich will mit Ihnen nicht mehr reden*" macht sie sehr betroffen, weil Sympathie, Übereinstimmung und Geborgenheit fehlen.

3.11 Welche Gottesbilder wirken im Prozess Geistlicher Begleitung als Risiko, welche als Chance?

These

Gottesbilder können im Begleitungsprozess zu einer Chance werden, sofern sie an persönliche Erfahrungen anzuknüpfen erlauben. Zugleich kann ein Gottesbild zum Risiko im Sinne eines Wagnisses werden, weil Menschen auch im Prozess einer Geistlichen Begleitung nicht absehen können, wohin Gott sie führt. Ihre Entwicklung kann durch einen strafenden, richtenden, tyrannischen, zwanghaften, schuldbeladenen, ambivalenten und leistungsorientierten Gott blockiert und gelähmt werden. Diese Gottesbilder machen Risiken im Sinne von Gefährdungen eines Prozessverlaufes deutlich. Ein unbedingt liebender *und* lebensfördernder Gott dagegen eröffnet eine Dynamik, in der die geistliche Entwicklung der Begleiteten zur Entfaltung kommt und diese sich in ihrem Erleben von Höhen und Tiefen angenommen wissen.

Erläuterung

Gottesbilder bergen Entwicklungsmöglichkeiten, wenn sie sich mit menschlichen Erfahrungen verbinden lassen. Ein chancenreiches Gottesbild ist mit Lebensfülle, Lebenslust und Lebensfreude verbunden, mit der Erfahrung unbedingten Geliebtseins. Der dreifaltige Gott fördert mit seinen freundschaftlichen, geschwisterlichen, mütterlichen und väterlichen Zügen beziehungsreich die Entwicklung der Begleiteten. Ein Gott, der sich auf die persönlichen Zustände und auf das individuelle Gewordensein des Menschen einlässt, der befreiend wirkt und gegebene Sichtweisen weitet, fördert den geistlichen Wachstumsprozess.

Zugleich geht mit jedem Gottesbild auch ein Risiko im Sinne eines Wagnisses einher, da die zu begleitenden Personen nicht wissen können, wohin Gott sie führt. Möglicherweise lähmt ein richtender und strafender Gott die Begleitung. Ein Gott der Leistung und der Tyrannei schlägt eine Kluft zwischen Menschen und jenen Gott, an den sie glauben und dem sie eigentlich vertrauen möchten. Ein leistungsorientierter Gott impliziert mit seinem Bild einen Tun-Ergehen-Zusammenhang, in welchem der Mensch immer ein Verdienst vorweisen *muss*, um geliebt zu werden. Mit ambivalenten Gottesbildern geht eine konflikttrâchtige Angst vor einem (nicht nur) gütigen Vater einher. Ein Bild vom „Rezepte-Gott“, der für den Menschen weiß, wo es lang geht, wirkt oft risikoreich, da er den menschlichen Drang nach Selbstbestimmung und Freiheit einschränken oder sogar negieren kann.

3.12 Wie gestaltet sich das Verhältnis von Geistlicher Begleitung und Seelsorge?

These

Geistliche Begleitung ist Seelsorge, insofern sie sich der Sorge um Menschen verschreibt. Sie sucht Veränderungen im Leben und im Glauben der Begleiteten anzustoßen – im Unterschied zu oft bloß punktueller und kasualer Seelsorge, die auf eine Gottesbeziehung baut, ohne prozesshaft an ihr, in ihr und mit ihr zu arbeiten. Vielmehr setzt jede punktuelle und kasuale Seelsorge einen Impuls zugunsten Geistlicher Begleitung, wenn diese den Gottesbezug nicht nur an- und ausspricht, sondern zu seiner lebensförderlichen Umgestaltung beiträgt.

Erläuterung

Geistliche Begleitung versteht sich nach Auskunft der Befragten als eine Seelsorge, die nicht nur punktuell oder kasual, sondern prozesshaft orientiert ist. Sie bedarf wie alle Seelsorge pastoralpsychologischer Kompetenzen, wenn sie psychische und geistliche Prozesse emotional und kognitiv wahrnimmt und reflektiert – in der Hoffnung, dass sich neue Perspektiven des Lebens und Glaubens erschließen lassen. Während sich punktuelle oder kasuale Seelsorge gewollt oder ungewollt ergeben mag, lassen sich Menschen in Geistlicher Begleitung einzeln oder als Gruppe auf Prozesse ein, die Leben und Glauben der Begleiteten zu verändern vermögen – aber offenbar nicht nur der Begleiteten: Indem die an Geistlicher Begleitung Beteiligten auf Wandlung hoffen, setzen sie auf Kräfte, die über individuellen Bedarf hinaus kirchlich und gesellschaftlich verändernd wirken können. Während Geistliche Begleitung die geistliche Existenz, das existentielle Vor-Gott-Stehen, den Glaubensakt und das geistliche Wachstum ansprechen will, geht es einer vorwiegend punktuellen und kasualen Seelsorge in den Gemeinden oft um Reflexion von Alltags- und Glaubensfragen. Doch beiden ist gemeinsam, Leben und Glauben miteinander zu verbinden.

3.13 Wie häufig findet Geistliche Begleitung statt?

These

Geistliche Begleitung erfolgt als Einzelbegleitung in einem Zeitraum von minimal einem Jahr und maximal acht Jahren, und dies bei einer monatlichen Frequenz von ein bis vier Kontakten. In dieser Zeit kann es auch zum Wechsel der Geistlichen Begleiterin oder des Geistlichen Begleiters kommen. Geistliche Begleitung von Gruppen erfolgt nach Auskunft der Befragten hingegen in einem Zeitraum von bis zu zwei Monaten, und dies bei einer wöchentlichen Frequenz.

Erläuterungen erübrigen sich an dieser Stelle.

4. Schlussbemerkung

Die Thesen, die sich aus der Erhebung, der Aufbereitung und der Auswertung unserer Daten haben entwickeln lassen, erlauben Konturierungen von Geistlicher Begleitung im Selbstverständnis der Befragten. Sie verweisen zugleich auf einen großen Bedarf an pastoralpsychologischer Kompetenz in Geistlicher Begleitung. Zudem werfen sie die Frage auf, wie sich Geistliche Begleitung als pastoralpsychologisches Handeln verstehen lässt – und wie neben den Begleiterinnen und Begleitern die jeweils begleiteten Frauen und Männer diese Prozesse erleben und verstehen. Auch darum bauten wir in weiteren Schritten unseres Forschungsprozesses dessen empirische Basis aus. Ein quantitativ-empirischer Zugang zu Geistlicher Begleitung gelang durch die Operationalisierung der hier vorgelegten Thesen. Davon handelt der nachfolgende Beitrag.

Quantitativ-empirischer Zugang zu Geistlicher Begleitung

Forschungsergebnisse

Hermann-Josef Wagener/Klaus Kießling

Zusammenfassung: Die quantitativ-empirische Studie bestätigt die entwickelten Thesen und belegt die Wirkweisen Geistlicher Begleitung. Sie scheint zu gelingen, wenn ein apriorisch kommunikativ-aufrichtender Gott vermittelt wird, die Kompetenzen der Geistlichen Begleiterinnen und Begleiter angemessen eingesetzt werden und im Prozess eine Auseinandersetzung mit dem Gottesbezug stattfindet. In den Wirkweisen zeigen sich Unterschiede hinsichtlich des Alters, des Status und des Geschlechts.

Abstract: The quantitative empirical study confirms the developed theses and substantiates the effects of spiritual guidance. It seems to succeed if an a priori communicative-erecting God is mediated, if the skills of the spiritual attendants are adequately used, and if an arguing with God takes place in the current process. Differences in the effects show up regarding the age, the status and the gender.

Mit diesem Beitrag knüpfen wir an unserer Dokumentation mit dem Titel *Qualitativ-empirischer Zugang zu Geistlicher Begleitung* an. In jener ersten Forschungsphase interviewten wir *Geistliche Begleiterinnen und Begleiter*. Die Interviews verdichteten wir zu Einzelportraits, und entwickelten daraus Thesen zur Geistlichen Begleitung. Auf dieser Basis entwarfen wir in einer zweiten Phase einen Fragebogen für *geistlich begleitete Personen*, indem wir die zuvor erarbeiteten Thesen operationalisierten. 159 Probandinnen und Probanden aus 16 katholischen Bistümern und drei evangelischen Landeskirchen füllten in den Jahren 2008 und 2009 den von uns entworfenen Fragebogen aus. Alle zurückgesandten Fragebögen sind statistisch auswertbar. Der Altersdurchschnitt der Befragten beträgt 47,2 Jahre. An der empirischen Befragung nahmen insgesamt 44% Ehrenamtliche, 21,4% hauptamtliche pastorale Mitarbeiterinnen und Mitarbeiter, 18,9% Geistliche (Priester, Diakone, Ordensleute) und 15,7% Gemeindemitglieder ohne Ehrenamt teil. Über zwei Drittel der Befragten (68,6%) sind weiblichen Geschlechts. Bei 83% der Probandinnen und Probanden dauert die Geistliche Begleitung noch an. Viele unter ihnen bedanken sich für die empirische Erhebung, da die gestellten Fragen sie zu einem *Reflexionsprozess über die eigene Geistliche Begleitung* anregten.

Im Fragebogen selbst werden folgende Erfahrungsbereiche angesprochen: das eigene Erleben, der Verlauf Geistlicher Begleitung, das erlangte Gotteskonzept (Gottesbilder, Beziehungsgeschehen und Emotionen im Gottesbezug), die wahrgenommenen Rollen und Kompetenzen Geistlicher Begleiterinnen und Begleiter, die Abgrenzung zu damit verwandten Angeboten sowie die Veränderungen im Beziehungsgeschehen.

Auffälligerweise bewerten die Probandinnen und Probanden ihre eigenen Erfahrungen mit Geistlicher Begleitung fast überwiegend positiv, so dass wir Rückschlüsse ziehen können auf Bedingungen, die eine Geistliche Begleitung gelingen lassen. Zugleich aber erschweren uns die überwiegend positiven Antworten herauszufinden, worin – trotz dieses Grundtenors mögliche – Blockaden und Komplikationen geistlicher Prozesse liegen können. Denn auf den ersten Blick zeigt sich, dass die meisten Variablen (Items) „eher“ oder „voll und ganz“ bejaht werden. Sobald wir die Streuung der Meinungsbilder zu den einzelnen Items jedoch genauer analysieren, ergibt sich eine differenziertere Sichtweise.

1. Dimensionen Geistlicher Begleitung

Die schriftliche Befragung versucht insgesamt neun Erfahrungsbereiche oder Dimensionen Geistlicher Begleitung zu operationalisieren. In diesem Zusammenhang haben die Probandinnen und Probanden die Möglichkeit, ihre eigenen Erfahrungen in diesen neun Dimensionen zum Ausdruck zu bringen, und zwar jeweils in folgender Abstufung: „Ich stimme überhaupt nicht zu“ (= 1), „Ich stimme eher nicht zu“ (=2), „Ich stimme eher zu“ (= 3) oder „Ich stimme voll und ganz zu“ (= 4). Die Rückantworten erbrachten Daten, die wir nach ihrer Erhebung statistisch auswerten konnten.

Damit die interessierten Leserinnen und Leser Einblicke in die statistische Auswertung gewinnen können, führen wir die Ergebnisse der statistischen Tests im Anhang auf. Wörtliche Zitate von Probandinnen und Probanden sind kursiv gesetzt.

Einleitend dokumentieren und interpretieren wir die statistischen Resultate zu der Frage, wie die Probandinnen und Probanden ihren Prozess Geistlicher Begleitung erlebten.

1.1 Das Prozesserleben

Die erste Dimension einer gelingenden Geistlichen Begleitung besteht im *Prozesserleben*. Dazu wurden die Probandinnen und Probanden in sechs Items bzw. Variablen (V) Folgendes gefragt:

1. *Wie haben Sie Ihre Geistliche Begleitung (GB) erlebt?*

– Meine GB habe ich als eine Form des Miteinander-auf-dem-Weg-Seins erlebt (V11).

stimme voll und ganz zu (4)	stimme eher zu (3)	stimme eher nicht zu (2)	stimme überhaupt nicht zu (1)

– Meine GB erfuhr ich als einen Grunddienst der Kirche (V12).

stimme voll und ganz zu (4)	stimme eher zu (3)	stimme eher nicht zu (2)	stimme überhaupt nicht zu (1)

– Der Fokus meiner GB bezog sich auf das Spirituelle (V13).

stimme voll und ganz zu (4)	stimme eher zu (3)	stimme eher nicht zu (2)	stimme überhaupt nicht zu (1)

– Mein Glaube aktualisierte sich, d.h. mein Glaube und mein Leben klärten sich; sie wurden miteinander verbunden (V14).

stimme voll und ganz zu (4)	stimme eher zu (3)	stimme eher nicht zu (2)	stimme überhaupt nicht zu (1)

– Ich habe mich ausdrücklich mit der Gestaltung des Gottesbezuges auseinandergesetzt (V15).

stimme voll und ganz zu (4)	stimme eher zu (3)	stimme eher nicht zu (2)	stimme überhaupt nicht zu (1)

– ganz anders, nämlich (V16):

____

____

Richten wir unser Augenmerk zunächst auf den Fokus Geistlicher Begleitung, so wird deutlich, dass er mit wachsendem Alter der Befragten (vgl. Abschnitt 2.1) in zunehmendem Maße auf eine Aktualisierung des Glaubens zielt, bei der Glaube und Leben miteinander verbunden werden und sich jeweils klären (V14). Gleichermaßen stark stellen die Befragten ihre Geistliche Begleitung als eine Kommunikationsgestalt heraus, die sie mit ihrer Geistlichen Begleiterin oder ihrem Geistlichen Begleiter auf einem gemeinsamen Weg sein lässt (V11). Dazu bemerken einige Probandinnen und Probanden angesichts der offenen Frage (V16), dass sich ihre Geistliche Begleitung an ihr persönliches Tempo und an die Dynamik ihrer eigenen Entwicklung angepasst habe, *weil eine übereinstimmende Verbundenheit mit der Geistlichen Begleiterin beziehungsweise dem Begleiter spürbar war.* Andere Probandinnen und Probanden erwähnen: *Geistliche Begleitung ist ein unverzichtbarer Weg zur Glaubensvertiefung und ‚Gottes menschliches Wirken' in meinem Leben. Sie bringt mich ins Lot. Ich habe Geistliche Begleitung als einen Prozess der Befreiung, der Selbstannahme und des Vertrautwerdens mit ‚meinem' Gott erfahren.*

Im Bezug auf das Spirituelle (V13) bestehen starke Unterschiede zwischen Ehrenamtlichen, Geistlichen, hauptamtlichen pastoralen Mitarbeiterinnen und Mitarbeitern und Gemeindemitgliedern ohne Ehrenamt (vgl. Abschnitt 2.3).

Ein Viertel der Probandinnen und Probanden lehnt es ab, Geistliche Begleitung als einen Grunddienst der Kirche anzusehen (V12). Rechnen wir dazu noch jene Begleiteten, die diesem

Item nur „eher“ zustimmen (25,2%), dann wird diese Aussage von der Hälfte der Probanden in Frage gestellt. Offensichtlich schwanken die Rückmeldungen zu diesem Item, die Probandinnen und Probanden zeigen sich in ihrem Antwortverhalten an dieser Stelle als relativ unschlüssig. Dies trifft besonders für die jüngeren Begleiteten zu (vgl. Abschnitt 2.1).

Ähnlich schwankend äußern sich die Probandinnen und Probanden bei der Frage, ob sie sich mit dem Gottesbezug auseinandergesetzt haben (V15). Zustimmung ist durchaus erkennbar, aber sie wirkt eher labil als stringent und eindeutig (s. statistischer Anhang: Nr. 1): Je nach ihrem Status setzen sich die Befragten im Prozess Geistlicher Begleitung intensiv oder zurückhaltend mit ihrem Gottesbezug auseinander (vgl. Abschnitt 2.3).

1.2 Die erlangten Gottesbeziehungen

Zu dieser Dimension der jeweils gewonnenen *Gottesbeziehungen* wurden folgende Fragen gestellt:

2. Erlangten Sie durch die GB eine Beziehung zu Gott, …

– in der Sie Gott als Partner erleben (V21)?

stimme voll und ganz zu (4)	stimme eher zu (3)	stimme eher nicht zu (2)	stimme überhaupt nicht zu (1)

– in der Sie mit Gott autonom und authentisch im Jetzt leben können (V22)?

stimme voll und ganz zu (4)	stimme eher zu (3)	stimme eher nicht zu (2)	stimme überhaupt nicht zu (1)

– in der Sie vor Gott aufrecht stehen und sich in allen Höhen und Tiefen ernst genommen und angenommen fühlen (V23)?

stimme voll und ganz zu (4)	stimme eher zu (3)	stimme eher nicht zu (2)	stimme überhaupt nicht zu (1)

– in der Sie eine Weite erleben und vielfältige Gottesbilder erkennen (V24)?

stimme voll und ganz zu (4)	stimme eher zu (3)	stimme eher nicht zu (2)	stimme überhaupt nicht zu (1)

– in der Sie Widersprüchliches integrieren können (V25)?

stimme voll und ganz zu (4)	stimme eher zu (3)	stimme eher nicht zu (2)	stimme überhaupt nicht zu (1)

– die von kindlichen Wunschideen frei ist (V26)?

stimme voll und ganz zu (4)	stimme eher zu (3)	stimme eher nicht zu (2)	stimme überhaupt nicht zu (1)

– die ganz anders geprägt ist, nämlich (V27):

____

____

Eine spezifische Gestalt des Gottesbezugs scheint sich sehr signifikant von anderen möglichen Gottesbeziehungen zu unterscheiden. Es ist die im geistlichen Prozess lebendige Gottesbeziehung, „vor Gott aufrecht stehen“ zu können und sich „in allen Höhen und Tiefen ernst genommen und angenommen“ zu fühlen (V23). Dieses Beziehungsgeschehen wird von den Probandinnen und Probanden zu 73,4% „voll und ganz“ bejaht. Alle anderen im Fragebogen angebotenen Gottesbeziehungen werden unterschiedlich, mal „eher“ oder mal „voll und ganz“ bestätigt, allerdings ohne dass sie sich in ihrer Bejahungstendenz bedeutsam voneinander unterscheiden (s. statistischer Anhang: Nr. 2).

„Eher“ oder „voll und ganz“ stimmen die Befragten in ihrer großen Mehrheit zu, „Gott als Partner“ zu erfahren (V21), „mit Gott autonom und authentisch im Jetzt“ zu leben (V22) und frei zu werden von „kindlichen Wunschideen“ (V26) (s. statistischer Anhang: Nr. 3).

Über die Hälfte unter ihnen erlebt „voll und ganz“ zustimmend eine Weite im Gottesbezug und erkennt dabei vielfältige Gottesbilder (V24). Jedoch muss hier, wie sich noch zeigen wird (vgl. Abschnitt 2.3), stark unterschieden werden zwischen Rückmeldungen der Geistlichen, der Ehrenamtlichen, der Gemeindemitglieder und der hauptamtlichen pastoralen Mitarbeiterinnen und Mitarbeiter. Mit hoher Wahrscheinlichkeit hängt das Erleben von Weite im Gottesbezug mit jenem Beziehungsgeschehen zusammen, das Widersprüchliches im Gottesbezug zu integrieren vermag (V25) (s. statistischer Anhang: Nr. 4). In einigen Gottesbeziehungen, die die Befragten bezeugen (V21, V24, V25), bestehen tendenzielle Altersunterschiede (vgl. Abschnitt 2.1), die teilweise auch im emotionalen Bereich der Gottesbeziehung auftreten.

1.3 Die Emotionen in der Gottesbeziehung

Als nächste Dimension von Geistlicher Begleitung ist der *Gefühlsbereich* zu nennen. Dazu stellten wir folgende Fragen:

3. *Was meinen Sie: Haben Gefühle Ihre Gottesbeziehung verändert?*

☐ ja ☐ nein (V31)

Bei Nein gehen Sie bitte zu Punkt 4 weiter.

Wenn Ja:

– Annahme, Geborgenheit, Nähe, Vertrauen, Freude und Berührtsein bauten meine Gottesbeziehung auf (V32).

stimme voll und ganz zu (4)	stimme eher zu (3)	stimme eher nicht zu (2)	stimme überhaupt nicht zu (1)

– Enttäuschungen veränderten die Erwartungen in meinem Gottesbezug und trieben dessen (Um-) Gestaltung voran (V33).

stimme voll und ganz zu (4)	stimme eher zu (3)	stimme eher nicht zu (2)	stimme überhaupt nicht zu (1)

– Gottesferne und Zweifel motivierten zu Reflexion und Differenzierung (V34).

stimme voll und ganz zu (4)	stimme eher zu (3)	stimme eher nicht zu (2)	stimme überhaupt nicht zu (1)

– Ich fand Mut zur Aggression sowie zur Zerstörung meiner Blockaden und lebensfeindlicher Gottesbilder (V35).

stimme voll und ganz zu (4)	stimme eher zu (3)	stimme eher nicht zu (2)	stimme überhaupt nicht zu (1)

– Gefühle des Freiwerdens und der Erleichterung weiteten meine Gottesbeziehung (V36).

stimme voll und ganz zu (4)	stimme eher zu (3)	stimme eher nicht zu (2)	stimme überhaupt nicht zu (1)

– Schuldgefühle, Trauer und Zorn führten zu massiven Widerständen (V37).

stimme voll und ganz zu (4)	stimme eher zu (3)	stimme eher nicht zu (2)	stimme überhaupt nicht zu (1)

– Leid und Schmerz, Schuld und Angst führten eher zu Gott hin als von ihm weg (V38).

stimme voll und ganz zu (4)	stimme eher zu (3)	stimme eher nicht zu (2)	stimme überhaupt nicht zu (1)

– Bei mir regten sich ganz andere Gefühle, nämlich (V38):

____

____

90,3% der Probandinnen und Probanden geben an, dass Gefühle ihre Gottesbeziehung verändert haben (V31).

Am eindeutigsten sind die beiden Erfahrungen, dass Annahme, Geborgenheit, Nähe, Vertrauen, Freude und Berührtsein die Gottesbeziehung aufbauen (V32) und Gefühle des Freiwerdens und der Erleichterung die Beziehung weiten (V36) (s. statistischer Anhang: Nr. 5). Beim letztgenannten Item ergeben sich aber signifikante Altersunterschiede (vgl. Abschnitt 2.1).

Ferner stimmen die Probandinnen und Probanden – wenn auch mit etwas größerer Zurückhaltung – den Aussagen zu, dass Enttäuschungen die Erwartungen im Gottesbezug veränderten und seine (Um-) Gestaltung vorantrieben (V33), dass Ferne und Zweifel – je nach Alter (vgl. Abschnitt 2.1) – zu Reflexion und Differenzierung motivierten (V34), aber auch, dass sie Mut zur Aggression und zur Zerstörung von Blockaden und lebensfeindlicher Gottesbilder fanden (V35). Alle diese Aussagen werden mehr bejaht als verneint, obwohl die Probandinnen und Probanden in ihren Rückmeldungen hier vergleichsweise unsicher sind (s. statistischer Anhang: Nr. 6). Gleichzeitig erlebt nur jede dritte befragte Person Schuldgefühle, Trauer und Zorn als massive Widerstände (V37) im geistlichen Prozess; auch hier schwanken die Befragten in ihren Rückmeldungen sehr stark; sie vertreten unterschiedliche Meinungen und Erfahrungen (s. statistischer Anhang: Nr. 7).

Die emotionale Wahrnehmung schwankt insgesamt vielleicht deshalb so stark, weil die erwähnten Gefühle sehr vielfältig gedeutet und zugleich überwiegend positiv konnotiert sind (s. statistischer Anhang: Nr. 8).

Des weiteren stimmen 81,3% der Befragten der Aussage zu, dass Leid und Schmerz, Schuld und Angst eher zu Gott hin führen als von ihm weg (V38) (s. statistischer Anhang: Nr. 9). Doch die 20- bis 49jährigen Begleiteten verhalten sich in ihrer Zustimmung zurückhaltender als die älteren Probandinnen und Probanden. Je älter die begleitete Person ist, desto unschlüssiger wirkt sie in ihrer Rückmeldung; am stärksten entsteht dieser Eindruck in der Altersspanne von 60 bis 69 Jahren (s. statistischer Anhang: Nr. 10).

Insgesamt aber ergeben sich aus unserer statistischen Analyse deutliche Hinweise auf einen positiven Umgang der befragten Personen auch mit schmerzhaften Gefühlen in ihrer Gottesbeziehung.

1.4 Gottesbilder

Um die in Geistlicher Begleitung vermittelten *Gottesbilder* zu eruieren, wurden die Probandinnen und Probanden gebeten, folgende Fragen zu beantworten:

4. *Welche Gottesbilder vermittelte Ihnen Ihre Geistliche Begleiterin oder Ihr Geistlicher Begleiter?*

– einen Gott, der alle meine Wege mitgeht (V41).

stimme voll und ganz zu (4)	stimme eher zu (3)	stimme eher nicht zu (2)	stimme überhaupt nicht zu (1)

– einen Gott, in dessen Augen ich kostbar und wertvoll bin (V42).

stimme voll und ganz zu (4)	stimme eher zu (3)	stimme eher nicht zu (2)	stimme überhaupt nicht zu (1)

– einen Gott, der mich bedingungslos annimmt, obwohl er auch konfrontiert (V43).

stimme voll und ganz zu (4)	stimme eher zu (3)	stimme eher nicht zu (2)	stimme überhaupt nicht zu (1)

– einen Gott, der mich stärkt, aufrichtet und mir das Leben in Fülle schenken will (V44).

stimme voll und ganz zu (4)	stimme eher zu (3)	stimme eher nicht zu (2)	stimme überhaupt nicht zu (1)

– einen Gott, der mit mir in Kommunikation steht, der mir begegnet und mich berührt (V45).

stimme voll und ganz zu (4)	stimme eher zu (3)	stimme eher nicht zu (2)	stimme überhaupt nicht zu (1)

– einen Gott, der für mich ein Freund des Lebens ist (V46).

stimme voll und ganz zu (4)	stimme eher zu (3)	stimme eher nicht zu (2)	stimme überhaupt nicht zu (1)

– einen ganz anderen Gott, nämlich (V47):

____

____

Die vierte Dimension begegnet uns in den Gottesbildern, die von Geistlichen Begleiterinnen und Begleitern vermittelt werden und deren Vermittlung von allen Befragten „voll und ganz" bejaht wird. Dabei scheint der Gott, der ein Freund des Lebens ist (V46), sich von allen anderen Gottesvorstellungen hoch signifikant zu unterscheiden (s. statistischer Anhang: Nr. 11).

89,7% der Probandinnen und Probanden stimmen der Vorstellung eines *Wege-Gott*es („V41 Gott, der alle meine Wege mitgeht") „voll und ganz" zu (Mittelwert 3,9). Sie führt im Verhältnis zu den anderen Gottesbildern eine relativ verselbständigte, unabhängige Rolle (s. statistischer Anhang: Nr. 12). Probandinnen und Probanden umschreiben diesen *Wege-Gott* als einen *Gott, der mich ermutigt, meinen eigenen Lebensweg zu gehen, der meine Zweifel aushält, der mich zu einem neuen Menschen machen und meine Entwicklung und Veränderung hin zum Leben will* (V47).

Zudem scheint diese Gottesvorstellung folgende vier Gottesbilder (V42 bis V45) zu umfassen (s. statistischer Anhang: Nr. 13):

Zu 100 % werden die beiden vermittelten Bilder der apriorischen Gottesvorstellung („V42 Gott, in dessen Augen ich kostbar und wertvoll bin"; „V43 Gott, der mich bedingungslos annimmt") bejaht. Dementsprechend korrelieren sie stark miteinander, denn sie sind einander sehr ähnlich und liegen nahe aneinander. V43 zeigt jedoch tendenzielle Altersunterschiede hinsichtlich der Vermittlung beziehungsweise der Wahrnehmung (vgl. Abschnitt 2.1).

Das Bild eines Gottes, „der mich stärkt und aufrichtet" (V44), hängt eng mit dem Bild eines Gottes zusammen, der „mit mir in Kommunikation steht" (V45). Sie sind einander sehr ähnlich und stehen in einer relativ engen Beziehung zum personalen Gott als dem Freund des Lebens (V46). Vorwegnehmend sei hier erwähnt, dass es bezüglich der personalen Gottesvorstellung Akzeptanzunterschiede nicht nur zwischen Geistlichen, Ehrenamtlichen, Gemeindemitgliedern und hauptamtlichen pastoralen Mitarbeiterinnen und Mitarbeitern gibt, sondern auch zwischen den Geschlechtern (vgl. Abschnitte 2.2 und 2.3).

Der personale Gott erscheint aber allen anderen Gottesbildern gegenüber am unähnlichsten. Die größte Unähnlichkeit besteht zwischen dem bedingungslos annehmenden Gott (V43) und dem personalen Gott (V46) (s. statistischer Anhang: Nr. 14).

Insgesamt wirft die statistische Analyse also vier unterschiedliche Vorstellungen von Gott aus, die in Geistlicher Begleitung vermittelt und thematisiert werden:

■ **„Wege-Gott"**:	Gott, der alle meine Wege mitgeht (V41)
■ **„apriorischer Gott"**:	Gott, in dessen Augen ich kostbar und wertvoll bin (42); Gott, der mich bedingungslos annimmt, obwohl er auch konfrontiert (V43)
■ **„kommunikativ-aufrichtender Gott"**:	Gott, der mich stärkt und aufrichtet und mir das Leben in Fülle schenken will (V44); Gott, der mit mir in Kommunikation steht, der mir begegnet und mich berührt (V45)
■ **„personaler Gott"**:	Gott, der für mich ein Freund des Lebens ist (V46)

Wir vermuten, dass diese vier verschiedenen Gottesvorstellungen praktisch bedeutsam sind für den Prozess von Geistlicher Begleitung und dadurch entstehen, dass die theoretisch erlernten Gottesbilder auf ihre praktische Relevanz und Tragfähigkeit hin *abgeklopft* werden, wie es ein Proband treffend formulierte.

1.5 Rollen der Geistlichen Begleiterinnen und Begleiter

Neben den Gottesvorstellungen tut sich eine fünfte Dimension auf: die *Rollen der Geistlichen Begleiterinnen und Begleiter*. Dazu haben wir folgende Fragen gestellt:

5. *Welche Rolle hat Ihre Geistliche Begleiterin oder Ihr Geistlicher Begleiter eingenommen?*

– eine partnerschaftliche Rolle (V51).

stimme voll und ganz zu (4)	stimme eher zu (3)	stimme eher nicht zu (2)	stimme überhaupt nicht zu (1)

– die Rolle eines geistlichen Vaters (V52).

stimme voll und ganz zu (4)	stimme eher zu (3)	stimme eher nicht zu (2)	stimme überhaupt nicht zu (1)

– die Rolle einer geistlichen Mutter (V53).

stimme voll und ganz zu (4)	stimme eher zu (3)	stimme eher nicht zu (2)	stimme überhaupt nicht zu (1)

– die Rolle einer Schwester oder eines Bruders (V54).

stimme voll und ganz zu (4)	stimme eher zu (3)	stimme eher nicht zu (2)	stimme überhaupt nicht zu (1)

– die Rolle einer Wegbegleiterin oder eines Wegbegleiters (V55).

stimme voll und ganz zu (4)	stimme eher zu (3)	stimme eher nicht zu (2)	stimme überhaupt nicht zu (1)

– eine Rolle, die meine Lebens- und Glaubensentfaltung unterstützte (V56).

stimme voll und ganz zu (4)	stimme eher zu (3)	stimme eher nicht zu (2)	stimme überhaupt nicht zu (1)

– eine ganz andere Rolle, nämlich (V57):

____

____

Bei der statistischen Auswertung fiel uns auf, dass die *partnerschaftliche Rolle* (V51) eine mittlere Position einnimmt. Sie scheint altersabhängig zu sein (vgl. Abschnitt 2.1), taucht im Mittelfeld der Meinungen (Mittelwert 3,2) auf und unterscheidet sich signifikant einerseits von den *familiären Rollen* eines geistlichen Vaters, einer geistlichen Mutter, einer Schwester oder eines Bruders (V52 bis V54) und andererseits von den für eine Geistliche Begleitung *spezifischen Rollen* („V55 Rolle einer Wegbegleiterin oder eines Wegbegleiters"; „V56 Rolle, die meine Lebens- und Glaubensentfaltung unterstützt"). Partnerschaftliche

Rollen zeigen eine Nähe zu begleitungsspezifischen Rollen, scheinen den familiären Rollen aber sehr unähnlich zu sein. Zugleich unterscheiden sich alle drei Rollenarten, die familiäre, partnerschaftliche und spezifische, sehr signifikant voneinander. Zudem wird deutlich, dass sich die spezifischen Rollen (V55 und V56) untereinander nicht bedeutsam unterscheiden. Gleiches gilt für die familiären Rollen (V52 bis V54) (s. statistischer Anhang: Nr. 15).

Insgesamt zeichnen sich die Rückmeldungen durch eine sehr unschlüssige und schwankende Meinung zu den familiären Rollen aus. Die Rolle eines geistlichen Vaters (V52), die je nach Geschlecht unterschiedlich wahrgenommen wird (vgl. Abschnitt 2.2), und die Rolle einer geistlichen Mutter (V53) werden eher verneint als bejaht. Im Vergleich dazu setzt sich die Geschwisterrolle (V54) etwas von der durchschnittlichen Verneinung ab: 55,6% bejahen und 44,4% verneinen die Rolle einer Schwester oder eines Bruders (V54). Dadurch kommt sie der partnerschaftlichen Rolle (V51) sehr nahe, wohl deshalb, weil sie sich ähneln. Indessen wird der partnerschaftlichen Rolle durchschnittlich „eher" zugestimmt, und die spezifischen Rollen der Wegbegleitung oder der Lebens- und Glaubensunterstützung werden sehr einheitlich „voll und ganz" bejaht (s. statistischer Anhang: Nr. 16).

1.6 Die Wahrnehmung der Geistlichen Begleiterinnen und Begleiter

Die nächste Dimension stellt das *Wahrnehmen der Geistlichen Begleiterin* beziehungsweise *des Geistlichen Begleiters* dar. Folgender Fragekatalog soll dies erhellen:

6. *Worin erlebten Sie Ihre Geistliche Begleiterin oder Ihren Geistlichen Begleiter als kompetent?*

– Sie/Er nahm meinen geistlichen Wachstums- und Entwicklungsprozess sensibel wahr (V61).

stimme voll und ganz zu (4)	stimme eher zu (3)	stimme eher nicht zu (2)	stimme überhaupt nicht zu (1)

– Sie/Er konnte meinen geistlichen Prozess emotional und kognitiv begleiten (V62).

stimme voll und ganz zu (4)	stimme eher zu (3)	stimme eher nicht zu (2)	stimme überhaupt nicht zu (1)

– Sie/Er besaß ein adäquates entwicklungstheoretisches und theologisches Grundwissen (V63).

stimme voll und ganz zu (4)	stimme eher zu (3)	stimme eher nicht zu (2)	stimme überhaupt nicht zu (1)

– Sie/Er konnte mein Leben aus dem Glauben heraus deuten (V64).

stimme voll und ganz zu (4)	stimme eher zu (3)	stimme eher nicht zu (2)	stimme überhaupt nicht zu (1)

– Sie/Er besaß die Fähigkeit, meine eigene Kirchlichkeit differenziert zu reflektieren (V65).

stimme voll und ganz zu (4)	stimme eher zu (3)	stimme eher nicht zu (2)	stimme überhaupt nicht zu (1)

– Sie/Er war mit ihrer/seiner eigenen Gottesbeziehung vertraut (V66).

stimme voll und ganz zu (4)	stimme eher zu (3)	stimme eher nicht zu (2)	stimme überhaupt nicht zu (1)

– Ich erlebte noch andere Kompetenzen, nämlich (V67):

____

____

– Ich habe folgende Kompetenzen vermisst, nämlich (V68):

____

____

Sehr einheitlich und zufrieden schildern die begleiteten Personen, dass ihre Geistlichen Begleiterinnen und Begleiter mit ihrer eigenen Gottesbeziehung vertraut sind (V66). Dagegen fallen die Rückmeldungen sehr uneins und unschlüssig aus auf die Frage, ob ihre Geistlichen Begleiterinnen und Begleiter Kirchlichkeit differenziert reflektieren können (V65). Denn dieses Item V65 unterscheidet sich in seiner zentralen Meinungstendenz hoch signifikant von allen anderen Variablen (s. statistischer Anhang: Nr. 17). Indessen stimmen Rückantworten im Mittel „voll und ganz zu“, dass ihre Geistlichen Begleiterinnen und Begleiter den Wachstums- und Entwicklungsprozess sensibel wahrnehmen (V61), den geistlichen Prozess emotional und kognitiv begleiten können (V62) und ein entwicklungstheoretisches und theologisches Grundwissen besitzen (V63). Hinzu kommt, dass beim letztgenannten Item ein sehr signifikanter alters- und geschlechtsspezifischer Unterschied in der Einstufung vorliegt (vgl. Abschnitte 2.1 und 2.2).

Etwas zurückhaltender sind die Befragten in der grundsätzlichen Bejahung der Frage, ob die Geistlichen Begleiterinnen und Begleiter ihr Leben aus dem Glauben deuten können (V64) (s. statistischer Anhang: Nr. 18). Vielleicht setzen gerade deshalb einige Probandinnen und Probanden auf eine *Verbesserung an emotionaler Begleitung, Empathie, direktivem Eingreifen und an Erkenntnissen von Entwicklungsphasen.* Trotzdem hängt das Deuten (V64) relativ eng mit der emotionalen und kognitiven Begleitung (V62), dem Grundwissen (V63) und der Reflexion von Kirchlichkeit (V65) zusammen (s. statistischer Anhang: Nr. 19). Aber es unterscheidet sich sehr signifikant von dem Vertrautsein der Geistlichen Begleiterinnen und Begleiter mit deren Gottesbeziehungen (V66) (s. statistischer Anhang: Nr. 20). Damit stellt sich hier offenbar ein Problem dar:

Obwohl die Geistlichen Begleiterinnen und Begleiter sehr vertraut sind mit ihren Gottesbeziehungen, scheint die Deutung des Lebens aus dem Glauben den Befragten zufolge nicht so klar zu gelingen. Müsste nicht das Vertrautsein mit der eigenen Gottesbeziehung diese Deutung erleichtern und favorisieren? Jedenfalls hilft sie den Begleiterinnen und Begleitern nur schwach bei ihrer Deutung des Lebens und Glaubens der ihnen Anvertrauten. Überhaupt spielt ihr inniges Vertrautsein mit ihrem eigenen Gottesbezug nur geringfügig mit ihren anderen Fähigkeiten zusammen (s. statistischer Anhang: Nr. 21). Das bedeutet wohl in den Augen der Begleiteten, dass ihre Begleiterinnen und Begleiter im geistlichen Gespräch nur selten ihre eigenen vertrauten Gottesbeziehungen einbringen. Wahren sie eine Art Neutralität?

Ferner ist die mittlere Korrelation zwischen dem entwicklungstheoretischen und theologischen Grundwissen der Geistlichen Begleiterinnen und Begleiter (V63) einerseits und ihre sensible Wahrnehmung des Wachstums- und Entwicklungsprozesses (V61) andererseits erstaunlich (R = 0,342, N = 153, Sign. 0,000). Müsste hier nicht ein stärkerer Effekt zwischen beiden Fähigkeiten bestehen, als wir ihn empirisch belegen können? Offenbar wirkt sich das Grundwissen auf die konkrete Wahrnehmung eines Entwicklungsprozesses nicht besonders stark aus, obwohl beide sehr positiv (Mittelwert 3,7) bewertet werden.

1.7 Die Abgrenzung der Geistlichen Begleitung gegenüber anderen Angeboten

Im Fragebogen wurden zur *Abgrenzung gegenüber anderen Angeboten* drei Fragen gestellt:

7. Haben Sie den Eindruck, dass Ihre GB sich unterscheidet von …

– Beratung (V71)?

stimme voll und ganz zu (4)	stimme eher zu (3)	stimme eher nicht zu (2)	stimme überhaupt nicht zu (1)

– Psychotherapie (V72)?

stimme voll und ganz zu (4)	stimme eher zu (3)	stimme eher nicht zu (2)	stimme überhaupt nicht zu (1)

– Supervision (V73)?

stimme voll und ganz zu (4)	stimme eher zu (3)	stimme eher nicht zu (2)	stimme überhaupt nicht zu (1)

Geistliche Begleitung grenzt sich von Beratung (V71), Psychotherapie (V72) und Supervision (V73) ab. Das ist den Begleiteten bewusst. Die Jüngsten unter ihnen sowie die mindestens 50jährigen Personen grenzen Geistliche Begleitung deutlich von Beratung ab (vgl. Abschnitt 2.1). Unabhängig von Alter und Geschlecht sehen die Probandinnen und Probanden den Unterschied zwischen Geistlicher Begleitung und Psychotherapie am deutlichsten. Etwas weniger klar scheint den Befragten dagegen die Unterscheidung von Geistlicher Begleitung und Supervision zu sein (s. statistischer Anhang: Nr. 22), und es liegen bedeutsame Unterschiede zwischen Geistlichen, hauptamtlichen pastoralen Mitarbeiterinnen und Mitarbeitern, Ehrenamtlichen und Gemeindemitgliedern ohne Ehrenamt vor (vgl. Abschnitt 2.3).

1.8 Das subjektive Erleben von Geistlicher Begleitung

Damit wir das *subjektive Erleben* von Geistlicher Begleitung erfassen können, entwickelten wir folgende Fragen:

8. Verlief Ihre GB …

– schleppend (V81)?

stimme voll und ganz zu (4)	stimme eher zu (3)	stimme eher nicht zu (2)	stimme überhaupt nicht zu (1)

– kontinuierlich klärend (V82)?

stimme voll und ganz zu (4)	stimme eher zu (3)	stimme eher nicht zu (2)	stimme überhaupt nicht zu (1)

– geistlich wachsend (V83)?

stimme voll und ganz zu (4)	stimme eher zu (3)	stimme eher nicht zu (2)	stimme überhaupt nicht zu (1)

– befreiend (V84)?

stimme voll und ganz zu (4)	stimme eher zu (3)	stimme eher nicht zu (2)	stimme überhaupt nicht zu (1)

– belastend, weil Ihre Geistliche Begleitung Sie zu stark konfrontierte (V85)?

stimme voll und ganz zu (4)	stimme eher zu (3)	stimme eher nicht zu (2)	stimme überhaupt nicht zu (1)

– belastend, weil bei Ihrer Geistlichen Begleitung keine Veränderung eintrat (V86)?

stimme voll und ganz zu (4)	stimme eher zu (3)	stimme eher nicht zu (2)	stimme überhaupt nicht zu (1)

– anders, nämlich (V87):

____

____

Das eigene Erleben von Geistlicher Begleitung lässt sich anhand der vorliegenden Daten unter zwei Aspekten kennzeichnen (s. statistischer Anhang: Nr. 23). Negative Erfahrungen mit Geistlicher Begleitung kommen unter den befragten Personen ganz eindeutig nicht vor. Ihre Geistliche Begleitung verlief weder „belastend, weil sie konfrontierte (V85)", noch „erschwerend, weil keine Veränderung eintrat (V86)". Jedoch schwanken sie in der Verneinung, dass ihre „Geistliche Begleitung schleppend verlief (V81)".

Unter anderem Aspekt bestätigt sich dieser Befund signifikant. Die Befragten erleben und melden ausgesprochen positiv zurück, dass sich der Prozess ihrer Geistlichen Begleitung befreiend (V84) und – tendenziell abhängig vom Alter (vgl. Abschnitt 2.1) – geistlich wachsend (V83) vollzog. Auf die Frage, ob ihre Geistliche Begleitung kontinuierlich klärend verlief (V82), antworten sie jedoch vergleichsweise unschlüssig. Ihr Meinungsbild dazu streut stark, so dass die Hälfte der geistlich begleiteten Personen dieser Frage mit (nur) „eher" zustimmt (s. statistischer Anhang: Nr. 24).

1.9 Menschliche Beziehung und Gottesbeziehung

Dazu formulierten wir zwei Fragekomplexe:

11. Welche Beziehung wurde in der GB hauptsächlich angesprochen?

– die menschliche Beziehung zwischen mir und meiner Begleiterin/meinem Begleiter (V111).

stimme voll und ganz zu (4)	stimme eher zu (3)	stimme eher nicht zu (2)	stimme überhaupt nicht zu (1)

– meine Beziehung zu Gott (V112).

stimme voll und ganz zu (4)	stimme eher zu (3)	stimme eher nicht zu (2)	stimme überhaupt nicht zu (1)

12. Welche Beziehungen haben sich verändert?

– die menschliche Beziehung zwischen mir und meiner Begleiterin/meinem Begleiter (V121).

stimme voll und ganz zu (4)	stimme eher zu (3)	stimme eher nicht zu (2)	stimme überhaupt nicht zu (1)

– meine Beziehung zu Gott (V122).

stimme voll und ganz zu (4)	stimme eher zu (3)	stimme eher nicht zu (2)	stimme überhaupt nicht zu (1)

– beide: meine Gottesbeziehung und meine zwischenmenschliche Beziehung veränderten sich gleichermaßen (V123).

stimme voll und ganz zu (4)	stimme eher zu (3)	stimme eher nicht zu (2)	stimme überhaupt nicht zu (1)

Anhand der uns vorliegenden Daten zeichnet sich eine Art von Geistlicher Begleitung ab, die großen Wert darauf legt, die *menschliche Beziehungsebene* (V111) und die *Gottesbeziehung* (V112) stark auseinander zu halten (s. statistischer Anhang: Nr. 25). Während die menschliche Beziehung durchschnittlich „eher nicht" thematisiert wird, erlangt der Gottesbezug eine hohe Aufmerksamkeit und wird stets angesprochen (s. statistischer Anhang: Nr. 26).

Dabei scheint aber ein eigenartiger Effekt aufzutreten: Durch die fast 100prozentige Thematisierung der Gottesbeziehung (V112) verändert sich zu 92,5% deren Gestaltung (V122); gleichzeitig jedoch unterliegt nicht nur die Gottesbeziehung der Veränderung, vielmehr trifft dies gleichermaßen für die menschlichen Beziehungsebenen zu (V123) – auch wenn die Ehrenamtlichen, die Geistlichen, die hauptamtlich pastoralen Mitarbeiterinnen und Mitarbeiter sowie die Gemeindemitglieder dies sehr signifikant unterschiedlich (vgl. Abschnitt 2.3) und die 30- bis 59jährigen Befragten weniger deutlich als andere Altersgruppen wahrnehmen (vgl. Abschnitt 2.1). Die menschliche

Beziehungsebene scheint sich in diesem Kontext *indirekt* zu wandeln (V121) (s. statistischer Anhang: Nr. 27). Alle vier Items korrespondieren miteinander hoch signifikant (s. statistischer Anhang: Nr. 28) und sind sich ähnlich (s. statistischer Anhang: Nr. 29). Doch erstaunlicherweise wird die menschliche Ebene nur zu 16,2% hauptsächlich angesprochen, obwohl sie sich bei der Hälfte der Befragten (55,2%) verändert. Offensichtlich unterlaufen die gegebenen Wirkweisen den oben benannten Versuch des Auseinanderhaltens von menschlichem und göttlichem Bereich. Denn dass sich die menschliche Beziehung in einem beträchtlichen Maße verändert, kann nicht allein an ihrer – eben seltenen – Thematisierung liegen; dieser Umstand ist offenbar auch mit der Veränderung der Gottesbeziehung verwoben (s. statistischer Anhang: Nr. 30). Damit aber ist ein tatsächlicher Wirkzusammenhang von menschlicher und geistlicher Ebene vorausgesetzt.

Auf einen Mangel an Thematisierung der menschlichen Beziehungsebene weisen auch mehrere schriftliche Bemerkungen im Fragebogen hin. Die Wünsche, die bei der Geistlichen Begleitung nicht in Erfüllung gingen, betreffen überwiegend die menschliche Beziehungsebene, beispielsweise die Selbstannahme, das Sicherwerden in Beziehungen, das Erleben von Harmonie, mit den Worten einer Probandin: *Die Geistliche Begleitung war sehr auf geistiges Wachstum ausgelegt, hat dabei etwas die körperlichen Schwächen vernachlässigt, ich würde mir wünschen, dass beide Beachtung fänden, weil für mich einfach Körper und Geist eine Einheit bilden.*

2. *Alter, Geschlecht, Status der Befragten*

Betrachten wir nun das Alter, das Geschlecht und den Status der Befragten, so ergeben sich in den Rückmeldungen bedeutsame (signifikante) Unterschiede. Für die daran interessierten Leserinnen und Leser führen wir die statistischen Ergebnisse wieder im Anhang auf. Das Alter wurde in sieben Gruppen (20–29 Jahre; 30–39 Jahre; 40–49 Jahre; 50–59 Jahre; 60–69 Jahre; 70–79 Jahre; 80ff Jahre) unterteilt. Hinter „Status" verbergen sich die Gruppen der „Geistlichen“ (Priester, Diakone, Ordensleute), der „hauptamtlichen pastoralen Mitarbeiterinnen und Mitarbeiter“, der „Ehrenamtlichen“ und der „Sonstigen“ (Gemeindemitglieder ohne Ehrenamt).

2.1 Alter und Geistliche Begleitung

Geistliche Begleitung greift und wirkt stärker bei älteren Befragten als bei jüngeren Probandinnen und Probanden (s. statistischer Anhang: Nr. 31).

Bedeutsame Altersunterschiede legt die statistische Auswertung in 12 Variablen nahe:

a. Die erste Differenz finden wir bei der Aktualisierung des Glaubens. Denn je älter eine geistlich begleitete Person ist, desto mehr aktualisiert sich ihr Glaube. Kontinuierlich (20–39 Jahre; 40–69 Jahre; 70ff Jahre) steigt das durchschnittliche Bejahungsniveau an.
b. Am meisten bejahen die Probandinnen und Probanden ab 60 Jahren, Widersprüchliches in ihrer Gottesbeziehung integriert zu haben. Ihre Rückmeldungen dazu fallen eindeutig aus.
c. Gleichzeitig erleben sie intensiver als die jüngeren begleiteten Personen, wie die Gefühle des Freiwerdens ihre Gottesbeziehung weiten.
d. Die Frage, ob Leid, Schmerz und Angst eher zu Gott hin führen als von ihm weg, provoziert schwankende Antworten. Die 20- bis 49jährigen Probandinnen und Probanden stimmen fast „eher“ zu; sie verhalten sich in der Zustimmung zurückhaltender als die älteren Begleiteten. Die Altersgruppe von 60–69 Jahren ist sich darin am wenigsten einig; unter ihnen streuen die Antworten weit.
e. Je älter die Begleiteten sind, desto mehr erfahren sie die partnerschaftliche Rolle ihrer Geistlichen Begleiterinnen oder Begleiter. Hoch signifikant lehnen am ehesten die jüngsten Befragten diese Rolle des Begleiters oder der Begleiterin ab.
f. Indes erfahren die Befragten mit steigendem Alter immer intensiver, dass die Geistlichen Begleiterinnen und Begleiter ein entwicklungstheoretisches und theologisches Grundwissen

besitzen. Vielleicht liegt dies an ihrem größeren Erfahrungsschatz, den jüngere Probandinnen und Probanden erst noch sammeln.

g. Für die 30–49jährigen Befragten unterscheidet sich Geistliche Begleitung nicht ganz so eindeutig von Beratung, wie dies für die anderen Probandinnen und Probanden gilt.
h. Des weiteren nehmen die Befragten mit zunehmendem Alter – in der Tendenz – das eigene geistliche Wachstum immer stärker wahr.
i. Die jüngeren Begleiteten erweisen sich als signifikant unschlüssiger als die anderen, Geistliche Begleitung als einen Grunddienst der Kirche anzusehen.
j. Diejenigen, die das 60. Lebensjahr schon vollendet haben, neigen eher als die jüngeren Befragten dazu, Gott als Partner zu erleben.
k. Befragte im Alter von 40–59 Jahren tendieren weniger als andere zu der Aussage, dass Gottesferne und Zweifel zu Reflexion und Differenzierung motivieren.
l. Einen bedingungslos annehmenden Gott erleben Personen in der Altersgruppe von 20–29 Jahren in der Tendenz weniger intensiv als die anderen Altersgruppen. Sind die jüngeren Begleiteten weniger empfänglich für eine solche Gottesvorstellung als die Älteren? Oder hängen sie mehr als andere einem Leistungsdenken an?
m. Eine Weite im Gottesbezug erleben die 30–59jährigen Befragten vergleichsweise wenig intensiv.
n. Die gleichzeitige Veränderung ihrer menschlichen *und* geistlichen Beziehungsebene erfahren am stärksten die jüngsten und die ältesten Befragten (s. statistischer Anhang: Nr. 32).

2.2 Geschlecht und Geistliche Begleitung

Dem Gottesbild „Freund des Lebens“ stimmen die weiblichen Befragten eher zu als die Männer. Ebenso bewerten sie die Kompetenzen der Geistlichen Begleiterinnen und Begleiter positiver als die männlichen Begleiteten.

Welche Gottesbilder vermitteln die Geistlichen Begleiterinnen und Begleiter? Interessant erscheint der Aspekt, ob diese Vermittlung geschlechtsspezifisch wahrgenommen wird. Die statistische Auswertung erbrachte nur diesen einen sehr signifikanten Unterschied – in der primär weiblichen Vorstellung, dass Gott ein Freund des Lebens ist (V46) (s. statistischer Anhang: Nr. 33). Alle anderen Gottesbilder lassen in der Wahrnehmung der Befragten keine geschlechtsspezifischen Unterschiede erkennen.

Hinsichtlich der Frage, wie die Begleiteten die Kompetenzen der Geistlichen Begleiterinnen und Begleiter bewerten, stufen Probandinnen die entwicklungstheoretische und theologische Kompetenz ihrer Begleiterinnen und Begleiter (V63) höher ein als männliche Probanden (s. statistischer Anhang: Nr. 34).

Was die praktizierten Rollen der Geistlichen Begleiterinnen und Begleiter anbelangt, nehmen sie für weibliche Personen tendenziell weniger die Rolle des geistlichen Vaters (V52) ein als bei männlichen Probanden. Frauen lehnen diese Rolle eher ab als Männer. Letztere scheinen dazu ein ambivalentes Verhältnis (Mittelwert 2,5) aufzuweisen (s. statistischer Anhang: Nr. 35).

2.3 Status und Geistliche Begleitung

Ehrenamtliche bewerten Aspekte der Geistlichen Begleitung ein wenig positiver als die anderen Gruppen (s. statistischer Anhang: Nr. 36).

a. Bei den Geistlichen und Ehrenamtlichen bezieht sich Geistliche Begleitung bedeutend stärker auf das Spirituelle als bei sonstigen Gemeindemitgliedern und hauptamtlichen pastoralen Mitarbeiterinnen und Mitarbeitern. Letztere sind sich in ihren Rückmeldungen dazu sehr klar und einig.
b. Die Gemeindemitglieder ohne ehrenamtliches Engagement sowie die hauptamtlichen pastoralen Mitarbeiterinnen und Mitarbeiter setzen sich weniger als die Geistlichen und Ehrenamtlichen mit der Gestaltung des Gottesbezuges auseinander. Die pastoralen Mitarbeiterinnen und Mitarbeiter sind sich in dieser Frage uneinig.
c. Unterschiedlich fallen das Erleben von Weite und das Erkennen vielfältiger Gottesbilder unter den Befragten aus, am

wenigsten intensiv unter den sonstigen Gemeindemitgliedern, am stärksten hingegen unter den hauptamtlichen pastoralen Mitarbeiterinnen und Mitarbeitern.

d. Am intensivsten und homogensten vermitteln die Geistlichen Begleiterinnen und Begleiter den Ehrenamtlichen sowie den hauptamtlichen pastoralen Mitarbeiterinnen und Mitarbeitern einen Gott, der ein Freund des Lebens ist.

e. Zwischen Geistlicher Begleitung und Supervision ziehen die Ehrenamtlichen die Trennungslinie am deutlichsten.

f. Alle vier Gruppen verneinen, dass die Geistliche Begleitung belastend verlief, weil keine Veränderung eintrat. Diese Verneinung gilt am eindeutigsten für die Geistlichen – und ist in der Tendenz am ehesten strittig in der Gruppe der hauptamtlichen pastoralen Mitarbeiterinnen und Mitarbeiter.

g. Interessant sind die Rückmeldungen zu der Frage, ob sich menschliche Beziehungsebene und Gottesbeziehung in der Geistlichen Begleitung gleichermaßen veränderten. Obwohl die Gruppe der Ehrenamtlichen hierin heterogener votiert als alle anderen Befragten, bejahen sie diese Frage im Durchschnitt mehr als die anderen drei Gruppen, in großer Nähe zum Mittelwert unter den Geistlichen. Mit einigem Abstand folgen die hauptamtlichen pastoralen Mitarbeiterinnen und Mitarbeiter sowie die sonstigen Gemeindemitglieder (s. statistischer Anhang: Nr. 37).

3. Worin besteht eine gelingende Geistliche Begleitung? Welche Faktoren spielen dabei eine wichtige Rolle?

Geistliche Begleitung gelingt dann am ehesten, wenn Begleiterinnen oder Begleiter folgende *drei latente Verhaltensstrukturen (Faktoren)* zum Einsatz bringen:

Erstens kommt es darauf an, dass sie einen *apriorisch kommunikativ-aufrichtenden Gott* vermitteln, in dessen Augen sich der Begleitete als kostbar, wertvoll und bedingungslos angenommen erfährt, der mit ihm in Kommunikation steht und ihn aufrichtet und stärkt.

Zweitens zählt im Prozess einer Geistlichen Begleitung die *Kompetenz der Geistlichen Begleiterinnen und Begleiter*: Eine Geistliche Begleitung verläuft geistlich wachsend, befreiend und nicht belastend, wenn und weil Veränderungen eintreten und die Begleitenden den Wachstums- und Entwicklungsprozess sensibel wahrnehmen.

Als dritter Faktor spielt die *Auseinandersetzung mit dem Gottesbezug* eine wesentliche Rolle, insofern sie eine Weite im Gottesbezug ermöglicht, die vielfältige Gottesbilder erleben und erkennen lässt. Die dabei auftretenden Gefühle des Freiwerdens und der Erleichterung tragen dann ihrerseits zur Weitung der eigenen Gottesbeziehung bei.

Insgesamt klären diese drei Faktoren im statistischen Sinne 57%, also mehr als die Hälfte dessen auf, was eine gelingende Geistliche Begleitung ausmacht (s. statistischer Anhang: Nr. 38).

4. Kombinationen von Dimensionen oder Wirkweisen Geistlicher Begleitung

In der Faktorenanalyse klingen die Wirkweisen von Geistlicher Begleitung schon an. Doch um sie noch klarer offenzulegen, wollen wir unterschiedlichen Fragen nachgehen. Deren Beantwortung erfolgt mit Hilfe der statistischen Korrelationsanalyse, die anhand ihres errechneten Korrelationskoeffizienten signifikante und nicht signifikante Zusammenhänge beschreibt (s. statistischer Anhang: Nr. 39). Zur Interpretation ziehen wir aber nur signifikante Korrelationen mit mittelstarken oder starken Effekten heran.

Das Aufweisen der Wirkweisen versteht sich so, dass wir Beziehungen zwischen (zwei) Variablen beobachten, ohne dabei schon kausale Zusammenhänge in der einen oder anderen Richtung zu behaupten.

4.1 Hängt die Fähigkeit der Begleiterinnen und Begleiter, das Leben aus dem Glauben zu deuten, mit positiv besetzten Gottesbildern bei den Befragten zusammen?

Die Fähigkeit der Begleiterinnen und Begleiter, das Leben aus dem Glauben zu deuten (V64), wird mit einem Durchschnittswert von 3,61 bewertet und bedeutet in unseren Augen eine hinreichende Kompetenz. Denn dieser Mittelwert steht der Kategorie „Ich stimme voll und ganz zu" näher als dem Rang, in dem die Begleiteten lediglich „eher" zustimmen (s. statistischer Anhang: Nr. 40).

Unsere Frage lautet nun, ob diese Kompetenz der Deutung des Lebens aus dem Glauben mit positiv besetzten Gottesbildern einhergeht oder nicht. Hängt diese Kompetenz mit den jeweils erworbenen Gottesbildern der Befragten zusammen? Die Korrelationsanalyse ergibt, dass die Deutekompetenz der Begleiterinnen und Begleiter (V64) mit vier sehr bejahten Gottesbildern V42, V43, V44 und V45 einhergeht (s. statistischer Anhang: Nr. 41). Dabei spielt das Bild eines Gottes, der den Menschen als kostbar und wertvoll anschaut, ihn bedingungslos annimmt, mit ihm kommuniziert sowie ihn stärkt und aufrichtet, mit einem starken Selbstwertgefühl der Person zusammen, die die Höhen und Tiefen des Lebens positiv anzunehmen vermag (s. statistischer Anhang: Nr. 42). Dieser Gott eröffnet eine Bandbreite an Lebensmöglichkeiten, auf die die Begleiterinnen oder Begleiter in ihren Deutungen (V64) eingehen können.

4.2 Hängt die Fähigkeit der Begleiterinnen und Begleiter, das Leben aus dem Glauben zu deuten, mit dem emotionalen Erlebnis des Freiwerdens zusammen, das die Gottesbeziehung weitet?

Die Kompetenz der Begleiterinnen und Begleiter, das Leben aus dem Glauben heraus zu deuten (V64), ist damit verknüpft, dass sich die Gottesbeziehung bei den Begleiteten weitet (V24) und in ihr Gefühle des Freiwerdens und der Erleichterung entstehen (V36). Dies ist praktisch so bedeutsam, dass sich die Frage stellt, ob dieser Zusammenhang systematisch bedingt ist. Die Korrelationsanalyse errechnet einen Koeffizienten von R =

0,252 bzw. 0,295 bei einem Signifikanzniveau von 0,002 bzw. 0,000. Wir können also davon ausgehen, dass der Zusammenhang sich nicht zufällig ergibt, aber auch davon, dass die Fähigkeit der Begleiterinnen und Begleiter, das Leben aus dem Glauben zu deuten (V64), bei den Begleiteten nur mit einer schwachen Weitung innerhalb ihres Gottesbezuges einhergeht. Möglicherweise spielt das jeweils vermittelte Gottesbild hier die entscheidendere Rolle.

4.3 Spielt die Rolle, die die Lebens- und Glaubensentfaltung unterstützt, mit den Fähigkeiten zusammen, den geistlichen Prozess zu begleiten und das Leben aus dem Glauben zu deuten?

Die Begleiterinnen und Begleiter unterstützen sehr intensiv die Lebens- und Glaubensentfaltung der ihnen anvertrauten Personen (V56). Diese Rolle sticht gegenüber den anderen Rollen deutlich hervor. Sie wird von allen Befragten mit einem Mittelwert von 3,80 bewertet; ihr kommt damit eine herausragende Position zu (s. statistischer Anhang: Nr. 43). Dabei liegt die Vermutung nahe, dass diese Rolle mit der ausgeprägten Fähigkeit der Begleiterinnen und Begleiter zusammenspielt, den geistlichen Prozess emotional und kognitiv zu begleiten (V62, Mittelwert 3,71) (s. statistischer Anhang: Nr. 44). Zudem scheint sie mit der Kompetenz einherzugehen, das Leben aus dem Glauben zu deuten (V64).

Die Korrelationsanalyse bestätigt diese Vermutung nur teilweise. Denn die unterstützende Rolle (V56) geht nur mittelstark mit der ausgeprägten Fähigkeit einher, den geistlichen Prozess emotional und kognitiv zu begleiten (V62). Entsprechendes ergibt sich für den Zusammenhang dieser Rolle mit einer hinlänglichen Deutung des Lebens aus dem Glauben (V64) (s. statistischer Anhang: Nr. 45). Vielleicht unterstützen die Begleiterinnen und Begleiter vielmehr das Selbstbewusstsein oder die Selbstsicherheit der Begleiteten – und ermöglichen auf diese Weise einen befreienden geistlichen Prozess und ein intensives Miteinander-auf-dem-Weg-Sein. Dazu passt das empirische Ergebnis, dass die unterstützende Rolle mittelstark mit der Rolle einer Wegbegleiterin oder eines Wegbegleiters zusammenspielt (V55) (s. statistischer Anhang: Nr. 46).

4.4 *Wie wirken die für Geistliche Begleiterinnen und Begleiter spezifischen Rollen mit der in der Begleitung gewonnenen Gottesbeziehung zusammen?*

Wir gehen davon aus, dass die beiden Rollen der Unterstützung (V56) und der Wegbegleitung (V55) mit einer Veränderung der Gottesbeziehung einhergehen. Die Korrelationsanalyse errechnet einen nicht sehr starken Zusammenhang von etwa 0,3, was bedeutet, dass die beiden Rollen so mit der in der Begleitung gewonnenen Gottesbeziehung verwoben sind, dass das Erleben von Weite und das Erkennen vielfältiger Gottesbilder (V24) ansatzweise an diese Rollen gekoppelt ist (s. statistischer Anhang: Nr. 47). Ebenfalls ansatzweise geht mit der die Lebens- und Glaubensentfaltung unterstützenden Rolle (56) ein Gottesbezug einher, in den sich Widersprüchliches integrieren lässt (V25) (s. statistischer Anhang: Nr. 48 und 49).

4.5 *Korrespondiert die sensible Wahrnehmung des geistlichen Wachstums- und Entwicklungsprozesses mit der unterstützenden und wegbegleitenden, d.h. typischen Rolle der Geistlichen Begleiterinnen und Begleiter?*

Wir gehen davon aus, dass ein Verhalten, das die Lebens- und Glaubensentfaltung der Begleiteten unterstützt (V56) und sie auf ihren Glaubens- und Lebenswegen begleitet (V55), mit einer sensiblen Wahrnehmung des geistlichen Wachstums- und Entwicklungsprozesses (V61) verknüpft ist. Die Korrelationsanalyse bestätigt diese Vermutung (insbesondere für V56; s. statistischer Anhang: Nr. 50).

4.6 Spielen emotionales Erleben und eine bestimmte Gottesbeziehung zusammen?

Die Emotionen, mit denen sich Veränderungen des Gottesbezuges verbinden, werden unterschiedlich stark wahrgenommen: Am stärksten treten die Gefühle des Freiwerdens und der Erleichterung (V36) auf (Mittelwert 3,50), gefolgt von einem Gefühl der Enttäuschung (V33, Mittelwert 3,11) sowie dem Mut zur Aggression und zur Zerstörung von Blockaden (V35, Mittelwert 2,86; s. statistischer Anhang: Nr. 51). Diese Wahrnehmung der Gefühle, so vermuten wir, scheint auch mit der Gestaltung der Gottesbeziehung zusammenzuspielen. Die Korrelationsanalyse zeigt zumindest einen lockeren Zusammenhang zwischen den erwähnten Gefühlen auf der einen und einer Veränderung und Weitung der Gottesbeziehung auf der anderen Seite – einer Beziehung, in der Gott als Partner erscheint (V21). Wenigstens anfanghaft korrelieren diese Emotionen mit einem Erleben von Weite im Gottesbezug, mit dem Erkennen vielfältiger Gottesbilder (V24) sowie der Möglichkeit, darin Widersprüchliches zu integrieren (V25).

Dagegen gehen die sehr häufig und nachhaltig erfahrenen Gefühle von Annahme, Geborgenheit, Nähe, Vertrauen, Freude und Berührtsein (V 32, Mittelwert 3,71) mittelstark mit einer sehr bejahten und sehr intensiv erfahrenen Gottesbeziehung einher, in der die begleitete Person vor Gott aufrecht stehen und sich in allen Höhen und Tiefen ernst- und angenommen fühlen kann (V23, Mittelwert 3,72; s. statistischer Anhang: Nr. 52 und 53).

In diesem Kontext fällt auf, wie relativ hoch die Weite im Gottesbezug mit der Enttäuschung korrespondiert. Offensichtlich regt die Enttäuschung – wie in der qualitativ ausgerichteten Forschungsphase angedeutet – zur Veränderung an. Doch genauso gut könnte es zutreffen, dass die Weite die Gefahr der Enttäuschung birgt.

4.7 Ist die im geistlichen Prozess gewonnene Beziehung zu Gott damit verwoben, wie die Begleiterinnen und Begleiter diesen Prozess emotional und kognitiv begleiten?

Die Begleiterinnen und Begleiter begleiten den geistlichen Prozess sehr intensiv. Wie spielen diese Begleitung und die Gottesbeziehung der Befragten zusammen?

Diese Frage lässt sich nur zurückhaltend beantworten. Die emotionale und kognitive Begleitung des geistlichen Prozesses steht in einem mittelstark ausgeprägten, ansatzweise also belegbaren Zusammenhang mit einer Gottesbeziehung, in der die Befragten mit Gott autonom und authentisch im Jetzt leben (V22), eine Weite erleben und vielfältige Gottesbilder erkennen (V24) sowie Widersprüchliches integrieren (V25) (s. statistischer Anhang: Nr. 54).

4.8. Welche Kompetenzen und Fahigkeiten gehen mit einem von Wachstum und Befreiung geprägten Verlauf Geistlicher Begleitung einher?

Theoretisch spielen die Fähigkeiten der Begleiterinnen und Begleiter mit einem von Wachstum und Befreiung geprägten Verlauf Geistlicher Begleitung zusammen. Diese Annahme bestätigt auch die Korrelationsanalyse. Wenn die Geistlichen Begleiterinnen und Begleiter den Wachstums- und Entwicklungsprozess sehr sensibel wahrnehmen (V61), den geistlichen Prozess emotional und kognitiv sehr gut begleiten (V62), ein hervorragendes entwicklungstheoretisches und theologisches Grundwissen besitzen (V63), hinlänglich das Leben aus dem Glauben zu deuten (V64) und Kirchlichkeit differenziert zu reflektieren vermögen (V65), gehen diese Kompetenzen mittelstark mit einem von Wachstum (V83) und Befreiung (V84) geprägten Verlauf Geistlicher Begleitung einher (s. statistischer Anhang: Nr. 55).

5. *Fazit*

Als Gesamtergebnis lässt sich festhalten, dass die quantitativ-empirischen Daten mit den qualitativ gewonnenen Inhalten gut korrespondieren. Die Probandinnen und Probanden bestätigen im Fragebogen die Aussagen der Begleiterinnen und Begleiter zu den Charakteristika Geistlicher Begleitung. Die Werte bewegen sich nicht etwa im Mittelfeld der vorgegebenen Skalen, sondern vorrangig in einem schmalen Spektrum der wertschätzenden Rückmeldung. Bei den Antworten zu den einzelnen Items ergeben sich aber auch signifikante Unterschiede.

Geistliche Begleitung, wie sie sich in unserer Untersuchung präsentiert, scheint stärker bei den älteren Probandinnen und Probanden Wirkung zu zeigen als bei den jüngeren Befragten. Die weiblichen Begleiteten bewerten die Kompetenzen der Geistlichen Begleiterinnen und Begleiter positiver als die männlichen Befragten. Sie stimmen dem Gottesbild *Freund des Lebens* eher zu als Männer.

Einzelne Aspekte des Prozesserlebens, der Gottesbeziehung, der Gottesbilder und der Abgrenzung Geistlicher Begleitung gegenüber anderen Angeboten, das subjektive Erleben von Geistlicher Begleitung sowie die Korrespondenz von menschlicher Beziehung und Gottesbezug werden von den Ehrenamtlichen in der Tendenz positiver oder klarer beurteilt als von den Geistlichen, den hauptamtlichen pastoralen Mitarbeiterinnen und Mitarbeitern sowie den Gemeindemitgliedern ohne Ehrenamt.

Unterschiedlich wahrgenommen werden Gefühle in der Gottesbeziehung, wobei der Umgang mit schmerzhaften Gefühlen zu gelingen scheint.

In der Geistlichen Begleitung wird offenbar vorwiegend ein *Wege-Gott* vermittelt, der sich signifikant von dem Gottesbild *Freund des Lebens* unterscheidet. Bei letzterem zeigen sich Akzeptanzunterschiede – sowohl zwischen den Geschlechtern als auch in Abhängigkeit vom Status der Befragten.

Neben *partnerschaftlichen* und *familiären* Rollen, die die Geistlichen Begleiterinnen und Begleiter einnehmen, kommen Rollen zum Zuge, die als für Geistliche Begleitung *spezifisch* gelten können.

Uneinheitlich und zurückhaltender positiv äußern sich die Probandinnen und Probanden dazu, ob ihre Geistlichen Begleiterinnen und Begleiter das Leben der Befragten aus dem Glauben zu deuten vermögen. Sie sind sich unschlüssig, ob ihre Geistliche Begleitung eine kontinuierliche Klärung brachte.

Für hoch bedeutsam erachten die Probandinnen und Probanden die intensive Fokussierung auf die Gottesbeziehung. Erstaunlicherweise wird dabei die menschliche Beziehungsebene „eher nicht" angesprochen. Sie scheint sich maßgeblich über die Umgestaltung der Gottesbeziehung zu verändern. Liegt hier, im Ansatz Geistlicher Begleitung, eine „Zwei-Reiche-Lehre" vor, ein Versuch, menschliche und geistliche Bereiche und Prozesse auseinanderzuhalten, ein Versuch, den die gelebte Praxis dank ihrer vielfältigen Wirkweisen und dank ihrer lebensverändernden Kraft – zumindest nach unseren Befunden – aber unterläuft?

Statistischer Anhang

Nr. 1:
Der *Friedmann-Test*[1] wirft hinsichtlich der Unterschiede eine hohe Signifikanz[2] von 0.000 aus. Die Variable V13 „Der Fokus der Geistlichen Begleitung bezog sich auf das Spirituelle“ unterscheidet sich sehr signifikant von den beiden anderen Variablen V14 „Mein Glaube aktualisierte sich, d.h. mein Glaube und mein Leben klärten sich; sie wurden miteinander verbunden“ und V11 „Meine Geistliche Begleitung habe ich als eine Form des Miteinander-auf-dem-Weg-Seins erlebt“. Diese beiden letztgenannten Items unterscheiden sich nicht signifikant voneinander, aber sie zeigen sehr bedeutsame Unterschiede zu V12 und V15. Die Variablen V12, V13 und V15 weisen untereinander keine signifikanten Unterschiede auf. Diese Ergebnisse errechnet der *Test auf Kontraste*[3]:

I	*J*	R_1	R_2	$\|D_{ij}\|$	*Vergleich*	*Kriterium*	*Signifikanz*
V11	V12	519,67	418,50	101,17	>	90,61	s.s.
V11	V13	519,67	409,20	110,47	>	90,61	s.s.
V11	V14	519,67	536,94	17,27	<	91,19	n.s.
V11	V15	519,67	427,78	91,89	>	87,94	s.s.
V12	V13	418,50	409,20	9,30	<	90,61	n.s.
V12	V14	418,50	536,94	118,44	>	90,61	s.s.
V12	V15	418,50	427,78	9,28	<	87,94	n.s.
V13	V14	409,20	536,94	127,74	>	90,61	s.s.
V13	V15	409,20	427,78	18,58	<	87,94	n.s.
V14	V15	536,94	427,78	109,16	>	87,94	s.s.

s.s. = sehr signifikant (0,01) s. = signifikant (0,05)
n.s. = nicht signifikant

1 *Günter Clauß/Falk-Rüdiger Finze/Lothar Partzsch,* Statistik. Für Soziologen, Pädagogen, Psychologen und Mediziner, Frankfurt a.M. 2004, 273ff; *Markus Pospeschill,* Statistische Methoden. Strukturen, Grundlagen, Anwendungen in Psychologie und Sozialwissenschaften, München 2006, 439-443.

2 Zum Begriff „Signifikanz“ s. *Jürgen Bortz,* Statistik für Human- und Sozialwissenschaftler, Heidelberg [6]2005, 11, 113f und 796; *Clauß/Finze/Partzsch,* Statistik, 178ff; *Pospeschill,* Statistische Methoden, 168 und 195.

3 *Clauß/Finze/Partzsch,* Statistik, 275ff.

Item	V14	V13	V11	V12 Geistliche Begleitung als Grunddienst der Kirche	V15 mit der Gestaltung des Gottesbezuges auseinandergesetzt
arithmetischer Mittelwert[4]	*3,6274*	*3,2516*	*3,5796*	3,1935	*3,3733*
Standardabweichung[5]	0,56018	0,65310	0,67584	*0,92825*	*0,73299*
Median[6]	4,0000	3,0000	4,0000	3,5000	*3,7500*

Legende:
1 = stimme überhaupt nicht zu 2 = stimme eher nicht zu
3 = stimme eher zu 4 = stimme voll und ganz zu

Nr. 2:
Der *Friedmann-Test* errechnet folgende Globalsignifikanz:

N	138
Chi-Quadrat	58,816
df	5
asymptotische Signifikanz	,000

Der *Test auf Kontraste* belegt, dass sich das Item V23 „Vor Gott aufrecht stehen" sehr signifikant von allen anderen Items unterscheidet. Die anderen Items unterscheiden sich nicht bedeutsam.

Item	V21 Gott als Partner	V22 mit Gott autonom	V23 vor Gott aufrecht	V24 Weite erleben	V25 Widersprüchliches integrieren	V26 frei von Kindlichen Wunschideen
arithm. Mittel	3,3255	3,4014	*3,7305*	3,4371	3,3775	3,3767
Standardabw.	0,69000	0,62931	*0,49220*	0,63326	0,61635	0,66582
Median	3,0000	3,5000	4,0000	4,0000	3,0000	3,2500

Legende:
1 = stimme überhaupt nicht zu 2 = stimme eher nicht zu
3 = stimme eher zu 4 = stimme voll und ganz zu

4 *Pospeschill,* Statistische Methoden, 58-62.
5 Ebd., 80-85
6 Ebd., 62-64.

Nr. 3:
V21 = 87,9% V22 = 90,5% V25 = 90,1% V26 = 87,7%.

Nr. 4:
Die Rangkorrelationskoeffizient[7] beträgt R = 0.605 bei einer Signifikanz von 0,000.

Nr. 5:

Item	V32 Annahme ... bauten Gottesbeziehung auf	V36 Gefühle des Freiwerdens weiteten ...
arithm. Mittelwert	*3,7199*	*3,5000*
Standardabweichung	*0,51189*	*0,62456*
Median	4,0000	4,0000

Legende:
1 = stimme überhaupt nicht zu 2 = stimme eher nicht zu
3 = stimme eher zu 4 = stimme voll und ganz zu

Nur 2,1% bei V32 und 6,3% bei V36 lehnen die Erfahrung ab.

Nr. 6:

Item	V33 Enttäuschung	V34 Zweifel/Ferne	V35 Mut zur Aggression
arithm. Mittel	3,1204	3,1196	2,8636
Standardabw.	*0,86502*	*0,92916*	*0,94322*
Median	3,0000	3,0000	3,0000

Legende:
1 = stimme überhaupt nicht zu 2 = stimme eher nicht zu
3 = stimme eher zu 4 = stimme voll und ganz zu

Nr. 7:

Item	V37 Schuldgefühle ... zu massiven Widerständen
arithm. Mittel	2,1898
Standardabw.	*0,99656*
Median	2,0000

Legende:
1 = stimme überhaupt nicht zu 2 = stimme eher nicht zu
3 = stimme eher zu 4 = stimme voll und ganz zu

7 *Clauß/Finze/Partzsch,* Statistik, 309-319; *Bortz,* Statistik, 565-584.

Nr. 8:
Enttäuschung, Zweifel und Ferne, Mut zur Aggression sowie Schuldgefühl, Trauer und Zorn verbindet höchstens ein Drittel der Probandinnen und Probanden mit negativen Konnotationen: Enttäuschung 23,4%; Zweifel/Ferne 24,6%; Mut zur Aggression 35,6%, Schuldgefühl, Trauer und Zorn: 31,4%.

Nr. 9:
arithmetischer Mittelwert: 3,0863; Standardabweichung: 0,79384; Median: 3,0000.

Nr. 10:
Statistik für Test[a,b]

	V38 Leid und Schmerz, Schuld und Angst führten eher zu Gott hin als von ihm weg
Chi-Quadrat	19,449
df	6
asymptotische Signifikanz	,003

a. Kruskal-Wallis-Test[8]
b. Gruppenvariable: V04a Altersgruppen

Alter	20–29	30–39	40–49	50–59	60–69	70–79	80ff.
Streuung (Standardabw.)	*0,35355*	*0,70100*	*0,73059*	*0,78516*	*1,11590*	*0,57735*	---
N	8	31	47	33	15	4	1
Mittelwert	2,8750	3,0161	2,8404	3,4091	3,2333	3,5000	4,0000

Legende:
1 = stimme überhaupt nicht zu 2 = stimme eher nicht zu
3 = stimme eher zu 4 = stimme voll und ganz zu

Je größer die Streuung, desto unschlüssiger und uneinheitlicher ist die Rückmeldung bzw. das Meinungsbild der Befragten; vgl. dazu auch Kapitel 2.1.

Nr. 11: *Friedmann-Test*

N	155
Chi-Quadrat	28,747
df	5
asymptotische Signifikanz	,000

8 *Clauß/Finze/Partzsch,* Statistik, 251-2559; *Pospeschill,* Statistische Methoden, 435-439 und 443.

Nr. 12:

Item	V41 Gott, der alle meine Wege mitgeht	V42 Gott, in dessen Augen ich kostbar und wertvoll bin	V43 Gott, der mich bedingungslos annimmt
arithm. Mittelwert	3,8910	3,8974	3,8622
Standardabw.	0,35147	0,29902	0,32909
Median	4,0000	4,0000	4,0000

Item	V44 Gott, der mich stärkt und aufrichtet	V45 Gott, der mit mir in Kommunikation steht	V46 Gott, der für mich ein Freund des Lebens ist
arithm. Mittelwert	3,8590	3,8526	3,7452
Standardabw.	0,35376	0,36464	0,49794
Median	4,0000	4,0000	4,0000

Legende:
1 = stimme überhaupt nicht zu 2 = stimme eher nicht zu
3 = stimme eher zu 4 = stimme voll und ganz zu

Nr. 13:
Diese Interpretation legt uns die Clusteranalyse[9] nahe:

Dendrogramm
(verwendet durchschnittliche Linkage zwischen den Gruppen)

Kombination skalierter Abstands-Cluster

0 5 10 15 20 25

V42 Gott, in dessen Augen ich kostbar und wertvoll bin.

V43 Gott, der mich bedingungslos annimmt.

V44 Gott, der mich stärkt und aufrichtet

9 *Clauß/Finze/Partzsch*, Statistik, 309-319; *Bortz*, Statistik, 565-584.

0 5 10 15 20 25

V45 Gott, der mit mir in Kommunikation steht

V41 Gott, der alle meine Wege mitgeht

V46 Gott, der für mich ein Freund des Lebens ist.

Nr. 14:
Korrelation: Spearman-Rho

Item	V41	V42	V43	V44	V45	V46
V41	1,000	0,416 ,000	0,366 ,000	0,305 ,000	0,247 ,002	0,422 ,000
V42	0,416 ,000	1,000	*0,628* *,000*	0,475 ,000	0,468 ,000	0,468 ,000
V43	0,366 ,002	*0,628* *,000*	1,000	*0,506* *,000*	0,424 ,000	0,436 ,000
V44	0,305 ,000	0,475 ,000	*0,506* *,000*	1,000	*0,592* *,000*	*0,555* *,000*
V45	0,247 ,002	0,468 ,000	0,424 ,000	*0,592* *,000*	1,000	*0,541* *,000*
V46	0,422 ,000	0,468 ,000	0,436 ,000	*0,555* *,000*	*0,541* *,000*	1,000

Ab einem Korrelationskoeffizient von > 0,500 sprechen wir von einem starken Zusammenhang. Alle Werte über 0,500 sind hoch signifikant. Zur Interpretation verwenden wir nur die starken Zusammenhänge.

Näherungsmatrix (Euklidisches Distanzmaß)[10]

Item	V41	V42	V43	V44	V45	V46
V41	,000	4,528	4,873	5,477	5,745	6,021
V42	4,528	,000	*3,500*	*4,243*	4,416	5,979
V43	4,873	*3,500*	,000	4,664	4,770	*6,083*
V44	5,477	*4,243*	*4,664*	,000	*4,243*	5,268
V45	5,745	4,416	4,770	*4,243*	,000	5,723
V46	6,021	5,979	*6,083*	5,268	*5,723*	,000

10 *Clauß/Finze/Partzsch,* Statistik, 316-319; *Bortz,* Statistik, 566-570.

Nr. 15:
Friedmann-Test

N	109
Chi-Quadrat	290,757
df	5
asymptotische Signifikanz	,000

Der *Test auf Kontraste* bringt als multipler Vergleich in Erfahrung, dass sich folgende Items (sehr) signifikant unterscheiden:

I	J	R_1	R_2	$\lvert D_{ij} \rvert$	Vergleich	Kriterium	Signifikanz
V51	V52	576,63	282,50	294,13	>	108,63	s.s.
V51	V53	576,63	309,16	267,47	>	108,63	s.s.
V51	V54	576,63	386,08	190,55	>	108,63	s.s.
V51	V55	576,63	724,80	148,17	>	109,35	s.s.
V51	V56	576,63	755,44	178,81	>	109,72	s.s.
V52	V53	282,50	309,16	26,66	<	101,86	*n.s.*
V52	V54	282,50	389,08	106,58	>=*	106,05	*n.s.**
V52	V55	282,50	724,80	442,30	>	109,35	s.s.
V52	V56	282,50	755,44	472,94	>	109,72	s.s.
V53	V54	309,16	389,08	79,92	<	106,05	*n.s.*
V53	V55	309,16	724,80	415,64	>	109,35	s.s.
V53	V56	309,16	755,44	446,28	>	109,72	s.s.
V54	V55	389,08	724,80	335,72	>	109,35	s.s.
V54	V56	389,08	755,44	366,36	>	109,72	s.s.
V55	V56	724,80	755,44	30,60	<	109,72	*n.s.*

s.s. = sehr signifikant (0,01) n.s. = nicht signifikant

* Wir behalten die Nullhypothese bei, weil wir keinen „Fehler 1. Art" begehen wollen:[13] Dieser besteht darin, die Nullhypothese abzulehnen, obwohl sie faktisch zutrifft. Die Daten weisen einen Effekt nach, der faktisch aber nicht besteht.

Näherungsmatrix (Euklidisches Distanzmaß)

Item	V51	V52	V53	V54	V55	V56
V51	,000	16,875	16,591	*12,952*	*11,236*	*11,456*
V52	16,875	,000	*12,410*	*13,435*	20,384	20,821
V53	16,591	*12,410*	,000	*11,554*	20,075	20,506

11 *Clauß/Finze/Partzsch,* Statistik, 175; *Pospeschill,* Statistische Methoden, 163ff.

Näherungsmatrix (Euklidisches Distanzmaß)

Item	V51	V52	V53	V54	V55	V56
V54	12,952	*13,435*	*11,554*	,000	16,793	17,493
V55	*11,236*	20,384	20,075	16,793	,000	*4,950*
V56	*11,456*	20,821	20,506	17,493	*4,950*	,000

Nr. 16:

Item	V51 partnerschaftliche Rolle	V52 Rolle eines geistlichen Vaters	V53 Rolle einer geistlichen Mutter	V54 Rolle einer Schwester oder eines Bruders	V55 Rolle einer Wegbegleiterin oder eines Wegbegleiters	V56 Rolle, die meine Lebens- und Glaubensentfaltung unterstützt
Mittelwert	*3,2047*	2,1880	2,2137	2,5951	*3,7152*	*3,8026*
Standardabw.	*,81376*	*,97067*	*,97868*	*,96744*	*,48480*	*,38669*
Median	3,0000	2,0000	2,0000	3,0000	4,0000	4,0000

Legende:
1 = stimme überhaupt nicht zu 2 = stimme eher nicht zu
3 = stimme eher zu 4 = stimme voll und ganz zu

Nr. 17: *Friedmann-Test*

N	134
Chi-Quadrat	79,142
df	5
asymptotische Signifikanz	,000

Der *Test auf Kontraste* wirft sehr signifikante Unterschiede aus: V65 unterscheidet sich sehr signifikant von allen anderen Variablen; zudem besteht ein sehr signifikanter Unterschied zwischen V64 und V66.

Nr. 18:

Item	V61	V62	V63	V64	V65	V66
Mittelwert	3,7370	3,7097	3,7171	3,6111	*3,3696*	*3,8636*
Standardabw.	0,44721	0,48306	0,46276	*0,58271*	*0,73570*	*0,40934*
Median	4,0000	4,0000	4,0000	4,0000	3,5000	4,0000

Legende:
1 = stimme überhaupt nicht zu 2 = stimme eher nicht zu
3 = stimme eher zu 4 = stimme voll und ganz zu

Nr. 19:
Korrelationen (Spearman-Rho):

	V62 emotionale und kognitive Begleitung	V63 Grundwissen	V65 Kirchlichkeit reflektieren
V64 (Deuten)	0,513***	0,497***	0,531***

*** = Signifikanz von 0,000

Nr. 20:
Beide Stichproben (V64: Deutung und V66: Vertrautsein mit Gottesbezug) unterscheiden sich – wie der *Test auf Kontraste* ergab – sehr signifikant voneinander und korrelieren deshalb nur signifikant schwach miteinander (r = 0,187; Spearman-Rho = 0,271). Der Vergleich von Varianzen[12] aus *abhängigen Stichproben* (nach Kristof) ergibt, dass beide Varianzen (d.h. beide Meinungsspektren) zu V64 und V66 sich hoch signifikant unterscheiden. Das Testergebnis lautet: | t | > t (0,0005 eins.;152-2) = 4,5 > 3,3, d.h. wir lehnen bei einem Signifikanzniveau von 0,1% die Nullhypothese ab, dass zwischen den beiden Varianzen kein Unterschied besteht.[13]

Nr. 21:
Korrelationen (Spearman-Rho):

	V61	V62	V63	V64	V65
V66 (Vertrautsein)	0,189*	0,288****	0,282****	0,271***	0,227**

* = 0,05 sign.; ** = 0,01 sign.; *** = 0,001 sign. ****= 0,000 sign.

Nr. 22:

Item	V71 (Beratung)	V72 (Psychotherapie)	V73 (Supervision)
Mittelwert	3,5747	*3,7517*	3,5137
Standardabweichung	0,56529	*0,49958*	*0,65639*
Median	4,0000	4,0000	4,0000

Legende:
1 = stimme überhaupt nicht zu   2 = stimme eher nicht zu
3 = stimme eher zu   4 = stimme voll und ganz zu

12 Zum Begriff „Varianz" s. *Clauß/Finze/Partzsch,* Statistik, 123ff; *Pospeschill,* Statistische Methoden, 80ff.

13 *Bortz,* Statistik, 149f.

Nr. 23:
Die Clusteranalyse wirft zwei Gruppen aus:
1. Gruppe: V83, V84, V82;
2. Gruppe: V85, V86, V81.

Nr. 24:
Der *Test auf Kontraste* errechnet folgendes Ergebnis: V81, V85 und V86 unterscheiden sich jeweils sehr signifikant von V82, V83 und V84. V81, V85, V86 unterscheiden sich untereinander nicht. Ebenso wenig zeigen V82, V83, V84 untereinander signifikante Unterschiede.

Item	V81	V82	V83	V84	V85	V86
Mittelwert	1,4430	*3,2500*	3,5387	*3,6209*	1,2700	1,2000
Standardabw.	0,71313	*0,63918*	0,52698	*0,49679*	0,53291	0,45613
Median	1,0000	3,0000	4,0000	4,0000	1,0000	1,0000

Legende:
1 = stimme überhaupt nicht zu   2 = stimme eher nicht zu
3 = stimme eher zu   4 = stimme voll und ganz zu

Näherungsmatrix

Item	V81	V82	V83	V84	V85	V86
V81	,000	25,288	27,672	28478	10,428	9,618
V82	25,288	,000	*8,411*	*8,573*	25,763	26,693
V83	27,672	*8,411*	,000	*6,423*	28,618	29,610
V84	28,478	*8,573*	*6,423*	,000	29,711	30,570
V85	*10,428*	25,763	28,618	29,711	,000	*6,727*
V86	*9,618*	26,693	29,610	30,570	*6,727*	,000

Nr. 25:
Friedmann-Test

N	118
Chi-Quadrat	275,712
df	4
asymptotische Signifikanz	,000

Test auf Kontraste

I	J	R_1	R_2	$\|D_{ij}\|$	Vergleich	Kriterium	Signifikanz
V111	V112	204,24	629,30	425,06	>	88,54–90,61	s.s.

Nr. 26:

Item	V111 Mensch-liche Beziehung wurde hauptsäch-lich ange-sprochen	V112 Meine Beziehung zu Gott wurde hauptsäch-lich ange-sprochen	V121 Mensch-liche Beziehung hat sich verändert	V122 Beziehung zu Gott hat sich verändert	V123 Beide veränder-ten sich gleicher-maßen
Mittelwert	*1,7297*	*3,6516*	2,6679	3,3904	3,2626
Standardabw.	0,82762	0,52956	0,80399	0,64191	0,79018
Median	2,0000	4,0000	3,0000	3,0000	3,0000

Legende:
1 = stimme überhaupt nicht zu 2 = stimme eher nicht zu
3 = stimme eher zu 4 = stimme voll und ganz zu

Nr. 27:
Diese Struktur belegt die Clusteranalyse:

Dendrogramm (verwendet durchschnittliche Linkage zwischen den Gruppen)

Kombination skalierter Abstands-Cluster

0 5 10 15 20 25

V112 Meine Beziehung zu Gott wurde hauptsächlich angesprochen.

V122 Beziehung zu Gott hat sich verändert.

V123 Beide veränderten sich gleichermaßen.

V121 Menschliche Beziehung hat sich verändert.

V111 Menschliche Beziehung wurde hauptsächlich angesprochen.

Nr. 28:
Korrelation: Spearman-Rho

Item	V112 Beziehung zu Gott wurde hauptsächlich angesprochen	V121 Menschliche Beziehung hat sich verändert	V123 Beide veränderten sich gleichermaßen
V122 Beziehung zu Gott hat sich verändert	*0,439****	*0,405****	*0,532****
V121 Menschliche Beziehung hat sich verändert	0,125 (n.s.)		*0,393****
V123 Beide veränderten sich gleichermaßen	0,166 (n.s.)	*0,393****	

*** Diese Korrelationen sind hoch signifikant (,000);
n.s. = nicht signifikant.

Die Veränderung der Gottesbeziehung (V122) und die Veränderung der menschlichen und geistlichen Ebene (V123) unterschieden sich nicht signifikant.

Test auf Kontraste

I	J	R_1	R_2	$\|D_{ij}\|$	Vergleich	Kriterium	Signifikanz
V122	V123	537,28	461,48	75,80	<	85,81–87,94	*n.s.*

Nr. 29:
Näherungsmatrix

Item	V111	V112	V121	V122	V123
V111	,000	*24,202*	14,440	20,964	19,365
V112	*24,202*	,000	*14,483*	*8,078*	*11,236*
V121	14,440	*14,483*	,000	*11,467*	*10,747*
V122	20,964	*8,078*	*11,467*	,000	*8,544*
V123	19,365	*11,236*	*10,747*	*8,544*	,000

Nr. 30:
Korrelation V111–V121: R = 0,376 (hoch signifikant)
Korrelation V121–V122: R = 0,405 (hoch signifikant)

Nr. 31:
Gesamtmittelwert aller signifikanten aufgeführten Variablen pro Altersgruppe

Alter	20–29	30–39	40–49	50–59	60–69	70–79	80ff
Mittelwert	*3,3*	*3,3*	*3,4*	*3,5*	*3,6*	*3,9*	*3,1**

* Dieser Wert läuft der Gesamttendenz zuwider, kann aber angesichts N = 1 den anderen Mittelwerten ohnehin nicht gleichgestellt werden.

Legende:
1 = stimme überhaupt nicht zu 2 = stimme eher nicht zu
3 = stimme eher zu 4 = stimme voll und ganz zu

Nr. 32:
Das Signifikanzniveau setzen wir bei < 5 % an. In den entsprechenden Variablen gibt es systematisch bedingte Meinungsunterschiede, die von den verschiedenen Altersgruppen abhängen. Ein Signifikanzniveau zwischen 5 und 7 % deuten wir als einen tendenziellen Unterschied:

	a) V14 Glaube aktualisiert sich	b) V25 Widersprüchliches integrieren	c) V36 Gefühle des Freiwerdens weiteten …
Chi-Quadrat	13,372	12,017	13,250
df	6	6	6
asymptotische Signifikanz	,037	,062	,039

Kruskal-Wallis-Test
Gruppenvariable: Altersgruppe

Altersgruppe	a) V14 Glaube aktualisiert sich	b) V25 Widersprüchliches integrieren	c) V36 Gefühle des Freiwerdens weiteten …
20–29 Mittelwert	3,5000	3,4000	3,1111
Median	3,5000	3,5000	3,0000
N	10	10	9
Standardabweichung	,52705	,69921	,60093
30–39 Mittelwert	3,3857	3,1176	3,4839
Median	3,0000	3,0000	4,0000
N	35	34	31
Standardabweichung	,64267	,64030	,63880

Altersgruppe	a) V14 Glaube aktualisiert sich	b) V25 Widersprüchliches integrieren	c) V36 Gefühle des Freiwerdens weiteten ...
40–49 Mittelwert Median N Standardabweichung	3,6961 4,0000 51 ,49070	3,3750 3,0000 48 ,58800	3,4792 3,7500 48 ,57388
50–59 Mittelwert Median N Standardabweichung	3,6528 4,0000 36 ,57096	3,4167 3,2500 36 ,61528	3,5152 4,0000 33 ,65532
60–69 Mittelwert Median N Standardabweichung	3,7222 4,0000 18 ,57451	3,6471 4,0000 17 ,49259	3,7500 4,0000 16 ,57735
70–79 Mittelwert Median N Standardabweichung	4,0000 4,0000 8 ,0000	3,7143 4,0000 7 ,48795	3,8333 4,0000 6 ,40825
80ff Mittelwert Median N Standardabweichung	4,0000 4,0000 1	3,0000 3,0000 1	2,0000 2,0000 1

Legende:
1 = stimme überhaupt nicht zu 2 = stimme eher nicht zu
3 = stimme eher zu 4 = stimme voll und ganz zu

	d) V38 Leid ... führten eher zu Gott	e) V51 partnerschaftliche Rolle	f) V63 Geistl. Begleiter besaß ... Grundwissen
Chi-Quadrat	19,285	21,578	13,867
df	6	6	6
asymptotische Signifikanz	,004	,001	,031

Kruskal-Wallis-Test
Gruppenvariable: Altersgruppe

Altersgruppe	d) V38 Leid ... führten eher zu Gott	e) V51 partnerschaftliche Rolle	f) V63 Geistl. Begleiter besaß ... Grundwissen
20–29 Mittelwert Median N Standardabw.	2,8750 3,0000 8 ,35355	2,5000 2,0000 10 ,70711	3,5000 3,5000 10 ,52705
30–39 Mittelwert Median N Standardabw.	3,0161 3,0000 31 ,70100	2,8571 3,0000 35 ,92809	3,6286 4,0000 35 ,53334
40–49 Mittelwert Median N Standardabw.	2,8438 3,0000 48 ,72315	3,4200 3,5000 50 ,61743	3,6327 4,0000 49 ,48708
50–59 Mittelwert Median N Standardabw.	3,3971 4,0000 34 ,77635	3,3485 3,0000 33 ,70139	3,8056 4,0000 36 ,40139
60–69 Mittelwert Median N Standardabw.	3,2333 4,0000 15 1,11590	3,4000 4,0000 15 ,91026	3,9333 4,0000 15 ,25820
70–79 Mittelwert Median N Standardabw.	3,5000 3,5000 4 ,57735	3,5714 4,0000 7 ,78680	4,0000 4,0000 8 ,0000
80ff Mittelwert Median N Standardabw.	4,0000 4,0000 1	2,0000 2,0000 1	4,0000 4,0000 1

Legende:
1 = stimme überhaupt nicht zu 2 = stimme eher nicht zu
3 = stimme eher zu 4 = stimme voll und ganz zu

	g) V71 Geistliche Begleitung unterscheidet sich von Beratung	h) V83 Geistliche Begleitung verlief geistlich wachsend
Chi-Quadrat	17,322	11,619
df	6	6
asymptotische Signifikanz	,008	,071

Kruskal-Wallis-Test
Gruppenvariable: Altersgruppe

Altersgruppe	g) V71 Geistliche Begleitung unterscheidet sich von Beratung	h) V83 Geistliche Begleitung verlief geistlich wachsend
20–29 Mittelwert Median N Standardabweichung	3,7000 4,0000 10 ,48305	3,4000 3,0000 10 ,51640
30–39 Mittelwert Median N Standardabweichung	3,4848 4,0000 33 ,60576	3,3857 3,0000 35 ,48637
40–49 Mittelwert Median N Standardabw.	3,4020 3,0000 51 ,60016	3,5294 4,0000 51 ,56207
50–59 Mittelwert Median N Standardabweichung	3,6667 4,0000 36 ,53452	3,5429 4,0000 35 ,54734
60–69 Mittelwert Median N Standardabweichung	3,8235 4,0000 17 ,39295	3,7778 4,0000 18 ,42779
70–79 Mittelwert Median N Standardabweichung	4,0000 4,0000 8 ,00000	3,8571 4,0000 7 ,37796
80ff Mittelwert Median N Standardabweichung	3,0000 3,0000 1	4,0000 4,0000 1

Legende:
1 = stimme überhaupt nicht zu 2 = stimme eher nicht zu
3 = stimme eher zu 4 = stimme voll und ganz zu

	i) V12 Geistliche Begleitung als Grunddienst der Kirche	j) V21 Gott als Partner	k) V34 Ferne und Zweifel motivieren ...
Chi-Quadrat	12,942	11,949	12,176
df	6	6	6
asymptotische Signifikanz	,044	,063	,058

Kruskal-Wallis-Test
Gruppenvariable: Altersgruppe

Altersgruppe	i) V12 Geistliche Begleitung als Grunddienst der Kirche	j) V21 Gott als Partner	k) V34 Ferne und Zweifel motivieren ...
20–29 Mittelwert Median N Standardabw.	3,0000 3,5000 10 *1,15470*	3,3000 3,5000 10 ,82327	3,3333 3,0000 9 ,70711
30–39 Mittelwert Median N Standardabw.	2,9265 3,0000 34 *1,00100*	3,2206 3,0000 34 ,59277	3,3387 4,0000 31 ,85036
40–49 Mittelwert Median N Standardabw.	3,0784 3,0000 51 *,89651*	3,3469 3,5000 49 ,74445	2,8646 3,0000 48 ,90940
50–59 Mittelwert Median N Standardabw.	3,3889 4,0000 36 *,81162*	3,1944 3,0000 36 ,67905	3,0000 3,0000 32 1,01600
60–69 Mittelwert Median N Standardabw.	3,5556 4,0000 18 ,92178	3,6875 4,0000 16 ,60208	3,3214 4,0000 14 ,95287

Altersgruppe	i) V12 Geistliche Begleitung als Grunddienst der Kirche	j) V21 Gott als Partner	k) V34 Ferne und Zweifel motivieren ...
70–79 Mittelwert Median N Standardabw.	3,7857 4,0000 7 ,39340	3,6000 4,0000 5 ,54772	3,8000 4,0000 5 ,44721
80ff Mittelwert Median N Standardabw.	3,0000 3,0000 1	2,0000 2,0000 1	4,0000 4,0000 1

Legende:
1 = stimme überhaupt nicht zu 2 = stimme eher nicht zu
3 = stimme eher zu 4 = stimme voll und ganz zu

	l) V43 Gott, der mich bedingungslos annimmt	m) V24 Weite erleben	n) V123 Beide veränderten sich gleichermaßen
Chi-Quadrat	12,510	11,878	11,684
df	6	6	6
asymptotische Signifikanz	,052	,065	,069

Kruskal-Wallis-Test
Gruppenvariable: Altersgruppe

Altersgruppe	l) V43 Gott, der mich bedingungslos annimmt	m) V24 Weite erleben	n) V123 Beide veränderten sich gleichermaßen
20–29 Mittelwert Median N Standardabw.	3,6000 4,0000 10 0,51640	3,7000 4,0000 10 0,48305	3,4444 4,0000 9 0,72648
30–39 Mittelwert Median N Standardabw.	3,8286 4,0000 35 ,36265	3,2353 3,0000 34 0,68794	3,0938 3,0000 32 0,86544

Altersgruppe	l) V43 Gott, der mich bedingungslos annimmt	m) V24 Weite erleben	n) V123 Beide veränderten sich gleichermaßen
40–49 Mittelwert	3,9184	3,4375	3,2791
Median	4,0000	3,7500	3,0000
N	49	48	43
Standardabw.	,23600	0,63267	0,61045
50–59 Mittelwert	3,7857	3,3611	3,2656
Median	4,0000	3,0000	3,2500
N	35	36	32
Standardabw.	,40739	0,60487	0,84227
60–69 Mittelwert	4,0000	3,6471	3,2500
Median	4,0000	4,0000	4,0000
N	18	17	16
Standardabw.	,00000	0,60634	1,00000
70–79 Mittelwert	4,0000	3,8571	4,0000
Median	4,0000	4,0000	4,0000
N	8	7	7
Standardabw.	,00000	0,37796	,00000
80ff Mittelwert	4,0000	3,0000	2,0000
Median	4,0000	3,0000	2,0000
N	1	1	1
Standardabw.			

Legende:
1 = stimme überhaupt nicht zu   2 = stimme eher nicht zu
3 = stimme eher zu   4 = stimme voll und ganz zu

Nr. 33:
Hinsichtlich des Geschlechtes bestehen hoch signifikante Unterschiede in der Vermittlung des Gottesbildes „Freund des Lebens" *(Kolmogorov-Smirnov-Test* für zwei unabhängige Stichproben,[14] asymptotische Signifikanz: 0.002):

14 *Clauß/Finze/Partzsch,* Statistik, 221ff.

Statistik für Test[a]

		V46 Gott, der für mich ein Freund des Lebens ist
extremste Differenzen	absolut	,305
	positiv	,047
	negativ	– ,305
	Kolmogorov-Smirnov-Z	1,753
	asymptotische Signifikanz (2-seitig)	,004

a Gruppenvariable: V05 Geschlecht

Der Mittelwertvergleich zeigt diesen Unterschied:

V46 Gott, der für mich ein Freund des Lebens ist

V05 Geschlecht	*Mittelwert*	*N*	*Standardabweichung*
männlich	3,5729	48	,49454
weiblich	3,8224	107	,48200
insgesamt	3,7452	155	,49794

Nr. 34:

V63 GB besaß entwicklungstheoretisches und theologisches Grundwissen

V05 Geschlecht	*Mittelwert*	*N*	*Standardabweichung*
männlich	3,4894	49	,55424
weiblich	3,8190	105	,37419
insgesamt	3,7143	154	,46392

Dieser Unterschied zwischen den Geschlechtern ist hoch signifikant. Der *Kolmogorov-Smirnov-Test* für zwei unabhängige Stichproben wirft diesbezüglich ein Signifikanzwert von 0.005 aus:

Statistik für Test[a]

		V63 GB besaß entwicklungstheoretisches und theologisches Grundwissen
extremste Differenzen	absolut	,307
	positiv	,000
	negativ	-,307
	Kolmogorov-Smirnov-Z	1,777
	asymptotische Signifikanz (2-seitig)	,004

a Gruppenvariable: V05Geschlecht

Nr. 35:
V52 Rolle eines geistlichen Vaters

V05Geschlecht	Mittelwert	N	Standardabweichung
männlich	2,5125	40	0,98376
weiblich	2,0353	85	0,93155
insgesamt	2,1880	125	0,97067

Dieser Unterschied zwischen den Geschlechtern ist in der Tendenz praktisch bedeutsam. Der *Kolmogorov-Smirnov-Test* für zwei unabhängige Stichproben wirft diesbezüglich einen Signifikanzwert von 0.057 aus:

Statistik für Test[a]

		V52 Rolle eines geistlichen Vaters
extremste Differenzen	absolut	0,256
	positiv	0,256
	negativ	0,000
	Kolmogorov-Smirnov-Z	1,335
	asymptotische Signifikanz (2-seitig)	,057

a Gruppenvariable: V05 Geschlecht

Nr. 36:

Status:	*Geistliche*	*Ehrenamtliche*	*pastorale Mitarbeiter-innen und Mitarbeiter*	*Sonstige (Gemeinde-mitglieder)*
Mittelwert:	*3,1*	*3,2*	*3,1*	*2,9*

Legende:
1 = stimme überhaupt nicht zu 2 = stimme eher nicht zu
3 = stimme eher zu 4 = stimme voll und ganz zu

Nr. 37:
Wir wenden ein niedriges Signifikanzniveau von ≤ 10% (0.10) an, um auch die kleinsten Unterschiede noch wahrnehmen und interpretieren zu können. In den relativ kleinen Stichproben wollen wir keine Meinungsverschiedenheiten übersehen. Deshalb verringern wir den „Fehler 2. Art", den sogenannten Annahmefehler. Er liegt vor, wenn die Nullhypothese beibehalten wird, obwohl sie faktisch gar nicht zutrifft.– Der *H-Test* von *Kruskal* und *Wallis* wirft signifikante Unterschiede in folgenden Variablen aus. Daran angeschlossen folgt der Mittelwert-Bericht zu jeder Variablen:

	a) V13 Geistliche Begleitung bezieht sich auf das Spirituelle	b) V15 mit der Gestaltung des Gottesbezuges auseinander-gesetzt	c) V24 Weite erleben
Chi-Quadrat	7,253	11,583	7,912
df	3	3	3
asymptotische Signifikanz	,064	,009	,048

Kruskal-Wallis-Test
Gruppenvariable: Status

Mittelwert-Bericht

Geistliche Mittelwert	*3,3833*	3,6296	3,3929
N	30	27	28
Standardabweichung	0,63901	,56488	,68526
Median	3,0000	4,0000	3,5000
Mitarbeiter Mittelwert	*3,0303*	*3,2258*	*3,5882*
N	33	31	34
Standardabweichung	*,46669*	*,88354*	,66822
Median	3,0000	3,5000	4,0000
Ehrenamtliche Mittelwert	*3,3071*	3,4692	3,4559
N	70	65	68
Standardabweichung	0,71370	,68964	,59685
Median	3,0000	4,0000	3,7500
Sonstige Mittelwert	*3,1667*	*3,0417*	*3,1739*
N	24	24	23
Standardabweichung	0,68630	,67432	,55614
Median	3,0000	3,0000	3,0000

Legende:
1 = stimme überhaupt nicht zu 2 = stimme eher nicht zu
3 = stimme eher zu 4 = stimme voll und ganz zu

	d) V46 Gott, der für mich ein Freund des Lebens ist	e) V73 Geistl. Begleitung unterscheidet sich von Supervision	f) V86 Geistl. Begleitung verlief belastend, weil keine Veränderung eintrat
Chi-Quadrat	7,796	6,677	6,698
df	3	3	3
asymptotische Signifikanz	,050	,083	,082

Kruskal-Wallis-Test
Gruppenvariable: Status

Mittelwert-Bericht

Geistliche Mittelwert	3,5517	3,3667	*1,0690*
N	29	30	29
Standardabweichung	,57235	,69145	*,25788*
Median	4,0000	3,2500	1,0000
Mitarbeiter Mittelwert	*3,8125*	3,4848	*1,3485*
N	32	33	33
Standardabweichung	,45348	,59273	*,63103*
Median	4,0000	4,0000	1,0000

Ehrenamtliche Mittelwert	*3,8261*	*3,6371*	1.1940
N	69	62	67
Standardabweichung	*,40968*	,66634	,43480
Median	4,0000	4,0000	1,0000
Sonstige Mittelwert	3,6600	3,4130	1,1522
N	25	23	23
Standardabweichung	,62450	,65109	,35145
Median	4,0000	3,5000	1,0000

Legende:
1 = stimme überhaupt nicht zu 2 = stimme eher nicht zu
3 = stimme eher zu 4 = stimme voll und ganz zu

	g) V123 Beide Beziehungsebenen veränderten sich gleichermaßen
Chi-Quadrat	14,956
df	3
asymptotische Signifikanz	,002

Kruskal-Wallis-Test
Gruppenvariable: Status

Mittelwert-Bericht

Geistliche Mittelwert	3,4074	*Ehrenamtliche* Mittelwert	*3,4435*
N	27	N	62
Standardabweichung	,69389	Standardabweichung	*,82036*
Median	4,0000	Median	4,0000
Mitarbeiter Mittelwert	3,0517	*Sonstige* Mittelwert	*2,8864*
N	29	N	22
Standardabweichung	,69879	Standardabweichung	,77046
Median	3,0000	Median	3,0000

Legende:
1 = stimme überhaupt nicht zu 2 = stimme eher nicht zu
3 = stimme eher zu 4 = stimme voll und ganz zu

Nr. 38:
Zu Beginn unserer statistischen Untersuchung stellten wir elf Variablen, die sich für die Faktorenanalyse[15] eignen, zusammen. Diese Variablen besitzen laut KMO-Kriterium eine ziemlich gute bis hervorragende Stichprobeneignung. Ihre Werte liegen zwischen 0.678 und 0.894:

	*Anti-Image-Korrelation**
V15 mit der Gestaltung des Gottesbezuges auseinandergesetzt	,678
V24 Weite erleben	,865
V42 Gott, in dessen Augen ich kostbar und wertvoll bin	,817
V43 Gott, der mich bedingungslos annimmt	,792
V44 Gott, der mich stärkt und aufrichtet	,816
V45 Gott, der mit mir in Kommunikation steht	,851
V61 GB nahm Wachstum und Entwicklungsprozess sensibel wahr	,894
V83 GB verlief geistlich wachsend	,819
V84 GB verlief befreiend	,834
V86 GB verlief belastend, weil keine Veränderung eintrat	,840
V36 Gefühle des Freiwerdens weiteten ...	,811

* = Maß der Stichprobeneignung

Gleichzeitig sind wichtige Voraussetzungen für eine Anwendung der beabsichtigten Faktorenanalyse erfüllt:

a) Obwohl nicht alle metrischen Variablen normal verteilt sind, eignen sich die vorliegenden Daten für eine Faktorenanalyse, denn das dazu errechnete KMO-Kriterium weist einen wünschenswerten Koeffizienten von 0.827 aus. Ebenso ist der Bartlett-Test auf Sphärizität hoch signifikant. Die Determinante der Korrelationsmatrix liegt mit ihrem Wert von 0.063 nahe an 0. Das Kriterium ist damit erfüllt.

KMO- und Bartlett-Test

Maß der Stichprobeneignung nach Kaiser-Meyer-Olkin		,827
Bartlett-Test auf Sphärizität	ungefähres Chi-Quadrat	352,735
	df	55
	Signifikanz nach Bartlett	,000

15 Ebd., 295-308; *Bortz,* Statistik, 511-564.

b) Als Ergebnis wirft die Faktorenanalyse die folgenden drei Komponenten (Faktoren oder Strukturen) heraus. Sie liegen latent hinter den elf Variablen begründet und klären 57% auf. Damit erfassen sie über die Hälfte dessen, was eine gelingende Geistliche Begleitung ausmacht:

erklärte Gesamtvarianz

Komponente	Anfängliche Eigenwerte			Rotierte Summe der quadrierten Ladungen		
	Gesamt	% der Varianz	Kumulierte %	Gesamt	% der Varianz	Kumulierte %
1	3,771	34,283	34,283	2,582	*23,469*	*23,469*
2	1,378	12,529	46,811	1,965	*17,861*	*41,330*
3	1,112	10,112	56,924	1,715	*15,594*	*56,924*
4	,893	8,116	65,039			
5	,745	6,769	71,808			
6	,660	6,003	77,811			
7	,641	5,831	83,642			
8	,581	5,286	88,928			
9	,437	3,975	92,903			
10	,410	3,731	96,634			
11	,370	3,366	100,000			

Extraktionsmethode: Hauptkomponentenanalyse

c) Die drei gefundenen Faktoren lassen sich aus der nachfolgenden Tabelle deutlich konturieren und inhaltlich füllen:

rotierte Komponentenmatrix[a]

	Komponente		
	1	2	3
V42 Gott, in dessen Augen ich kostbar und wertvoll bin	*,784*	,210	,080
V43 Gott, der mich bedingungslos annimmt	*,783*	,142	– ,071
V44 Gott, der mich stärkt und aufrichtet	*,733*	,103	,233
V45 Gott, der mit mir in Kommunikation steht	*,691*	,145	,212
V86 GB verlief belastend, weil keine Veränderung eintrat	– ,042	– *,776*	,122
V83 GB verlief geistlich wachsend	,097	*,655*	,383
V84 GB verlief befreiend	,266	*,637*	,354

a Die Rotation ist in 5 Iterationen konvergiert.

	Komponente		
	1	2	3
V15 mit der Gestaltung des Gottesbezuges auseinandergesetzt	– ,127	,058	*,761*
V24 Weite erleben	,339	,121	*,638*
V36 Gefühle des Freiwerdens weiteten ...	,208	,127	*,565*

Extraktionsmethode: Hauptkomponentenanalyse
Rotationsmethode: Varimax mit Kaiser-Normalisierung

Die ersten beiden Faktoren weisen jeweils vier Variablen mit einer *Ladung größer als 0.60* auf, was eine generalisierende Interpretation zulässt. Dabei orientieren wir uns an der Empfehlung von *Guadagnoli und Velicer:* Ein Faktor kann interpretiert werden, wenn mindestens 4 Variablen eine Ladung über 0.60 aufweisen.

Die dritte Komponente lädt – bis auf die an die Ladung von 0.60 angrenzende dritte Variable – hoch, so dass wir auch sie in unsere Interpretation mit einschließen.

Zudem ist die vorliegende Faktorenstruktur gut stabil, denn der *Stabilitätswert* liegt bei *FS = 0.914.* Läge der Wert unter 0.80, dann wäre die Faktorenstruktur (FS) nicht stabil, d.h. die Faktorenstruktur wäre nicht interpretierbar. Liegt der FS-Wert bei 0.90 und höher, dann besteht eine gute stabile Struktur, die sicher interpretierbar ist. Bei FS-Werten ≥ 0.90 handelt es sich um eine gute Übereinstimmung zwischen „wahrer“ und stichprobenbedingter Faktorenstruktur.

Nr. 39:
Da die einzelnen Variablen (Items) überwiegend asymmetrisch verteilt sind, wenden wir die Rangkorrelationsanalyse an. Nur signifikante Korrelationskoeffizienten, die größer als R = 0,300 sind, verwenden wir zur Interpretation und zur Beantwortung unserer Fragen. Korrelationskoeffizienten zwischen 0,300 und 0,500 bedeuten einen *mittel starken Zusammenhang,* und Korrelationswerte über 0,500 weisen einen *starken Zusammenhang* aus.

Nr. 40:
Der Mittelwert (3,61) der Stichprobe befindet sich in der Population bzw. Grundgesamtheit der geistlich Begleiteten mit einer Wahrscheinlichkeit von 95% in einem Konfidenz- bzw. Vertrauensintervall[16] zwischen 3,52 und 3,70. Anders ausgedrückt: Mit einer Wahrscheinlichkeit von 95% enthält das Konfidenzintervall den Mittelwert der Grundgesamtheit, der vom Stichprobenmittelwert aus geschätzt wird.

16 *Bortz,* Statistik, 101-104; *Pospeschill,* Statistische Methoden, 239 und 244f.

Nr. 41:

R =	V42 Gott, in dessen Augen ich kostbar und wertvoll bin	V43 Gott, der mich bedingungslos annimmt	V44 Gott, der mich stärkt und aufrichtet	V45 Gott, der mit mir in Kommunikation steht
V64 GB konnte Leben aus dem Glauben deuten	0,341***	0,309***	0,318***	0,296***

*** = Signifikanzniveau von 0,000; N jeweils = 152.

Nr. 42:
Das Bild von „Gott, der mich bedingungslos annimmt" (V43), korreliert signifikant mit den beiden Gottesbildern „Gott, in dessen Augen ich kostbar und wertvoll bin" (V42), und „Gott, der mich stärkt und aufrichtet" (V44). Letzteres korrespondiert stark mit dem kommunikativen Gott (V45):

R	V42	V44	V45
V43	*0,628**** N = 156	*0,506**** N = 156	0,424*** N = 156
V44	0,475*** N = 156		*0,592**** N = 156

*** = 0,000 % Signifikanz

Nr. 43:
Das Konfidenzintervall für den Mittelwert in der Population beträgt: 3,74 bis 3,87.

Nr. 44:
Das Konfidenzintervall für den Mittelwert in der Population beträgt: 3,63 bis 3,78.

Nr. 45:

R	V62	V64
V56	0,334***	0,354**

*** = Signifikanzniveau: 0,000; V62: N = 154; V64: N = 152.

Nr. 46:
Der Rangkorrelationswert beträgt R = 0,444 bei einem Signifikanzniveau von 0,000 (N = 151).

Nr. 47:
Der Mittelwert beträgt 3,43. Das Konfidenzintervall für den Mittelwert in der Population beträgt: 3,33 bis 3,53.

Nr. 48:
Der Mittelwert beträgt 3,37. Das Konfidenzintervall für den Mittelwert in der Population beträgt: 3,27 bis 3,47.

Nr. 49:

R	V55	V56
V24	0,257**	0,304***
V25		0,284***

** = Signifikanzniveau: 0,002;
*** = Signifikanzniveau: 0,000; V24–V55: N = 147; V24–V56: N = 148; V25–V56: N = 148.

Nr. 50:

R	V55	V56
V61	0,344***	0,515***

*** = Signifikanzniveau: 0,000; V55: N = 152; V56: N = 153.

Nr. 51:
Konfidenzintervall für V36: 3,37 bis 3,59
Konfidenzintervall für V33: 2,95 bis 3,25
Konfidenzintervall für V35: 2,67 bis 3,00

Nr. 52:
Konfidenzintervall für V23: 3,63 bis 3,80

Nr. 53:

R	V21	V23	V24	V25
V36	0,251** N = 137		0,326*** N = 139	0,379*** N = 138
V33			0,441*** N = 134	0,359*** N = 134
V35			0,317*** N = 129	
V32		0,437*** N = 141		

** = Signifikanzniveau: 0,003;
*** = Signifikanzniveau: 0,000.

Nr. 54:

R	V22	V24	V25
V62	0,321***	0,312***	0,306***

*** = Signifikanzniveau: 0,000; V22: N = 147;
V 24 und V 25: N = 151.

Nr. 55:

R	V61	V62	V63	V64	V65
V83	0,365*** N = 154	0,428*** N = 155	0,317*** N = 152	0,333*** N = 153	0,292*** N = 139
V84	0,413*** N = 152	0,386*** N = 153	0,395*** N = 150	0,402*** N = 151	0,391*** N = 136

*** = Signifikanzniveau: 0,000.

Der personzentrierte Ansatz und die Tradition der Geistlichen Begleitung

Plädoyer für eine Annäherung zwischen Seelsorge und Geistlicher Begleitung

Christiane Bundschuh-Schramm

Zusammenfassung: Die Seelsorge hat sich in den letzten Jahrzehnten von dem personzentrierten Ansatz *Carl R. Rogers* her profiliert und dabei ihre eigene Tradition Geistlicher Begleitung vernachlässigt. Nachdem die Geistliche Begleitung fast unabhängig davon in unseren Kirchen in Mode gekommen ist, wird es Zeit für eine Annäherung und gegenseitige Befruchtung der beiden Traditionsstränge.

Abstract: Over the last few decades pastoral care has received the person-centered approach of *Carl R. Rogers* and so created a distinctive image. At the same time pastoral care has neglected its own tradition of spiritual guidance. Since spiritual guidance has come into fashion in our churches it is about time that the two ways of tradition approach and fertilise each other.

Der personzentrierte Ansatz nach *Carl R. Rogers* und die Seelsorge sind ja seit vielen Jahren eine Art Ehe eingegangen, die entgegen der Ehe zwischen Religion und Moral bisher glücklich verlaufen ist. Meiner Wahrnehmung nach haben zwar auch andere psychotherapeutische Ansätze kurzzeitige Booms unter katholischen wie evangelischen Seelsorgerinnen und Seelsorgern[1] erlebt, aber der personzentrierte Ansatz blieb bisher die unumstrittene Königsdisziplin unter den beratenden Seelsorgern und Seelsorgerinnen.

1. Der personzentrierte Ansatz und seine Kompatibilität mit der Seelsorge

Fragt man, warum der personzentrierte Ansatz in der Seelsorge gelehrt und praktiziert wird, ergeben sich vier Gründe:

1 Ich wähle fortan meist die weibliche Form.

1.1 Der Ansatz ist bestechend einfach

Carl R. Rogers hat mit der wahrgenommenen Differenz zwischen Erfahrung und Selbstkonzept eine Nadel im Heuhaufen gefunden, die einerseits menschliches Handeln und Urteilen verstehen hilft, andererseits schon die Lösung parat hält, nämlich mehr Kongruenz zwischen Erfahrung und Selbstkonzept herzustellen. Die simple Theorie gibt sogar Aufschluss darüber, wie diese Inkongruenz entsteht, und stellt der Therapeutin Handwerkszeug zur Verfügung, wie sie jemandem helfen kann, auf mehr Kongruenz hinzuarbeiten.

Einfache Theorien haben immer etwas Bestechendes. Gerade für diejenigen, die nicht vom Fach sind, sondern psychologisches Know-how ausleihen müssen.

1.2 Rogers Menschenbild ist offen für die christliche Deutung

Carl R. Rogers eignet ein unerschütterlicher Glaube an die Kräfte der Selbstaktualisierung im Menschen. Zwar ist ihm die Realität nicht fremd, dass in jedem Menschenleben ein mehr oder weniger großer Keil zwischen Selbst und Selbstkonzept getrieben wird, aber grundsätzlich ist dieser Keil eine Außenwirkung, der, wenn die Persönlichkeitsentwicklung ideal verlaufen würde, nicht entstehen müsste oder zumindest von Anfang an oder im späteren Leben minimiert werden kann.

Dieser Glaube an das Gute im Menschen deckt sich mit der christlichen Schöpfungstheologie: creatio bona, die Schöpfung ist gut. Biblisch und dogmatisch erhält sie ein Prädikat, eine Bewertung: gut bzw. sehr gut. „Gott sah alles an, was er gemacht hatte: Es war sehr gut“ (Gen 1,31). Die Kirche „glaubt fest und bekennt, dass jedes Geschöpf Gottes gut ist“[2], heißt es im Text des Konzils von Florenz (1439–1445).

Nicht berücksichtigt sind dabei die christliche Theologie von der Erbsünde und die Frage nach der Existenz des Bösen im Menschen. Doch was theoretisch offen bleibt und möglicherweise zwischen *Carl R. Rogers* und christlicher Theologie nicht vereinbar ist, wird in der Praxis der Seelsorge überwunden. Die

2 DS 1350.

Seelsorgerin „muss praktisch“ an das Gute im ratsuchenden Gegenüber und an seine Wachstumsmöglichkeiten glauben – sozusagen gegen alle äußeren und inneren Anfechtungen im Gegenüber.

1.3 Die Mittel des personzentrierten Ansatzes sind keine Technik

Fragt man, wie ein Mensch zu mehr Selbstkongruenz gelangt, ergeben sich fünf notwendige und hinreichende Bedingungen. Zwar werden diese in der Regel auf die drei bekannten Gesprächsvariablen reduziert, aber vor allem die erste Bedingung ist von entscheidender Bedeutung: Zwei Personen befinden sich in Kontakt. Die Beziehung zwischen Ratsuchender und Beraterin bzw. Seelsorgerin sind Basis und Ziel der drei Gesprächsvariablen. Dabei ist die empirisch erhärtete Theorie einfach: Wer eine zwischenmenschliche Beziehung wertschätzend, einfühlend und echt erlebt, kann zu sich selber, zu seinem eigentlichen Selbst diese qualitative Beziehung aufnehmen, sprich zu sich selber wertschätzend, ehrlich und einfühlend verstehend sein. Ich glaube, dass intuitiv die Nähe zur Qualität der Gottesbeziehung für Seelsorger und Seelsorgerinnen gegeben war. In der Beziehung Gottes zu jedem einzelnen Menschen geht es auch um Wertschätzung, Verstehen und Transparenz. Genau diese Entsprechung (bei gleichzeitiger Divergenz) der Beziehung Mensch – Mensch zur Beziehung Gott – Mensch und umgekehrt, machte den personzentrierten Ansatz zu *dem* Anknüpfungspunkt der Seelsorgerinnen. Die Seelsorgerin kann gleichsam die Bedingungen gelingender Beziehung in der Gottesbeziehung üben und in der Seelsorge anwenden.

1.4 Der personzentrierte Ansatz ist nondirektiv

Diese Eigenschaft kam der Seelsorge gerade recht. Denn man wollte auch als Seelsorger und Seelsorgerin nondirektiv sein. Man wollte nicht missionieren, man wollte keinen Glauben verkaufen, man wollte nicht auf menschliche Probleme mit Bibel und Gebet reagieren, man wollte stattdessen zuhören, sich zurückhalten, menschlich präsent sein und sich eher nicht unterscheiden vom säkularen Berater. Nach einer Vergangenheit direktiver Glaubensunterweisung in den großen Kirchen war der nondirektive Ansatz *Carl R. Rogers* wie eine Befreiung von einer bevormundenden Kirche, die spätestens nach 68 obsolet geworden war.

Alle vier Faktoren haben den Siegeszug des personzentrierten Ansatzes begründet und gleichzeitig ein Problem generiert: Was ist das Spezifikum der Seelsorge, die den personzentrierten Ansatz adaptiert und doch einer eigenständigen Begründung bedarf? Der psychologische Kompetenzgewinn als Seelsorgerin ging nicht mit einem klareren Selbstverständnis einher. Die Profession des psychologischen Beraters wurde höher eingeschätzt als die eigene Kompetenz als Theologin und Seelsorgerin.

Gerade das nondirektive Kennzeichen der Seelsorge nach *Carl R. Rogers* brachte die Seelsorger und Seelsorgerinnen in die Defensive, wobei diese zunächst bewusst gewünscht war. Die Konzepte einer Seelsorge nach *Rogers* verlegten sich auch eher auf das Implizite: der Seelsorger, die Seelsorgerin wussten zwar um Gott, konnten oder wollten von ihm aber nicht reden. Der Seelsorger, die Seelsorgerin nahmen die andere zwar als Kind Gottes wahr, schwiegen sich darüber aber aus. So kommt es z.B. in Seelsorgesituationen immer wieder vor, dass der Klient oder die Klientin ein Ritualgebet einklagt, während die Seelsorgerin sich das von sich aus nicht traute oder die Möglichkeit des Gebets ihr gar nicht in den Sinn käme.

2. Seelsorge im Dilemma

Der personzentrierte Ansatz brachte unbestritten einen Qualifizierungsschub in der Seelsorge und bei den Seelsorgerinnen und Seelsorgern, die sich darin übten. Trotzdem brachte er die Seelsorge auch in das Dilemma, ihre Identität aus der Fremdprofession zu beziehen und die eigenen professionellen Fähigkeiten eher zu unterlassen: Mit der Ratsuchenden zu beten, einen Segen für die Ratsuchende oder den Ratsuchenden zu sprechen, ihr von Gott zu erzählen, ein persönliches Glaubenszeugnis zu geben, die Bibel aufzuschlagen und eine lebensnahe

Perikope ins Spiel zu bringen, mit theologischen Topoi zu trösten, zu ermutigen und zu korrigieren – das war in der entritualisierten Nach-68er-Ära und bei ihren Vertreterinnen und Vertretern, zu denen viele Seelsorgerinnen und Seelsorger gehörten, nicht besonders gefragt.

In der kirchlichen Kursarbeit bei Aus- und Fortbildungen wurde dieses Dilemma sichtbar, indem die Frage nach dem Spezifikum der Seelsorge am Rande oder überhaupt nicht erwähnt wurde. Eine Seelsorgeausbildung innerhalb der Kirche war zumindest bei einigen Angeboten von einer Gesprächsführungsausbildung im säkularen Kontext kaum zu unterscheiden.

Auch in unseren eigenen kirchlichen Kursangeboten haben wir eine Entwicklung durchgemacht, die als Weg von der seelsorglichen Gesprächsführung zur personzentrierten Seelsorge bis hin zur personzentrierten Geistlichen Begleitung beschrieben werden kann. Sowohl theoretisch als auch praktisch haben wir die Frage nach der Seelsorge und ihrem ureigenen Beitrag immer konsequenter betrieben.[3]

2.1 Die fünf Gesprächsbedingungen als seelsorgliche Kompetenz

So haben wir theoretisch versucht, die fünf hinreichenden und notwendigen Bedingungen gelingender Seelsorgebeziehung theologisch und spirituell zu lesen. Neben der beratenden Kompetenz postulieren wir eine seelsorgliche Kompetenz, die sich in folgenden fünf an *Carl R. Rogers* angelehnten Bedingungen manifestiert.

2.1.1 Drei Personen befinden sich in Kontakt und in Distanz

Seelsorge ist ein Beziehungsgeschehen zwischen Seelsorgerin, Ratsuchendem und Gott. Die Seelsorgerin glaubt an diesen Gott als einen, der mit ihr und mit dem Ratsuchenden in Beziehung *ist.* Diese Beziehung umschließt auch die Erfahrung,

3 Am Institut für Fort- und Weiterbildung der kirchlichen Dienste in der Diözese Rottenburg-Stuttgart bieten *Thomas Leyener* und ich seit zehn Jahren entsprechende Ausbildungen an.

dass Seelsorgerin, Ratsuchender und Gott füreinander immer Geheimnis und einander immer fremd bleiben.

2.1.2 Der Ratsuchende befindet sich in einem Zustand der Inkongruenz und der Erlösung

Der Ratsuchende befindet sich in einem Zustand der Inkongruenz zwischen Selbstkonzept und Erfahrung und muss daher Erfahrungen entstellen oder verleugnen. Er ist verletzlich und voller Angst. Für die Seelsorgerin befindet sich der Ratsuchende aber auch und mit all seinen Widersprüchen im Zustand der Erlöstheit durch Gott. Diese Erfahrung bewahrt die Seelsorgerin davor, den Ratsuchenden heilen zu müssen und zu können.

2.1.3 Die Seelsorgerin begegnet dem Ratsuchenden mit spiritueller Wertschätzung

Die Seelsorgerin erfährt den Ratsuchenden als einen von Gott geliebten Menschen, der auch in seinen leidvollen und schädigenden Einstellungen und Handlungen von Gott angenommen ist. Die Seelsorgerin sieht daher ihre bruchstückhafte Wertschätzung von der vollkommenen Wertschätzung Gottes umfangen, die Gott dem Ratsuchenden und der Seelsorgerin entgegenbringt. Spirituelle Wertschätzung meint auch, den anderen in seiner Fremdheit und Unergründlichkeit anzunehmen, ohne diese Fremdheit aufheben zu wollen und zu können, denn in ihr begegnet auch der unergründliche Gott.

2.1.4 Die Seelsorgerin begegnet dem Ratsuchenden mit spiritueller Empathie

Die Seelsorgerin will die innere Welt der Empfindungen und Gefühle des Ratsuchenden verstehen und nachfühlen. Sie erfasst die Erlebnisse und Gefühle des anderen gerade als dessen eigene und besondere Welt, in der Christus so und nur so begegnet. Indem die Seelsorgerin sich in die subjektive Welt des Ratsuchenden einfühlt, aktualisiert sie bruchstückhaft und stellvertretend das einfühlende Verstehen Gottes, der sich auf den Menschen in seinem Sosein einlässt und vor keinem Gefühl und vor keinem Abgrund zurückschreckt. Zur spirituellen Empathie gehört auch die Achtsamkeit der Seelsorgerin für religiöse Empfindungen und Gefühle in ihrem inneren Bezugsrahmen sowie dafür, sich in die subjektive Welt eines anderen nur begrenzt einfühlen zu können.

2.1.5 Die Seelsorgerin begegnet dem Ratsuchenden mit spiritueller Echtheit

Spirituelle Echtheit ist gelebte und geglaubte Erlöstheit, die sich in der Beziehung realisiert. Die Seelsorgerin empfindet sich so, wie sie ist, in der aktuellen Beziehung von Gott geliebt und angenommen und kann sich daher unmittelbar selbst annehmen. Sie hat Zugang zu ihren eigenen Empfindungen und Gefühlen und kann sie kommunizieren, sofern es für die Beziehung hilfreich und notwendig ist. Sie ist auch sensibel für ihre religiösen Empfindungen und Gefühle und kann sie in das Gespräch einbringen. Sie kann davon sprechen, wie sie Gott in dieser Beziehung erlebt und wie sie versucht, Gott (hinter allen Bildern und durch die Bilder hindurch) echt sein zu lassen. Zur spirituellen Echtheit gehören auch die Rebellion gegen das erfahrene Leid des Ratsuchenden im Namen Gottes, der Versuch, dem Ratsuchenden auf seinem Weg, kongruenter zu werden, zu helfen, und der Glaube, dass der Ratsuchende vor Gott kongruent ist, in der Welt aber beide – Seelsorgerin und Ratsuchender – nie vollkommen erlöst sein werden.

Der Ratsuchende nimmt zumindest in geringem Ausmaße die dritte und vierte Bedingung wahr, nämlich die spirituelle Wertschätzung und die spirituelle Empathie der Seelsorgerin. Die Seelsorgerin vertraut aber auch darauf, dass Gottes Wertschätzung und Empathie über die Möglichkeiten der Seelsorgerin hinaus in der Beziehung für den Ratsuchenden spürbar werden.

2.2 Praktische Übungen zur seelsorglichen Kompetenz

Diese Lesart der fünf hinreichenden und notwendigen Bedingungen menschlicher Beziehung im Kontext Seelsorge unterstützt die Seelsorgerinnen, ein eigenes Selbstverständnis ihrer seelsorglichen Kompetenz aufzubauen und nicht nur nach der psychologischen Fremdkompetenz zu schielen. Gleichzeitig entstand aber die Frage, inwieweit sich die spirituelle Wertschätzung, Empathie und Echtheit auch praktisch realisieren lassen, inwieweit sie also nicht nur das Bewusstsein der Seelsorgerin und ihre Motivationslage prägen, sondern ihr konkretes Reden und Handeln im Seelsorgegespräch.

Konsequent waren daher unsere Bemühungen und Experimente in der Kursarbeit, auf die theologische, religiöse und symbolisch-rituelle Tradition des Christlichen zurückzugreifen und sie explizit in die Seelsorge einzubeziehen. So wie die Gesprächsvariablen nach *Rogers* geübt werden müssen, so muss auch die Einbeziehung religiös-symbolischer Elemente in das personzentrierte Seelsorgegespräch trainiert werden. Daher betrieben wir in unserer Kursarbeit in den Übungsgesprächen Experimente zur symbolisch-rituellen Verdichtung durch die Seelsorgerin. In kleinen Gesprächsreihen während einer Kurswoche wurden die Teilnehmenden angeleitet, biblische Geschichten oder Figuren zu wählen, die sie ins Gespräch einbringen wollten, um der Ratsuchenden eine Verstehens- oder Symbolisierungsfolie zu bieten. Die Teilnehmenden sollten Symbolhandlungen überlegen, die sie im Gespräch verwenden oder einüben konnten oder die sie der Ratsuchenden an die Hand geben sollten. Bei diesen Experimenten wurde die Seelsorgekonzeption praktisch. Die eigene theologische und symbolisch-rituelle Tradition und Kompetenz waren gefragt, das eigene theologische Know-how konnte eingebracht werden. Dabei verstanden wir diese Praxis nie gegen den personzentrierten Ansatz, sondern immer in Kompatibilität mit den drei Gesprächsvariablen bzw. den fünf notwendigen und hinreichenden Bedingungen gelingender Beziehung in der Seelsorge.

2.3 Seelsorgliche Kompetenz und Geistliche Begleitung in Konkurrenz

Das Dilemma der Seelsorge zeigte sich auch darin, dass fast unabhängig von der Tradition des personzentrierten Ansatzes in der Seelsorge eine Renaissance der Tradition Geistlicher Begleitung in den Diözesen einsetzte. Während in den Seelsorgekursen Selbsterfahrung, Großgruppensetting und Gespräche Üben an der Tagesordnung waren, kamen diese in den Ausbildungen zur Geistlichen Begleitung kaum vor. Umgekehrt wurden in den Kursen zur Geistlichen Begleitung die christlichen Traditionen der Begleitung eingeholt, die in den Seelsorgekursen kaum eine Rolle spielten. In manchen Diözesen wurden und werden entsprechende Kursangebote nebeneinander und unabhängig voneinander angeboten, nicht selten konkurrieren die Angebote miteinander.

3. Der personzentrierte Ansatz und die Geistliche Begleitung

Für unser Kursangebot in der Diözese Rottenburg-Stuttgart war es eine konsequente Fortentwicklung, seit 2005 „Personzentrierte Seelsorge und Geistliche Begleitung“ in einem gleichnamigen Intervallkurs zu verbinden. Das Spezifikum dieses Kurses besteht darin, dass das persönliche geistliche Wachstum, das Gesprächstraining und die Begleitung geistlicher Wachstumsprozesse in Theorie und Praxis gleichgewichtig behandelt werden. Die Tradition der Kursarbeit nach *Carl R. Rogers* sichert die hohe Achtsamkeit auf das supervidierte Gesprächstraining in kleinen und größeren Gesprächsreihen. Konkret müssen während der Kursphase zusätzlich zu den üblichen Einmalberatungen zwei externe Personen mit je sechs Gesprächen über einen Zeitraum von je einem halben Jahr begleitet werden. Die jahrelange Erfahrung in Gesprächsführungskursen prägt auch die beibehaltenen Settings zur Selbsterfahrung in der Großgruppe. Sie werden ergänzt durch persönliche geistliche Übungen und geistliche Selbstreflexion in der Einzelarbeit, in der Kleingruppe und in der Geistlichen Begleitung. Ein Desiderat sind noch Settings zur geistlichen Selbsterfahrung in der Großgruppe. In dieser Hinsicht wollen wir im nächsten Kurs experimentieren, denn die geistliche Selbst- und Fremdeinschätzung in Gruppen unterschiedlicher Zusammensetzung ist eine Zukunftsaufgabe für Kirche überhaupt. Wo gibt es Foren, wo Menschen ihre spirituellen Fort- und Rückschritte moral- und leistungsfrei besprechen und sich durch andere rückmelden lassen können, wie sie selbst und ihre Bemühungen um eine geistliche Identität wahrgenommen werden?

Die spezifische Dynamik in der Kursentwicklung der letzten Jahre führte seit 2005 dazu, die Tradition der Geistlichen Begleitung explizit aufzunehmen und Seelsorge als Begleitung auf dem geistlichen Entwicklungsweg zu begreifen. Die grundsätzliche Zielperspektive und die konkreten Anleitungen in der Geistlichen Begleitung der Tradition geben der Seelsorge ihr spezifisches Profil. Umgekehrt wird die alte kirchliche Tradition der Geistlichen Begleitung durch die Verbindung mit dem Therapieansatz von *Carl R. Rogers* für die heutige Pastoral transformiert und praktisch zugänglich, ohne dass geistliches Lebenswissen zu einer Doktrin werden kann, die ein Begleiter einer zu Begleitenden verordnet.

3.1 *Parallelen zwischen der Tradition der Wüstenväter/-mütter und dem Therapieansatz von Carl R. Rogers*

Regina Bäumer und *Michael Plattig* haben die Seelenverwandtschaft zwischen der Geistlichen Begleitung in der Zeit der Wüstenväter/-mütter und dem personzentrierten Ansatz nach *Carl R. Rogers* wissenschaftlich aufgearbeitet.[4]

Sowohl die Wüstenväter als auch *Rogers* gehen davon aus, dass Persönlichkeitsentwicklung bzw. geistliches Wachstum möglich sind. Diesen Glauben an die positiven Entwicklungsmöglich-

4 *Regina Bäumer/Michael Plattig,* Aufmerksamkeit ist das natürliche Gebet der Seele. Geistliche Begleitung in der Zeit der Wüstenväter und der personzentrierte Ansatz nach Carl R. Rogers – eine Seelenverwandtschaft?!, Würzburg 1998. Die folgenden Zitate sind dem Nachdruck des Instituts für Spiritualität der PTH Münster aus dem Jahr 2005 entnommen. Die Seitenzahlen der beiden Ausgaben stimmen nicht überein.

keiten des Menschen begründet *Rogers* mit seiner langjährigen Erfahrung mit zahlreichen Menschen in Therapieprozessen. „Bei den Wüstenvätern gründet sich dieser Glaube auf die gläubige Annahme der Zusage von Gottes Barmherzigkeit und dass Gott selbst dem Menschen die Umkehr zutraut immer und immer wieder“[5].

Eine weitere Parallele besteht darin, dass das Subjekt im therapeutischen Prozess wie in der Geistlichen Begleitung die zu Begleitende selber ist. Die Klientin selber muss die Schritte hin zu mehr Freiheit und Kongruenz gehen, wobei *Rogers* diese Schritte durch die Aktualisierungstendenz jedes Menschen, die Wüstenmütter sie durch die Führung durch den Geist ermöglicht sehen. „Die Rede vom Wirken des Geistes oder von der innewohnenden Gnade ist im Christentum der Versuch, eine Wahrnehmung, eine Erfahrung in Worte zu fassen, die von einer positiven Grundströmung im Menschen ausgeht“[6]. *Rogers* wiederum fasst im Begriff der Aktualisierungstendenz psychologisch, was er als positive Entwicklungstendenz in den Therapien wahrgenommen hat. „Zugespitzt ließe sich mit Einschränkung formulieren: Gottes innere Führung wird psychologisch erfahren in der dem menschlichen Wesen eigenen Tendenz, seine Fähigkeiten zu entfalten und zu entwickeln“[7].

Eine weitere Parallele eruieren *Regina Bäumer* und *Michael Plattig* in der empirisch erwiesenen These, dass Veränderung auf Seiten des Klienten bzw. des zu Begleitenden durch eine qualifizierte Beziehung geschieht. Nicht der Therapeut und auch nicht die Geistliche Begleiterin machen die Veränderung, sondern sie geschieht im „konkreativen“[8] Prozess zwischen Klientin und Therapeutin bzw. Altvater und Schüler. Wichtig ist dabei, dass die Perspektive der Beziehung auf der Gegenwart liegt. In dieser Gegenwärtigkeit sind die Gesprächsvariablen zu realisieren, die ebenfalls parallelisiert werden können: Was *Rogers* mit Echtheit beschreibt, heißt bei den Wüstenmüttern Herzens-

5 *Bäumer/Plattig,* Aufmerksamkeit, 110.

6 Ebd., 111.

7 Ebd., 112.

8 Vgl. *Heinrich Rombach,* Strukturanthropologie, Freiburg i.Br. 1987, besonders 392f.

erkenntnis und Apatheia. Die bedingungslose, positive Zuwendung bei *Rogers* entspricht der Sanftmütigkeit bei den Wüstenvätern. Die Empathie, das einfühlende Verstehen, ist bei den Wüstenmüttern zu entdecken, wenn sie von der Herzenserkenntnis als einer Fähigkeit sprechen, dem anderen ins Herz zu schauen und die hintergründigen Anteile der Person zu entdecken, ohne dabei die eigene Distanz zu den Empfindungen und Bewertungen des anderen zu verlassen. Auch die Wüstenväter setzen keine Technik ein, sondern arbeiten mit ihrer personalen geistlichen Kompetenz.

Gesprächspsychotherapie und Geistliche Begleitung in der Tradition der Wüstenväter gehen von einem lebenslangen persönlichen Entwicklungsprozess aus, dessen Ziel – „fully functioning person" (*Carl R. Rogers*) und Gottesschau (Tradition der Wüstenmütter) – annäherungsweise erreichbar und nie vollständig einholbar ist. Dieses Ziel ist bei den Wüstenvätern nur über die Selbsterkenntnis und auch bei *Rogers* nur über eine realistische Selbsteinschätzung annähernd erreichbar.

Auch *Peter Köster* entwickelt ein Konzept Geistlicher Begleitung in Kompatibilität zum personzentrierten Ansatz *Carl R. Rogers*. Dem Ansatz des Ignatius von Loyola verpflichtet, entdeckt *Peter Köster* eine Parallele in der Achtsamkeit auf die inneren Regungen. „In dem Maß, wie der Exerzitienbegleiter die inneren Vorgänge im Übenden erfasst und verstehend aufnimmt, bringt er ihn dazu, diese Erfahrungen immer mehr zu erlauschen. Er hilft ihm, seine eigene Realität tiefer und freier zu erleben und anzunehmen"[9]. *Köster* beschreibt an *Carl R. Rogers* angelehnte bestimmte Grundhaltungen und Verhaltensweisen, die die Begleiterin benötigt, um dementsprechend hilfreich zu sein: Einfühlendes Zuhören, Respekt und Echtheit.[10]

9 *Peter Köster*, Einführung in die Praxis geistlicher Begleitung. Eine Orientierung für Begleiter und Begleiterinnen, Books on Demand 2002, 23.

10 Vgl. ebd., 23–26.

3.2 Seelsorge als Geistliche Begleitung in pluraler Gestalt

Regina Bäumer und *Michael Plattig* kommen zu dem Ergebnis, dass in der Gesprächspsychotherapie und in der Geistlichen Begleitung „nur" das Setting verschieden ist. In beiden Begleitungsformen kann es sich um den gleichen Prozess handeln, in der einen aber wird er als therapeutischer Prozess, in der anderen als geistlicher Prozess gedeutet. Dieser Deutungsunterschied liegt zwischen personzentrierter Seelsorge und geistlicher Begleitung nicht vor.

Ich plädiere daher dafür, keine Trennlinie mehr zwischen Seelsorge und Geistlicher Begleitung zu ziehen, sondern die personzentrierte Seelsorge von der Geistlichen Begleitung her und die Geistliche Begleitung von der jüngeren, aber immerhin auch schon 30jährigen Tradition personzentrierter Seelsorge her zu profilieren.

Seelsorge als Geistliche Begleitung sieht jeden Prozess persönlichen Wachstums als spirituellen Entwicklungsweg und bietet ihr symbolisches Sprach- und Handlungsrepertoire an, um diesen Prozess zu fördern. Die Spiegelung der Erfahrung des Klienten in einer biblischen Figur (allen voran die Familie Jesu), die Verdichtung der Frage der Ratsuchenden in einer biblischen Geschichte, die Übung der Tagesbetrachtung, die Übung spiritueller Grundhaltungen, das Hören auf Gottes Wort in der Stille, die Tradition der Unterscheidung der Geister – all dies können hilfreiche und prozessunterstützende Angebote sein, die die Seelsorgerin im Begleitungsgespräch anbietet.

Geistliche Begleitung als personzentrierte Seelsorge verbietet sich aufgesetzte spirituelle Ratschläge, sondern versucht in die Lebensthemen der Klientin einzutauchen und Gottes Heilsangebot für diese konkrete Lebensrealität anzubieten. Geistliche Begleitung als Seelsorge überlässt die Führung der Ratsuchenden und dem Heiligen Geist und vermeidet so, selbst die geistliche Führung zu übernehmen. Geistliche Begleitung als Seelsorge hat die Chance, Anleitungen zum geistlichen Üben pluraler zu verstehen und anzubieten, als dies die bevorzugte Geistliche Begleitung nach *Ignatius von Loyola* tun konnte.

Eine Trennung zwischen Lebensthemen für die Seelsorge und geistlichen Themen für die Geistliche Begleitung, wie sie bisher mehr salopp als reflektiert vorgenommen wird, wäre aus pastoraler Sicht fatal – geht es doch einer zukunftsfähigen Pastoral darum, den Glauben an die Lebensthemen pluraler Milieus anzuschließen. Als Seelsorgerinnen und Seelsorger haben wir keine andere (spezifische) Kompetenz als die geistliche Perspektive auf alle Fragen und Themen eines je konkreten Lebens. Gerade zukünftige Pastoral muss daher darauf aus sein, die Segmentierung unterschiedlicher Lebenswelten in den einzelnen Individuen aufzulösen zugunsten eines Netzes unterschiedlicher Lebensorte, die im eigenen Selbst verbunden sind. Können wir unseren Gott in das Leben der Menschen hineinbuchstabieren, so dass sie ihn als präsent und verborgen, heilend und verheißend erleben können? Sind wir fähig, die Anwesenheit Gottes in jedem noch so schwierigen Lebensschicksal wahrzunehmen und sichtbar zu machen, so dass die Klientin uns als Zeuginnen und Zeugen eines heilbringenden Gottes erleben kann? Die Anschlussfähigkeit des Glaubens an das plurale Leben der Menschen und umgekehrt die Anschlussoffenheit pluraler Lebenssituationen für die Dimension der großen Transzendenzen *(Thomas Luckmann)* sind *die* Zukunftsaufgaben christlicher Religion und Kirche, und es ist vielleicht sogar gut, dass wir als Seelsorgerinnen die Antworten nicht parat haben. Dann sind wir offen für einen gemeinsamen Suchprozess nach dem Gott, der in dieser Welt und in ihren pluralen Lebensentwürfen gegenwärtig und verborgen ist.

Die Gestalt personzentrierter Seelsorge und Geistlicher Begleitung wird zukünftig mehr denn je plural sein, ebenso die Anlässe, die konkreten Lebenssituationen und -themen. Weder die Seelsorge noch die Geistliche Begleitung sollte sich in Zukunft anmaßen, dass es so und nur so geht. Wenn Gott viele Wege und Wohnungen bereithält, dann müssen auch personzentrierte Seelsorge und Geistliche Begleitung viele Möglichkeiten bereithalten, Menschen ein kleines Stück Weg auf ihrem langen Lebensweg wachstumsorientiert zu begleiten.

Geistliche Begleitung auf dem Weg zu gelingendem Leben

Impulse aus dem Ordensleben heute

Agnes Lanfermann MMS

Zusammenfassung: Das Leben als Ordenschristinnen und Ordenschristen beinhaltet eine bestimmte Weise der Gottsuche in allen Lebensvollzügen. In den Gelübden entscheiden sie sich, Prioritäten zu setzen. Sie leben in Gemeinschaft und sind herausgefordert, ihre Sendung eng an ihr Sein zu knüpfen. Grundsätzlich kritisch gegenüber allen ‚irdischen' Beweggründen sind sie ‚Zeichen des Widerspruchs' durch die Zeiten hindurch. Ihr Leben enthält auch heute noch wichtige Impulse für geistliche Begleitung.

Abstract: Religious Life is a specific way of searching for God. In living the vows women and men decide to set priorities. Living in community they are challenged to understand their mission primarily as a way of being. In principle they take a critical stance especially in asking why things are happening. Through the times they have been a ‚sign of contradiction'. Until today religious life can give essential input for spiritual accompaniment.

1. Einleitung

Schon immer waren Ordensfrauen und Ordensmänner gesuchte Wegbegleiter für Menschen auf der Suche nach gelingendem Leben und Gott. Heute sind Geistliche Zentren von Orden[1] oder Geistliche Zellen gefragte Orte, wo Menschen Impuls und Weggemeinschaft suchen, „Heimat" für ihre Spiritualität.

1 Dieser Beitrag benutzt den weit verstandenen Begriff „Orden" und meint damit auch die monastischen Gemeinschaften. Vgl. *Stefan Kiechle,* Consecratio – Communio – Missio. Die drei Grundelemente des Ordenslebens, in: *Margareta Gruber/Stefan Kiechle* (Hg.), Gottesfreundschaft. Ordensleben heute denken, Würzburg 2007, 51–71, hier 53.

Das Charisma zur geistlichen Begleitung ist Christen in allen Lebensformen gegeben. Der je eigene Weg der Gottsuche und die Erfahrungen von Gottesnähe und Gottesferne qualifizieren Menschen mit Begleitungskompetenz, andere auf ihrem Weg der Gottsuche zu begleiten, der hoffentlich zu einem ‚mehr' an Leben führt.

2. Ordensleben – Provokation vor Ort

Ordensleben ist provokativ und herausfordernd. Frauen und Männer, die diese Weise der Nachfolge wählen, wollen lebendige Zeichen der Erinnerung an Jesus sein, der sich Gott und seiner Liebe ganz hingab.

2.1 Gottsuche – Grundmotiv gelingenden Lebens

Weder die Arbeit noch die Kontemplation, weder das gemeinsame Leben noch die Sendung und auch nicht die gelebte Gastfreundschaft mit Fremden und soziale oder pastorale Superprojekte machen das Ordensleben aus. Entscheidend ist die Suche nach Gott. Sie ist Motiv, Ziel und Kriterium für das Ordensleben jedweder Couleur, tiefster Grund, der trägt und bewegt. Sie gibt den langen Atem und bestimmt den Weg in Gemeinschaft und Sendung.

Ordenschristen binden sich in ritueller Lebensweihe an Gott. Sie wollen Gottes ‚voll' werden, Gott ‚voll kommen' lassen in sich selbst und durch ihr Sein in der Welt. Wesentlich ist das Dasein, das Hingabe und Bekenntnis mit Leib, Geist und Seele einschließt.[2]

Dies ist mehr als eine intellektuelle Auseinandersetzung. Ihr geht die Erfahrung voraus, dass Gott sich nach dem Menschen sehnt, mehr noch, dass Gott im Menschen leben, wachsen, Wohnung nehmen will. Die Suche nach Gott wächst zur Ant-

2 Vgl. *Michael Hochschild,* Hochzeit der Orden, Münster 2005, 68ff.

wort in der Sehnsucht nach Gott, Gott inne zu werden.[3] Dabei ist erfahrbar, dass letztlich Gott als Urgrund allen Lebens geheimnisvoll bleibt: zutiefst anziehend und bis auf den Seelengrund erschütternd; sich allem Verstehbaren entziehend und den nackten Glauben herausfordernd.

Orientierung gibt Jesus Christus, der den Weg des ‚Gott innewohnen Lassens' in seinem Leben gegangen ist. So verstehen sich Ordenschristinnen und Ordenschristen auf ihrem Weg ins Leben immer auch in der ‚Nachfolge Jesu'. Sie erfahren sich als Schwester oder Bruder Jesu, eingebunden in Jesu vertrauensvolle Beziehung zu seinem ‚Vater'.

Die Gottsuche in der Nachfolge Jesu ist immer anders, entsprechend den Lebensaltern und persönlichen Erfahrungen im Alltag in Kontakt mit der Welt. Auf der Suche werden je neue Räume eröffnet, mal hell erleuchtet, mal im Dunkeln verbleibend. Diese halten Worte und Klänge bereit, die gehört und hörbar gemacht werden wollen, Symbole, die neue Botschaften beinhalten und danach drängen, sich in Lebens- und Verhaltensweisen zu integrieren.

Die Gottsuche ist inneres Leitkriterium für Entscheidungen über Strukturen und Formen des persönlichen und gemeinschaftlichen Gebetes, des Miteinanders und der Sendung mit der Frage: Dient es der persönlichen und gemeinschaftlichen Gottsuche oder hindert es?

Die Radikalität der Entscheidung, das Kriterium der Gottsuche über alles zu stellen, lässt zuweilen unpopuläre bis unverständliche Lösungen heranreifen, die in einen Widerspruch zu gesellschaftlich gewohnten Werten führen können wie z.B. der Machbarkeit, der Effizienz und des ökonomischen Denkens.

Da die Gottsuche das ganze Leben prägt, eröffnet die Bindung an sie die Freiheit, eine Lebenskultur mit eindeutigen Optionen zu entwerfen, diese öffentlich zu machen und dafür Rechenschaft abzulegen.

3 Vgl. *Mirjam Schambeck,* Die Gottessehnsucht – Motiv und Horizont des Ordenslebens, in: *Gruber/Kiechle,* Gottesfreundschaft, 80–110.

2.2 *Leben in Gelübde – eine Kultur der Entschiedenheit in bindungsarmen Zeiten*

Das Leben nach den evangelischen Räten in den Gelübden[4] der Armut, des Gehorsams und der ehelosen Keuschheit ist ein Charakteristikum von Ordenschristinnen und Ordenschristen. Die Gelübde bilden den Rahmen für die Kultivierung des Alltagslebens in der Nachfolge Jesu und artikulieren, wie eine dauerhafte und totale Hingabe im Alltag ganzheitlich gelebt werden kann, ohne etwas auszusparen. Sie nehmen die Grundsehnsüchte der Menschen nach Besitz, gelebter Sexualität und Selbstbestimmung zum Ausgangspunkt ihrer Hingabe[5] und entwickeln daraus eine Kultur der Lebendigkeit, damit die Kräfte des Liebespotentials, des Besitzinstinkts und des Wunsches nach Macht aktiviert und fruchtbar werden für die Hingabe an Gott.

Gelübde zu leben ist ein lebenslanger dynamischer Prozess, denn die Grundsehnsüchte des Menschen zeigen sich in jedem Lebensalter anders. Gelübde zu leben bedeutet natürlich auch den Verzicht auf Besitz, geteilte Liebe in Partnerschaft und Ehe, Fruchtbarkeit in eigenen Kindern, Selbstbestimmung und Macht. Aber im Verzicht wächst neue Energie für anderes.

Auf diesem Weg gibt es Abbrüche, Umwege und Stillstand. Deshalb ist ein Ja zur eigenen Gebrochenheit und Unzulänglichkeit erforderlich, ebenso eine gute Unterscheidung der Geister, ob das Leben in Gelübden zu gelingendem Leben für die einzelnen führt oder nicht. Gelübde zu leben lädt im biblischen Sinne immer zu einer Umkehrbewegung ein. Ihre Optionen stehen so sehr im Widerspruch zu Gewohntem, dass sich unmerklich und leise gängige gesellschaftliche Trends einschleichen können, die so ‚vernünftig' erscheinen. Deshalb ist regelmäßige Selbstreflexion sowie die gemeinsame Suche nach Glaubwürdigkeit unerlässlich.[6]

4 Beachte: Gemeinschaften haben unterschiedliche Formulierungen und Akzentsetzungen.

5 Vgl. *Paul M. Zulehner,* Leibhaftig glauben. Lebenskultur nach dem Evangelium, Freiburg i.Br. 1983.

6 Vgl. *Anneliese Herzig,* Lebenskultur nach den evangelischen Räten. Antwort – Symbol – Gestaltungsprinzip, in: *Gruber/Kiechle,* Gottesfreundschaft, 72–87.

2.3 Leben in Gemeinschaft – eine Herausforderung in individualisierter Gesellschaft

Für ein Ordensleben ist ein Leben in Gemeinschaft konstitutiv, wenn auch in unterschiedlichen Gemeinschaftsmodellen. Meist geschieht dies in der Weise des ‚Wohnens unter einem Dach', immer aber im Teilen von wesentlichen Lebensvollzügen. Geteilt wird Leben in allen Phasen, Freude und Leid, Gottsuche und Erfahrungen in Licht und Dunkel, Fragen und Ringen, Zweifel, Hoffen und Planen für die Zukunft.

Vorrangig ist der Glaube, dass Gott die einzelnen in die Gemeinschaft zusammen führt. Jede Gemeinschaft weiß sich hinein genommen in das göttliche Beziehungsgeschehen – so, dass sie von Gott ausgeht und durch ihre Weise der Nachfolge im Geiste Gott als ‚Gott in Beziehung' in der Welt präsent macht, und zwar im Sinne einer gemeinsamen Berufung und Sendung.

Da alle in der Gemeinschaft letztlich auch einzeln leben, muss jede Gemeinschaft eine Kultur entwickeln, die das Potential der Einsamkeit kreativ nutzt sowie das Leben in Beziehung so gestaltet, dass es fruchtbar wird in der gemeinsamen Sendung. Es gilt eine gute Balance zwischen Nähe und Distanz, An- und Abwesenheit, Austausch und Eigenreflexion, Arbeit und Freizeit, Öffnung für Gäste und ‚Klausurbegrenzung', zwischen persönlichem und gemeinschaftlichem Gebet zu finden. Dabei ist zu berücksichtigen, dass die Bedürfnisse in den Generationen verschieden sind und das Zusammenleben mit anderen Kulturen eine zusätzliche Verständigung über einen gemeinsamen ‚interkulturellen Weg' braucht.

Miteinander leben, einander tragen und ertragen in schwierigen Zeiten – auch jenseits von Sympathie – ist Zeugnis von Liebe und Einheit inmitten von individualisierter und oft zerrissener Gesellschaft. Dies erfordert die Annahme von persönlicher und gemeinschaftlicher Gebrochenheit. Wenn dies in den Lebens- und Nachfolgeentwurf integriert wird, kann es zum Zeichen der Einheit mit dem scheiternden Jesus werden, der durch Scheitern und Tod hindurch in neues Leben geht.

Eine Kultur des Feierns von Leben mit regelmäßigen Ritualen zur Heilung und Versöhnung in Gemeinschaft hilft der Gemeinschaft, sich als solche vor Gott zu stellen und immer neu das Experiment der ‚Communio' in Gott zu leben, um so die persönliche und gemeinschaftliche Sendung authentisch und glaubwürdig leben zu können.

2.4 ‚Sendung' – eine Weise zu sein in leistungsstarker Umgebung

Die Sendung von Ordenschristinnen und Ordenschristen, geboren aus der Ganzhingabe, ist eingebunden in die Sendung Jesu, Gottes Nähe, Liebe und Güte so zu leben und zu bezeugen, dass sie in ihre Zeit in Welt und Kirche hineinwirkt. Die Schwerpunkte sind verschieden: Leben von Gastfreundschaft und Geschwisterlichkeit, barmherzige Liebe, heilende Präsenz, Unterscheidung der Geister oder Gemeinschaft mit allem Lebendigen im Lebenshaus der Schöpfung.

Ordenschristinnen und Ordenschristen stellen ihr berufliches Engagement in den Dienst der Ganzhingabe an Gott und der persönlichen Sendung im Rahmen der Gemeinschaft. Somit ist die persönliche und gemeinschaftliche Sendung zugleich auch ‚kritisch' im Sinne der Unterscheidung der Geister darauf gerichtet, was dem Reiche Gottes dient und was nicht.

Sie sind entschieden, sich von den Zeichen der Zeit an die Hand nehmen zu lassen und diese als Weg Gottes verstehen zu lernen, der sie hinweist auf ihre Werte und darauf, wie diese unter den jeweiligen Umständen ausbuchstabiert werden können, z.B. die Werte der Einfachheit und der Absichtslosigkeit.[7]

Ihre vordringliche Option ist, sich den Armen und Bedürftigen als Schwester und Bruder zuzuwenden, den Ausgegrenzten und an den Rand Gedrängten. Wer sich auf Jesus einlässt, kann nicht anders, als ihnen in geschwisterlicher Solidarität zur Seite zu stehen, als mit ihnen im Schulterschluss auf Erbarmen und Gerechtigkeit zu hoffen und als dies konkret umzusetzen, ohne zu fragen, was es kostet.

Allen ist wesentlich, konkret mit dem eigenen Leben Zeugnis zu geben von dem, was sie bewegt im Prozess des existentiellen sich Einlassens auf die Nachfolge Jesu mitten im Alltag, und

7 Vgl. *Basina Kloos*, Spannungsfeld Ökonomie – Spiritualität, in: OK 43/2002, 156–163.

von dem, was es heißt, mit hinein genommen zu werden in Leben, Leiden, Sterben und Auferstehen Jesu, um so zu ‚neuem Leben' wieder geboren zu werden. Diese Erfahrung wirkt wie ‚Sauerteig', der alles durchsäuert, unmerklich und ohne Worte, spürbar oft erst im Nachhinein.

2.5 Regelmäßiges Gebet – ein fester Punkt in erlebnisgeprägter Freizeitgestaltung

Regelmäßiges Gebet (persönlich und in Gemeinschaft) und die Begegnung mit Wort und Lebensgestalt Jesu Christi bieten Raum für Vergewisserung und sind eine Kraftquelle für den ständigen Neuaufbruch, innerlich und äußerlich, Gott zu suchen und zu finden. Hier wird die Gottessehnsucht[8] wach gehalten, wenn auch im Dunkel oder gar in Finsternis, ohne zu wissen und zu spüren, wo und wie Gott sich finden lassen will. Im Gebet werden Wüstenzeiten durchgehalten, wenn gähnende Leere sich breit macht. Schweigen erhält Raum und Zeit, um Gott ankommen zu lassen, wie Gott sich zeigen will. Schmerzliche Erfahrungen auf dem Weg – dass Gott unauslotbar bleibt und sich als der ganz Andere unserem Begreifen entzieht – werden eingebettet in die Hoffnung, dass auch in der Leere Fülle sein kann, im Schweigen neues Leben sich gebiert und im Sterben Sinnstiftung möglich ist.

Die Verwurzelung in der Tradition der Gottsuche der Gemeinschaft inspiriert, läutert und klärt, bietet festen Boden, neue Wege zu gehen und weiter zu wachsen. Texte geistlicher Mütter und Väter auf dem Wege und verinnerlichtes Gebetsgut geben Orientierung und Richtung, dem Charisma der Gemeinschaft treu zu bleiben und es in die Zukunft weiter zu tragen.

8 Vgl. *Schambeck,* Gottessehnsucht, 80–110.

3. *Geistliche Begleitung*

3.1 Ein kreativer Schöpfungsprozess

Auf dem Hintergrund ihrer mehrjährigen Ordensausbildung in ‚geistlichem Leben' wissen Ordenschristinnen und Ordenschristen, dass der Weg zu gelingendem Leben in der Gottsuche ein lebenslanger Prozess ist.[9] Sie haben Erfahrung damit, was gut tut auf dem Weg, ermutigt, den langen Atem gibt und was herausfordert, um weiter zu gehen. Sie kennen die Notwendigkeit, inne zu halten, neu Ausschau zu halten, das Ziel im Auge zu behalten und Schritt für Schritt weiter zu gehen.

Aus der Erfahrung eigener Begleitung wissen sie, dass dies wesentlich ein dialogischer Prozess ist, der zur Integration der Fülle ihres Menschseins in und aus Gott führt.[10] Darin kommen sie mit ihrem inneren göttlichen Kern[11] in Berührung, von dem her sie die Fülle ihres Menschseins erfassen können. Konkret gehört dazu, die eigene Lebensgeschichte mit ihren Verwundungen, Versuchungen und mit ihrer Schuld in die Gottsuche mit hinein zu nehmen, Verletztes und Zerbrochenes heilen zu lassen, Vergessenes und Unterlassenes ans Licht zu bringen. Gerade auf diesen Wegstrecken ist eine gute, gemeinsame Unterscheidung der Geister vonnöten und guter Trost mit göttlichem Zuspruch Balsam, damit schmerzliche Erfahrungen heilen und fruchtbar werden können und Neues wachsen kann.

Dieser Prozess ist vielschichtig. Wenn Ordensleben gelingen will, braucht es eine ‚geerdete Spiritualität', die gut verwurzelt ist in den verschiedenen Schichten religiöser Entwicklung und Identitätsfindung. Wichtig ist, zu unterscheiden, ob es um Existenz- oder Sinnfragen geht, um die Suche nach dem Religiösen oder um eine Antwort im Lichte des Glaubens an Jesus Christus.[12]

9 Vgl. *Agnes Lanfermann,* Ordensausbildung in Zukunft, in: OK 47/2006, 279–294.

10 Vgl. *André Louf,* Die Gnade kann mehr. Geistliche Begleitung, Münsterschwarzach 1995, 17.

11 Vgl. *Karl Frielingsdorf* (Hg.), Entfaltung der Persönlichkeit im Glauben, Mainz 1996.

12 Vgl. *Hermann Andriessen,* Sich von Gott berühren lassen, Würzburg 1996, 18.

3.2 Ein Prozess in der Spannung zwischen Aktion und Kontemplation

Grundsätzlich vollzieht sich Ordensleben in der Spannung von Aktion und Kontemplation. Im Wissen um das menschlich unauslotbare Geheimnis der Berufung und Nachfolge kann der Weg ertastet werden, ohne zuvor zu wissen, wohin er führt. Die kontemplative Haltung lässt das Geschaute sein, wie es ist, und erspürt im Schauen die Tiefe des Geschauten. Nur so kann erahnt werden, wie Gott ankommen will, meist anders als gewohnt oder gedacht. Dies ist ein anderer Vorgang als der, etwas zu sehen und es zu verwenden, darauf einzuwirken oder sich damit auseinander zu setzen.

Ordenschristinnen und Ordenschristen üben zeitlebens, aufmerksam zu sein für kontemplative Momente im Alltag und im Gebet und für Augenblicke, in denen sie ganz erfasst und fasziniert einfach da sind, höchst präsent, in Kontakt mit ihrer Tiefe. Diese Erfahrungen im überströmt Sein von Freude oder im Ausbrechen in Tränen sind nicht planbar oder machbar, sondern fallen zu. Sie sind wie ein Fenster zu dem Ort, an dem Gott Menschen anspricht. Ganz bei sich, strahlen Menschen hier Ganzheit aus und geben anderen die Möglichkeit, auch ganz bei sich zu sein.

Gerade für die Geistliche Begleitung ist eine kontemplative Grundhaltung Voraussetzung, das Wirken Gottes mitten im Leben zu erahnen. Auf diese geschenkten Momente gibt es immer eine Reaktion, die sich in zwei Richtungen bewegen kann. Die eine Richtung lässt dem in diesem Moment aufgebrochenen Leben freien Raum und riskiert es, sich vom Leben weiterführen und bewegen zu lassen, z.B. nach einem Bewundern des Sonnenuntergangs in ein freies Dank- oder Lobgebet zu münden. Die andere Richtung der Reaktion ist oft unbewusst von Angst geprägt, wenn das aufgebrochene Leben nicht so genommen wird, wie es ist, und deshalb nicht weiter geführt werden kann. Die Erfahrungen werden nicht ausgekostet, sondern abgebrochen oder umgeleitet.

3.3 Ein Prozess, der den ganzen Menschen erfasst

Geistliche Begleitung hat immer den ganzen Menschen in all seinen Beziehungen vor Augen. Ordensleben als ein Weg gelingenden Lebens erfasst den ganzen Menschen. Jeder Wachstumsschritt wirkt sich auf die Beziehungsgestaltung mit allem Lebendigen aus. Achtsamkeit ist gefragt, Wertschätzung dessen, was nötig ist im Nehmen und Geben, um gut in Beziehung mit allem Lebendigen und damit auch mit Gott zu leben.

Dafür ist es wichtig, das eigene Maß zu kennen im Rhythmus von Essen und Trinken, Wachen und Schlafen, Beten und Arbeiten, Gemeinschaft und Alleinsein. Ein ‚Zuviel des Guten' kann ebenso zum Hindernis für gelingendes Leben werden wie ein ‚Zu wenig'. Wichtig ist es, den rechten Umgang mit Ruhe und Bewegung zu üben, damit die Seele Raum und Zeit hat, Erfahrungen nach zu gehen, sie ‚in Ruhe' wachsen und reifen zu lassen. Nur in einem geordneten Wechsel von Ruhe und Bewegung kann auch Unbewusstes an den Tag kommen, können Träume verarbeitet werden.

Der alte Leitsatz ‚bete und arbeite' sorgt neben dem praktischen Lebenserhalt für den rechten Umgang mit Energien und Emotionen: „Gefühle dürfen sein“, auch Wut, Zorn, Ärger, Angst. Es geht darum, eigene Möglichkeiten und Grenzen zu erkennen, Gefühle angemessen auszudrücken und die ihnen innewohnende Energie fruchtbringend einzusetzen.

Im Leben des Gelübdes der ehelosen Keuschheit lernen Ordenschristinnen und Ordenschristen, ihre Beziehungen mit auf den Weg der Gottsuche zu nehmen. Sie haben sich entschieden, die Sehnsucht nach sexueller Vereinigung mit einem Menschen auf Gott hin offen zu lassen und das Liebespotential der Sexualität anders fruchtbar zu machen. Ausgehend vom rechten Umgang mit Lassen, Loslassen und Überlassen von dem, was Körper, Geist und Seele auf dem Hintergrund ihrer Lebensentscheidung nicht nährt, bezieht sich das rechte Maß auch auf das Halten und Lassen in Beziehung zu Dingen, Menschen und Gott.

3.4 Notwendige Grundhaltungen

Neben fachlicher theologischer, spiritueller und psychologischer Kompetenz in der Begleitung von Menschen sind Grundhaltungen gefragt, um Menschen auf ihrem Weg gut geistlich begleiten zu können.[13] Auf ihrem Weg der Gottsuche üben Ordenschristinnen und Ordenschristen bestimmte Haltungen von Beginn an ein.

3.4.1 Offenbleiben für das Wirken Gottes

Dies ist nicht immer leicht durchzuhalten, vor allem dann nicht, wenn Prozesse anders laufen als geplant und wenn die Schritte, die eine Person setzt, nicht der Idealvorstellung der Begleitperson entsprechen. Es bleibt die Neigung, etwas „machen" zu wollen, dass es weiter geht und besser wird. Aber Lösungen auf der Machbarkeits- oder Verhaltensebene zu suchen, entspricht dem Prinzip der Leistung, das nicht bei der Person und ihrem Potential zu wachsen ansetzt, sondern beim „Endprodukt", um in einer bestimmten Zeit ein bestimmtes „Ergebnis" zu erzielen. Hier lernen Ordenschristinnen und Ordenschristen die Haltung der ‚Armut', der Einfachheit und des sich beschenken Lassens mit dem, was kommt – unabhängig davon, wann und wie es kommt.

Die Haltung des ‚Gehorsams' hilft, über ‚Nacht' zu warten und zu hoffen auf etwas, was noch nicht sichtbar ist, dabei zu bleiben, wenn es zum Davonlaufen ist, mit auszuhalten, wenn niemand da ist, nicht aufzugeben, wenn alle Hoffnung schwindet, loszulassen, wenn es nicht die erwartete Frucht bringt und sich neu zu öffnen, wenn Ungewohntes sich auftut. Sie ist die Haltung des Vertrauens, dass Gott in und durch alles wirken kann.

In allem gilt es, authentisch zu sein, fest verwurzelt im Boden der eigenen Lebensweise der Gottsuche, die anderen ermöglicht, ihren Weg zu gehen. Dies beinhaltet die Haltung der ehelosen Keuschheit, die frei lässt und die anderen in ihren Eigenarten achtet, wertschätzt und liebt.

13 Vgl. *Werner Brunner-Birri,* Arbeitspapiere zur Ausbildung in geistlicher Begleitung (nicht veröffentlicht).

3.4.2 Dem Leben Raum geben

Geistliche Begleitung will dem Leben Raum geben, dem Leben aus, in und mit Gott, um als Frau oder Mann eine Kultur der Lebendigkeit zu entwickeln.

Das Ordensleben hat auf je verschiedene Weise eine eigene Kultur der Lebendigkeit entwickelt. Dazu gehört, das Leben zu lieben, so, wie es ist: Erfahrungen mehr zu trauen als den Vorstellungen, wie etwas zu sein hat, Fragen ernst zu nehmen und auch Probleme – einschließlich Momente des Scheiterns und der ungewissen Zukunft. Lieben setzt das Interesse auf Leben und schaut in allem, was ist, durch, bis dass ein Funke Leben aufstrahlt, der aus Gott fließt. In der unmittelbaren Berührung mit dem Quellpunkt des Lebens gibt es nicht ‚ich und die anderen', sondern hier wird alles Teil von uns selbst, letztlich in Gott.

Es gilt, die Quellen der eigenen Lebendigkeit zu kennen, die Kraft verleihen, um weiter zu gehen. Dies beinhaltet auch, die entscheidenden Momente der Gottesbegegnung zu erinnern. Wichtig ist ein entschiedenes Ja zu allem, was Mut und Hoffnung gibt, und ein entschiedenes Nein zu allem, was mich und andere mit Mutlosigkeit und Resignation erfüllt.

3.4.3 Die Kunst der Muße einüben[14]

Geistliche Wachstumsprozesse brauchen Zeit und Muße. Ordenschristinnen und Ordenschristen wissen aus eigener Erfahrung, wie unerlässlich Muße ist, um mit wachen Sinnen sich einzulassen auf das, was ist. Mehr noch: in der Haltung der Muße ist es möglich, sich berühren zu lassen von dem, was nicht zu machen, zu entscheiden, zu kontrollieren und zu beherrschen ist, auch wenn dies eine Gefahr von Verunsicherung und Verletzung in sich birgt.

Muße lädt ein zum Staunen über das, was ist, oft so anders als gedacht. Sie ist die Zeit, um sich dem Leben zu überlassen, wie es entgegen kommt, und um Seite an Seite mit Menschen

14 Vgl. *Thérèse Winter,* Dem Leben Raum geben – Gelübde heute leben, in: OK 43/2002, 283–292.

zu gehen und mit ihnen wahr zu nehmen, was da gerade geschieht. Sie ist die Zeit, um andere die sein zu lassen, die sie sind, selbst dann, wenn sie als ‚fremd‘ entgegen kommen. Muße gibt Zeit und Raum, Gott in allem aufzunehmen, und weckt kreative Kräfte, Neues zu gestalten und ins Leben zu integrieren. Ordenschristinnen und Ordenschristen wissen auch, wie schwierig es ist, dies im Alltag durchzuhalten.

3.4.4 An Berufung glauben

Geistliches Leben glaubt an die einzigartige Berufung und Sendung eines jeden Menschen. Ordenschristinnen und Ordenschristen lernen ihre eigene persönliche ‚Berufung‘ kennen, ihre Berufung zum Leben; zum Glauben als geliebte Tochter, geliebter Sohn Gottes; zu einer Lebensform, die es ermöglicht, das eigene Leben als geliebtes Kind Gottes so zu leben, dass ‚mehr‘ an Leben wachsen und fruchtbar werden kann.

Damit Leben gelingen kann, gilt es, die Freude an der eigenen vielschichtigen Berufung lebendig zu halten und zu bestärken. Ebenso wichtig ist es, sich herausfordern zu lassen und herauszufinden, wie die Berufung weiter wachsen kann auf dem Weg zu gelingendem Leben.

3.4.5 Im Geheimnis bleiben

Geistliche Begleitung will Menschen anregen, im Alltag auf dem Weg der Gottsuche und der lebendigen Gottesbeziehung zu bleiben und Anregungen geben, wie geistliches Wachstum gefördert und genährt werden kann. Ordenschristinnen und Ordenschristen wissen auch aus eigener Erfahrung, wie schwierig es ist, im Geheimnis Gottes zu bleiben: ‚gut zu sein‘, weil Gott mich gut gemacht hat, in aller existentiellen Armut; ‚ganz zu sein‘, einschließlich der Brüche und Verfehlungen, weil Gott mich ganz macht im Hinhören auf ihn; ‚schön zu sein‘, so wie ich bin, weil ich in Gott wurzele und weil er mich liebt, wie ich bin; mein Leben in der Sendung Jesu zu leben.

4. Mit ganzem Herzen und ganzer Seele Gott suchen

Wenn auch in der Spannung von ‚noch nicht und doch schon' – Ordenschristinnen und Ordenschristen haben eine eigene Botschaft anzubieten, gewachsen in ihrer Weise der Gottsuche und Hingabe an Gott mitten im Leben. Sie geloben, jede Wirklichkeit so zu verstehen, dass ihnen darin Gott entgegen kommt, ohne dass sie das Geheimnis ‚Gott' je ganz in Worte fassen könnten. So ‚darf sein, was ist', weil ja Gott darin entgegen kommen könnte. Dies qualifiziert sie, auf der existentiellen Ebene offen zu sein für Fragen und Anliegen von Menschen, die Gott suchen und ihren Weg mit Gott im Leben gehen wollen.

Wenn sie Gott wirklich mit ganzem Herzen und ganzer Seele suchen, dann sind sie es gewohnt, entlang des unauslotbaren Abgrundes der Gottesfrage zu wandern, und sind in der Lage, das ‚Feuer', die leidenschaftliche Sehnsucht Gottes nach dem Menschen und die leidenschaftliche Sehnsucht des Menschen nach Gott, am Brennen zu halten. Wenn sie so erfüllt sind von Gott, dann können Menschen durch sie hindurch Gott erfahren.

Geistliche Prozesse begleiten

Ausbildung für Geistliche Begleitung im Bistum Speyer

Peter Hundertmark

Zusammenfassung: Unterschieden wird zwischen geistlicher Begleitung als Grundauftrag der Kirche und Geistlicher Begleitung als Fachdienst. Ein solcher professioneller Dienst setzt eine professionelle Ausbildung voraus. Professionalität weist sich dabei durch Referenzwissen, Standards und einen von allen Akteuren akzeptierten Wertekanon aus. Referenzwissen der Ausbildung im Bistum Speyer ist die ignatianische Spiritualität und Vorgehensweise.

Abstract: Spiritual guidance is both an essential dimension of Church and a professional service. The professional service requires adequate professional training. Professionalism means defined standards, a set of values accepted by all involved and a reference background knowledge. In the diocese of Speyer, the training is based on the Ignatian spirituality and way of proceeding.

Kann Geistliche Begleitung gelernt werden? Nicht wenige geistliche Traditionen würden auf diese Frage mit einem klaren Nein antworten: Zum Abbas oder zur Amma wird in der Zeit der Wüstenväter und -mütter ein geistlich gereifter Mensch, weil er oder sie um Hilfe und Begleitung gefragt wird. Geistliche Freundschaft ist ein personales Geschehen, das völlig unverfügbar geschieht. Geistliche Begleitung und darin besonders die Gabe der Unterscheidung ist ein Charisma, ein Geschenk des Heiligen Geistes.

Und auch die geistlichen Traditionen, die kein klares Nein sprechen, ringen sich nicht zu einem eindeutigen Ja durch. Dazu kommen ernstzunehmende Rückfragen aus Psychologie, Psychotherapie und Pastoralpsychologie, die die Fachlichkeit der Geistlichen Begleitung betreffen. Geistliche Begleitung kann auf keine evidenzbasierte Referenzwissenschaft verweisen. Dennoch bilden viele Institutionen, Gemeinschaften und Diözesen für Geistliche Begleitung aus. Was geschieht da? Wird versucht, dem Heiligen Geist mit technischen Mitteln auf die Sprünge zu helfen? Was kann eine solche Ausbildung leisten?

1. *Was ist Geistliche Begleitung?*

Der aufmerksamen Leserin und dem aufmerksamen Leser wird aufgefallen sein, dass oben das Geistliche der Begleitung groß, hier jedoch klein geschrieben wird. Im weiten Sinn des Wortes ist geistliche Begleitung eine Selbstverständlichkeit unter den Schwestern und Brüdern im Glauben. Heißt es doch erst einmal nur, dass sie sich gegenseitig im Glauben, im Beten, in der Nachfolge Jesu Christi unterstützen. Sie feiern miteinander den Glauben, sie hören sich gegenseitig an, sie beten füreinander. Glaubensgruppen, Hauskreise, Bibelgespräche … sind schon speziell geschaffene Infrastrukturen, der „natürliche" Ort geistlicher Begleitung sind oder wären das christliche Ehepaar und die Familie. Da, wo der normale Verlauf eines geistlichen Lebens in Stockungen und Schwierigkeiten gerät, zeigt sich dann, dass der eine oder die andere mehr Talent hat, die Schwester oder den Bruder im Glauben zu begleiten. Bei manchen Menschen spüren die anderen einfach, dass man mit ihnen auch über empfindliche, feinstoffliche, geistliche Dinge reden kann. Oft sind es Menschen, die wichtige Schritte menschlicher und geistlicher Reifung selbst bereits gegangen sind und ein Gespür entwickelt haben für die Wirkungen der verschiedenen „Geister", die das geistliche Leben umtreiben können.

Eigene Reifung und Gespür bleiben die Grundlagen auch dann, wenn geistliche Begleitung ein Dienst wird, für den sich Menschen der Kirche zur Verfügung stellen. Hier kommt dann eine gewisse Kenntnis der Traditionen hinzu. Große Begleiterpersönlichkeiten haben in der Geschichte der christlichen Spiritualität immer wieder ihre Erfahrungen festgehalten und auch mehr oder weniger systematisiert. Von diesen Erfahrungen können heutige Begleiterinnen und Begleiter für ihren Dienst profitieren.

Je persönlicher und existenzieller die geistlichen Suchbewegungen der Menschen werden, die in geistlicher Begleitung nach

Unterstützung fragen, desto angemessener ist das Einzelgespräch als schützender Rahmen, und desto größer ist die Wahrscheinlichkeit, dass eine Reihe von Gesprächen notwendig ist, um auf dem geistlichen Weg voranschreiten zu können. Die Erfahrung zeigt, dass es in der geistlichen Entwicklung von Menschen einen Punkt gibt, von dem an geistliches Leben als ständige Herausforderung, als innere Langzeitdynamik und Lebensweg erlebt werden. Dem entspricht eine geistliche Begleitung, die kontinuierlich und verlässlich über längere Zeit mitgeht.

Der Dienst der Geistlichen Begleitung setzt dort – an der Spitze der Nachfrage – an. Geistliche Begleitung als Fachdienst bietet regelmäßige und verlässliche Einzelgespräche über einen längeren Zeitraum hin an. Wer Geistliche Begleitung in Anspruch nimmt, darf sich darauf verlassen, dass die Begleiterin oder der Begleiter mit Instrumentarien sicher umzugehen weiß, die sich im Laufe der Spiritualitätsgeschichte als hilfreich herausgestellt haben. Von Geistlichen Begleiterinnen und Begleitern wird erwartet, dass sie nicht nur wichtige geistliche Reifungsschritte selbst gegangen sind, ein Gespür für die „Geister" entwickelt haben, sondern auch sich ihrer eigenen Erfahrungen reflexiv bewusst sind und über ihre Interventionen Auskunft geben können. Die Begleiterinnen und Begleiter sind selbst weiter auf einem geistlichen Übungs- und Reifungsweg und lassen sich geistlich begleiten. Sie nutzen darüber hinaus Möglichkeiten der Inter- oder Supervision und bilden sich kontinuierlich weiter.

Mit Blick auf die Qualifikationen, die von Begleiterinnen und Begleitern erwartet werden, kann von Geistlicher Begleitung als einem professionalisierten Dienst gesprochen werden. Als geistliche Begleitung gehört sie in den Grundauftrag und die Grundseelsorge der Kirche, als Fachdienst Geistlicher Begleitung ist sie hochspezifisch und eindeutig von anderen Seelsorgeformen, aber auch von supervisorischen, beraterischen oder therapeutischen Formen helfender Gespräche abgrenzbar.

2. *Referenzwissen*

Ist das Ziel ein professionalisierter Dienst, so muss diesem Dienst eine professionelle Ausbildung als Zugangsweg entsprechen –

eine Ausbildung also, über deren Referenzen, Interventionen, Lernschritte und Methoden reflexiv Auskunft gegeben werden kann.

Ein erstes Problem ist, dass es, wie oben schon dargelegt, keine evidenzbasierte Referenzwissenschaft gibt. Verortungen einer solchen Theorie in der Pastoraltheologie oder in der Pastoralpsychologie wären denkbar, liegen aber bisher nicht vor. Auch im Rahmen einer Spirituellen Theologie wurde noch kein wissenschaftlich verantworteter Entwurf entwickelt. Zur Verfügung steht in erster Linie Erfahrungswissen, das in den verschiedenen geistlichen Traditionen oft über Jahrhunderte hin gesammelt und systematisiert wurde. Im Regelfall wurde und wird dieses Wissen als Handlungsweisheit in einer Lehrer-Schüler-Beziehung gelehrt und gelernt. Die oft nur knappen schriftlichen Aufzeichnungen gelten nicht als ausreichend. Sie müssen durch die gelebte Praxis und die Auslegungstradition ergänzt werden.

Geistliche Traditionen gibt es im Christentum jedoch nur im Plural. Ein übergreifendes allgemeines Wissen ist nicht möglich. Die erste Entscheidung vor einer Ausbildung für Geistliche Begleitung betrifft deshalb die geistliche Tradition, innerhalb derer die Lernprozesse situiert werden sollen. Meist fällt die Entscheidung einfach durch die persönliche Einbindung der Lehrenden in eine dieser Traditionen, können sie doch nur weitergeben, was sie von innen heraus kennen. Wie in vielen Diözesen und anderen Institutionen ist auch im Bistum Speyer eine Grundentscheidung für die ignatianische Vorgehensweise gefallen, da die Lehrenden selbst aus der Exerzitienspiritualität leben.

Unsere Erfahrung ist, dass die Qualität der Ausbildung mit der Eindeutigkeit der Zuordnung zu einer geistlichen Tradition und einem Praxisstrang geistlichen Begleitungswissens steigt. Gespräche mit Kolleginnen und Kollegen aus anderen Ausbildungsträgern bestätigen diese Erfahrung. Das bedeutet nicht, dass nur Menschen, die selbst in der ignatianischen Spiritualität ihren Weg gefunden haben, sinnvoll an der Ausbildung im Bistum Speyer teilnehmen könnten. Aber die ignatianische, im Exerzitienbuch des *Hl. Ignatius von Loyola* systematisierte Vorgehensweise ist das durchgängige Referenzwissen der Ausbildung. Damit lernen die Teilnehmerinnen und Teilnehmer dann auch nur in dieser, der ignatianischen Weise zu begleiten. Was wiederum nicht bedeutet, dass alle Menschen, die bei ihnen später Geistliche Begleitung suchen, persönlich für ihr geistliches Leben in die ignatianische Tradition einsteigen müssten – aber das Instrumentarium, mit dem die Begleiterin oder der Begleiter arbeitet, ist dort verankert.

3. Ignatianische Spiritualität

An dieser Stelle soll freilich keine allgemeine Einführung in die ignatianische Spiritualität versucht werden. Vielmehr sollen aus dem hier spezifischen Blickwinkel einige wenige zentrale Elemente benannt werden, die sich als ausbildungsrelevant für Geistliche Begleitung gezeigt haben.

Das erste und wichtigste Instrument der ignatianischen Spiritualität sind die Exerzitien. Exerzitien sind aber, wie das Wort schon sagt, Übungen. *Ignatius* vergleicht die Exerzitien deshalb in einem ersten Angang auch mit körperlichen Übungen. Es sind Übungen, um Menschen vorzubereiten und zu disponieren, „den göttlichen Willen zu suchen und zu finden in der Einrichtung des eigenen Lebens und zum Heile der Seele"[1].

Mit der Basis in Übungen ist das dynamische Element der ignatianischen Spiritualität schon mitgegeben. Üben wird als Prozess des Suchens und Findens, des wieder und wieder neu Suchens und Findens erlebt und beschrieben. Dieser Prozess zeigt bei aller Unterschiedlichkeit der Personen doch Gemeinsamkeiten, Regelmäßigkeiten in der Abfolge, verbindende Dreh- und Angelpunkte, die *Ignatius von Loyola* zuerst aus dem eigenen geistlichen Weg herausarbeitet, dann in vielen Begleitungen verifiziert und im Lauf der Jahre in seinem Exerzitienbuch systematisiert.

1 EB 1. Das Exerzitienbuch (EB) wird nach der Übersetzung von *Hans Urs von Balthasar* zitiert. Die Zahlen beziehen sich auf die in allen Textausgaben gleichen Randnummern des Exerzitienbuches: *Ignatius von Loyola,* Die Exerzitien, hg. v. Hans Urs von Balthasar, Einsiedeln ^{8}1983.

Als Weg „zum Heile der Seele" ist der ignatianisch begleitete geistliche Weg jedoch zugleich ein unbedingt individueller Weg. Das Heil ist das Heil dieses besonderen, einzelnen Menschen, mit seiner Geschichte, mit seinen Bindungen, mit seinen Fähigkeiten. Diesem einzelnen Menschen, so die Grundüberzeugung und breit belegbare Erfahrung, wendet sich Gott zu, ihn führt er durch seinen Geist, ihm verhilft er zu menschlicher und geistlicher Reifung, ihn beruft er in die je besondere Nachfolge Jesu Christi, ihn sendet er in einen spezifischen, „maßgeschneiderten" Dienst an Kirche und Welt. So gesellt sich der individuelle Reifungsprozess zum geistlichen Reifungsprozess. Beide Prozesse überlappen sich, befruchten sich wechselseitig, treten manchmal in Spannung zueinander. Mal geht der eine Prozess, mal der andere einen Schritt voran. Ideal ergänzen sie sich hin zu einer ganzheitlich, also menschlich und geistlich gereiften Person, deren Weisheit ihrem Alter, deren Gottesbeziehung ihren menschlichen Beziehungen, deren Glauben ihrer Mündigkeit entspricht.

Um „den göttlichen Willen zu suchen und zu finden", setzen die geistlichen Übungen bei den Regungen und Bewegungen der Seele an. Sie werden als die erste „Sprache" Gottes verstanden, mittels derer „der Schöpfer und Herr sich Seiner Ihm hingegebenen Seele mitteilt, sie zu Seiner Liebe und zu Seinem Lobpreis hin umfängt und sie zu jenem Weg hin bereitet, auf dem sie Ihm fürderhin besser dienen kann"[2]. Regungen und Bewegungen meinen dabei alle Gefühle, Stimmungen, inneren Bilder, Träume, Erinnerungen, Einsichten, auch Gedanken, Gewissheiten ..., die in einem Menschen entstehen und die sein Leben bis in ganz praktische Vollzüge, bis in körperliches Erleben hinein prägen. In diesem Sinne passt das modische Wort von der „Ganzheitlichkeit" durchaus auf die ignatianische Spiritualität.

Von daher hat die ignatianische Spiritualität ihre Basis in Erfahrungen – in gedeuteten Erlebnissen. Sie ist deshalb in einer doppelten Weise Alltagsspiritualität: indem sie die Erfahrungen des alltäglichen Lebens aufgreift und auf die Gegenwart Gottes hin befragt und indem sie sich dann wiederum im Alltag be-

2 EB 15.

währen, im Alltag praktisch werden muss. Ob jemand geistlich reift, zeigt sich darin, ob er mit sich und anderen reifer umgeht.

Als gedeutete Erlebnisse werden Erfahrungen einerseits als individuelle Vorgänge verstanden. Diese sind aber andererseits immer von Beziehungen geprägt und in einer gesellschaftlichen Situation verortet. In die Deutung gehen gesellschaftliche Position und Option, Wertesystem, Lebensskript, Zeitgenossenschaft, Weltanschauung, Religion und Konfession mit ein. Als christliche geistliche Erfahrungen sind sie immer – positiv anschließend oder in kritischer Distanz – auf Kirche und damit auf die Heilige Schrift und die geistliche Tradition bezogen.

Um relevante Erfahrungen in den Begebenheiten des Alltags wie in den Regungen und Bewegungen der Seele immer besser ausmachen zu können, setzt die ignatianische Tradition bei einer intensiven Schulung der inneren Sinne an. Die Achtsamkeit nach innen und außen wird schrittweise immer weiter verfeinert, um die so geschulten inneren Sinne dann auch einzusetzen, um die Texte der Evangelien aufzuschließen. Die spezifisch ignatianische Weise der Schriftbetrachtung sucht sich der Begegnung mit Jesus im Text der Evangelien zu nähern, „als ob ich dabei gegenwärtig wäre“[3].

Die Begegnung mit Jesus Christus wird auf einem geistlichen Weg in der ignatianischen Vorgehensweise nach und nach zum zentralen Lebensmotiv. Ignatianische Spiritualität ist ein Leben aus der Beziehung zu Jesus Christus – ein Leben, das von Jesus Christus her geformt wird und das immer wieder den Dialog mit Jesus Christus sucht. Von da abgeleitet ist sie immer dialogische Spiritualität, Spiritualität, die den Dialog sucht und die ganz wesentlich im Dialog Wirklichkeit wird. Von daher erklärt sich auch die Bedeutung individueller geistlicher Einzelbegleitung.

Dieser Dialog mit Jesus Christus und die Formung des eigenen Lebens durch Jesus Christus sind jedoch unabschließbar. Die Exerzitien sind kein Trainingsprogramm, das einmal durchlaufen wird und dann erledigt ist. *Ignatius* arbeitet deshalb an unzähligen Stellen gezielt mit einem Komparativ. Das „magis“ ist der ständige Ruf des Weges. „Magis“ meint dabei nicht quantitatives „mehr“, etwa mehr Gebete oder mehr Werke der

3 EB 114.

Nächstenliebe. „Magis" wird vielmehr als Adverb benutzt. Im Deutschen lässt sich diese Konstruktion am ehesten mit einer Substantivierung nachstellen: das Mehr. Konkret bei *Ignatius*: das Mehr Liebe, das Mehr Glaube, das Mehr Hoffnung – was sich individuell und lebenspraktisch in einem Mehr Leben und Lebendigkeit, einem Mehr Freiheit, einem Mehr Nähe zu mir selbst, zu meinen Mitmenschen und zu Gott auswirkt.

Als zentrale Hilfe für diejenigen, „die vom Guten zum je Besseren übergehen"[4], und als basales „Werkzeug" der Begleiterin und des Begleiters entwickelt *Ignatius* zwei Staffeln mit Regeln für die Unterscheidung der Geister.[5]

4. *Ausbildungsinhalte*

Das entscheidende Werkzeug der Geistlichen Begleitung ist die Persönlichkeit der Begleiterin oder des Begleiters. Die Ausbildung setzt deshalb bei Persönlichkeitsbildung und Persönlichkeitsentwicklung an. In direkter Entsprechung zwischen dem Ziel der Ausbildung – Geistlich Begleiten im Sinne der ignatianischen Exerzitienspiritualität – und der Form der Ausbildung wird dabei der Schwerpunkt auf die geistliche Reifung gelegt. Wie oben schon dargelegt, geht nach unserem Verständnis diese geistliche Reifung immer mehr oder weniger direkt Hand in Hand mit einer ganzheitlich menschlichen Reifung – im Blick auf die Persönlichkeit und im achtsamen Blick auf die gesellschaftlichen Bedingungen. Unser Zugang und unsere primäre Fachkompetenz ist jedoch der geistliche Prozess.

Die Basis wird dabei dadurch gelegt, dass die Teilnehmenden in ihrer Fähigkeit zur Achtsamkeit geschult werden. Eine der ersten und bleibend zentralen Übungen ist mit *Willi Lambert* das Gebet der liebenden Aufmerksamkeit als Tagesrückblick und als liebende Vorausschau am Morgen. In immer neuen Angängen üben die Teilnehmenden die schwebende Balance ein, Gott einerseits alles zuzutrauen und ihn ganz konkret im Leben

4 EB 315.
5 EB 313–327 und EB 328–336.

zu suchen, ohne dabei Gott und sein Wirken platt und einfach hin mit Begebenheiten des Alltags zu identifizieren. Dieser synchrone geistlich offene Blick auf die aktuelle Wirklichkeit des Lebens wird in der Ausbildung zur Geistlichen Begleiterin und zum Geistlichen Begleiter ergänzt durch eine diachrone Aufarbeitung der geistlich-menschlichen Reifungsgeschichte der Einzelnen in umfangreicher Biographiearbeit.

Da es sich jedoch nicht um Exerzitien handelt, die in vielen Fällen ähnlich ansetzen werden, sondern um einen Ausbildungskurs, tritt zur Achtsamkeit und zum Wahrnehmen von Gewordensein, Talenten und Begrenzungen immer direkt auch die Reflexion hinzu. Die Teilnehmenden werden angeleitet und eingeladen, sich ihrer Regungen und Bewegungen nicht nur bewusst zu werden, sondern lernen auch, diese noch mehr als bisher kritisch zu befragen und reflexiv zu kommunizieren. Auf diese Weise entdecken sie zunehmend eigene Muster, Selbstverständlichkeiten und gesellschaftliche Prägungen. Unsere Erfahrung ist, dass diese größere Bewusstheit hilft, die eigenen Anteile später in der Begleitungsarbeit weniger beim Anderen, der sich begleiten lässt, zu suchen.

Die Fragen nach dem „Was" des Lebens und der Lebensgeschichte werden dann ergänzt durch die Frage nach dem „Wie". Wie kam es zu dieser Entwicklung? Wie bin ich geworden? Wie verliefen meine eigenen Lern- und Anpassungsprozesse? Wie wirkte Gott in mein Leben hinein? Es geht darum, aus der Ahnung der bereits durchlebten Prozesse Gestaltungsideen für anstehende Prozesse zu gewinnen. Ziel ist immer das „Wozu hin": Wohin treibt mich dieser oder jener Impuls, in welche Richtung lädt mich diese innere Bewegung ein, zu welchem Verhalten motiviert mich jene Erfahrung? Auf diese Weise wird ein vertieftes Verstehen der Regel zur Unterscheidung der Geister (für die erste Woche) vorbereitet.

Einen sicheren Umgang mit den Regeln zur Unterscheidung der Geister zu erlernen, kann als das Herzstück der Ausbildung zur Geistlichen Begleitung in der ignatianischen Tradition bezeichnet werden. Die Anwendung der Regeln wird zuerst in eigenen Exerzitien und eigener Geistlicher Begleitung erlebt; diese eigene Erfahrung wird im Kursgeschehen reflektiert und dann auf den Text der Regeln im Exerzitienbuch bezogen.

Schriftliche Kommentare zu den Regeln, die in Gruppen- und Einzelarbeit intensiv bearbeitet werden, und Übungen in Protokollarbeit und sorgfältig vorbereiteten Rollenspielen runden diesen Teil der Ausbildung ab.

Abgeleitet von der Überzeugung, dass die inneren Regungen und Bewegungen der erste Zugang zur Gegenwart Gottes für jede und jeden Einzelnen sind, wird dann mit den Teilnehmenden der Ausbildung eingeübt, wie sie diese inneren Regungen bei anderen erspüren und wie sie helfen können, dass Begleitete sich selbst dieser Regungen bewusst werden, sie deuten und ins Wort bringen können. An dieser Stelle wird das Einüben allgemeiner Techniken der Gesprächsführung in die Ausbildung integriert. Hierbei greifen wir je nach Bedarf der Teilnehmenden auf Methoden der klientenzentrierten Interaktion nach *Carl R. Rogers*, auf die Kommunikationstheorien von *Friedemann Schulz von Thun*, auf Elemente der Transaktionsanalyse nach *Eric Berne* oder auf die Verfahren der gewaltfreien Kommunikation nach *Marshall D. Rosenberg*[6] zurück.

Diese Techniken der Gesprächsführung helfen, den persönlichen Weg der Begleiteten achtsam wahrzunehmen und vorsichtig und respektvoll mitzugehen. Dieser persönliche Weg steckt bereits voller Dynamik und tendiert bei nahezu allen Menschen zu einem Mehr an innerem Wachstum und Reifung. Geistliche Begleitung rechnet darüber hinaus mit der spezifischen Dynamik geistlicher Übungen. Unsere Ausbildung legt deshalb einen großen Schwerpunkt auf die Kenntnis der Phasen geistlicher Reifung und orientiert sich dabei an der Systematik des Exerzitienbuches. Die Kursteilnehmerinnen und -teilnehmer lernen Reifungsprozesse zu analysieren, diese Prozesse den Entwicklungsphasen zuzuordnen und dazu passende und weiterführende Interventionen einzusetzen. Zusätzlich wird dieser Bereich durch Kenntnisse der Entwicklungspsychologie abge-

6 *Carl R. Rogers,* Die klientenzentrierte Gesprächstherapie, Frankfurt a. M. [17]2005; *Friedemann Schulz von Thun,* Miteinander reden, Bd. 1, Reinbek [46]2008; ders., Miteinander reden; Bd. 2, Reinbek [29]1989; ders., Miteinander reden; Bd. 3, Reinbek [17]1998; *Eric Berne,* Spiele der Erwachsenen, Reinbek [8]2002; ders., Die Transaktionsanalyse in der Psychotherapie, Paderborn 2002; *Marshall D. Rosenberg,* Gewaltfreie Kommunikation, Paderborn [8]2001.

stützt, wobei wir uns hauptsächlich auf *James Gollnick*[7] beziehen. Die Kursteilnehmerinnen und -teilnehmer üben nach und nach eine Art doppelter Anwaltschaft für den Prozess der Einzelnen und für den geistlichen Prozess ein. Dass beide Prozesse zu ihrem Recht kommen und sich im Idealfall einer Kongruenz nähern, dafür stehen die Begleiterinnen und Begleiter in ihrem professionellen Handeln ein.

Von zentraler Bedeutung für den geistlichen Weg von Christinnen und Christen und damit natürlich auch für die Geistliche Begleitung ist die Heilige Schrift. Wir versuchen deshalb während des Kurses einen weiter vertieften, spirituellen Umgang mit Texten vor allem der Evangelien zu eröffnen. Dazu nutzen wir primär die Vorgehensweise der ignatianischen Schriftbetrachtung, darüber hinaus aber auch Elemente aus Bibliolog, Bibliodrama, andere Verfahren der lectio divina sowie mehr gruppenbasierte Verfahren wie das kontemplative Bibelgespräch. Die Teilnehmenden lernen, ignatianische Schriftbetrachtungen anzuleiten, biblische Texte als Hilfe im Einzelgespräch einzusetzen und Texte als Anregung für das weitere geistliche Üben der Begleiteten auszuwählen. Sie erleben an sich selbst die Dynamik der Geheimnisse des Lebens Jesu und lernen, diese Dynamik den Begleiteten zu erschließen.

Ein Verfahren kann dann als professionell verstanden werden, wenn es sich – wie oben bereits dargelegt – auf ein ausweisbares Referenzwissen bezieht, wenn es zudem nachvollziehbare Standards einhält und wenn sich die Akteure von einem gemeinsamen Wertekatalog geleitet wissen. Mindeststandards für Geistliche Begleitung sind im Bistum Speyer festgelegt worden. Sie werden den Teilnehmenden gleich zu Beginn sorgfältig vermittelt. Der Wertekatalog – Rolle und Aufgabe der Begleiterinnen und Begleiter, Ziel und Grenzen der Begleitung, Respekt vor der Eigenlogik der Begleiteten, Nähe und Distanz, freilassendes Mitgehen, doppelte Anwaltschaft … – muss jedoch jedes Mal neu von jedem Teilnehmer und jeder Teilnehmerin, von jeder Lerngruppe für sich neu erschlossen, neu durchdacht und durchbetet werden. Entscheidend sind nicht Einsicht und intellektuelle Zustimmung, sondern die langsame „Inkarnation“

7 *James Gollnick,* Religion and Spirituality in the Life Cycle, New York 2005.

der Werte in die Person des Begleiters oder der Begleiterin, in ihr Wahrnehmen, Reflektieren und Handeln. Nicht selten löst die Auseinandersetzung mit den Werten der Begleitung einen eigenen geistlichen Umwandlungsprozess aus. Entsprechend breiten Raum nehmen diese Fragen im Ausbildungskurs ein. Auf diese Weise kommen die meisten Teilnehmenden im Laufe der Ausbildung dahin, dass die Grundwerte des geistlichen Begleitens in ihnen quasi-habitueller Grundbestand ihrer Persönlichkeit werden. Sie arbeiten nicht nur als Geistliche Begleiterinnen und Begleiter, sie sind Geistliche Begleiterinnen und Begleiter geworden.

Praktische Übungen zu Anfang und zum Ende eines Gesprächs bzw. einer Begleitung, Informationen zur Dynamik längerer Gesprächssequenzen, Einführungen in häufig begegnende psychische Belastungen und Erkrankungen, Übungen zum Umgang mit erzählten oder gemalten Bildern und Träumen, Hinweise zur eigenen Psychohygiene der Begleiterinnen und Begleiter, Einführungen in Leben und Werk des *Hl. Ignatius*, Basisinformationen zu anderen christlichen spirituellen Traditionen, bedarfsweise auch theologisches Hintergrundwissen, ergänzen und runden als Einzelthemen die Ausbildung ab.

Das Ziel Geistlicher Begleitung, das Hineinwachsen der Begleiteten in eine immer größere Vertrautheit mit Jesus Christus zu unterstützen, ist selbstverständlich auch das Ziel der Ausbildung. Der Kurs führt deshalb immer wieder zur persönlichen Begegnung mit Jesus Christus hin, hilft in die Christuszentrierung geistlichen Übens hineinzuwachsen und lehrt alle Wahrnehmungen und Interventionen im Gespräch auf Christus hin zu reflektieren. Die Teilnehmerinnen und Teilnehmer lernen den Dialog zwischen Begleitenden und Begleiteten immer mehr auf einen Trialog hin zu öffnen, in dem die Christusbeziehung der Begleiteten die Führungsrolle vor der Begleitungsbeziehung übernimmt. Gelebte Gefährtenschaft mit Jesus Christus ist das kostbarste Gut, das die Teilnehmerinnen und Teilnehmer für sich erwerben und das sie anderen als entscheidende Lebensperspektive anzubieten lernen.

5. *Ausbildungspraxis*

Im Bistum Speyer haben wir die Ausbildung für Geistliche Begleitung als Aufbaukurs konzipiert. Sie setzt die Ausbildungsgänge für Exerzitien im Alltag und/oder geistliches Einzelgespräch und eine entsprechende längere Praxis in einer Gemeinde oder einem Bildungshaus voraus. Die Teilnehmenden können deshalb schon zu Beginn der Ausbildung auf Erfahrungen in geistlichen Gesprächen, beim Anleiten von Schriftbetrachtung und in der Moderation von Gruppensituationen zurückgreifen. Nicht wenige begleiten bereits immer wieder Menschen auf kürzeren Etappen geistlicher Prozesse und bringen Anfragen nach formeller Geistlicher Begleitung schon mit in die Ausbildung. Die Aufnahme nach Abschluss der Ausbildung in die Liste der Geistlichen Begleiterinnen und Begleiter im Bistum Speyer ist dann oft nur noch Formsache und bestätigt eine Praxis, die durch den hohen Nachfragedruck bereits begonnen hat.

Einzige weitere Teilnahmebedingung ist, dass die Teilnehmenden selbst in Geistlicher Begleitung sind und sich seit längerem um ein intensives geistliches Leben bemühen. Nach unserer Erfahrung steigt die Qualität der Begleitung, die ein Mann oder eine Frau gibt, primär mit der Intensität selbst durchlebter geistlicher Prozesse. Die Ausbildung kommt nur sekundär hinzu, unterstützt, klärt und vertieft. Die Basis aber bleibt das eigene geistliche Leben. Aus diesem Grund integrieren wir zweimal zehn Tage ignatianische Einzelexerzitien und eine längere Übungsphase im Alltag („Exerzitien im Alltag", „Bibel beten" o.ä.) als feste Bestandteile in den Kurs. Auch im Nachgang zum Kurs werden den Teilnehmenden spezifisch zugeschnittene Einzelexerzitien angeboten, so dass sie über einige Jahre hinweg den ganzen Prozess der 30tägigen Exerzitien gehen können. Für die Zeit der Ausbildung bestehen wir für alle Teilnehmenden auf einer Geistlichen Begleitung ignatianischer Prägung durch uns ausgewiesene und erfahrene Begleiterinnen und Begleiter. Diese auf den ersten Blick restriktive Regelung hat sich sehr bewährt, da nur auf diese Weise das, was die Teilnehmenden in der eigenen Begleitung erleben, direkt mit dem Ausbildungsgeschehen kompatibel ist.

Ein theologisches Studium, eine pastoralpraktische Ausbildung oder eine Anstellung durch das Bistum sind nicht Voraussetzung für die Teilnahme. Wir haben sehr gute Erfahrungen damit gemacht, Haupt- und Ehrenamtliche, Kleriker, Ordensleute und Laien, Männer und Frauen, jüngere Menschen ab Ende 20 und ältere Menschen bis Mitte 60, Katholikinnen und Katholiken (überwiegend) sowie Protestantinnen und Protestanten (gelegentlich) gemeinsam auszubilden. Möglich ist diese gemeinsame Ausbildung auch, weil wir bei aller Professionalisierung Geistliche Begleitung nie als Beruf, sondern ausschließlich als Zusatzqualifikation verstehen. Begleitung bleibt – und soll im Bistum Speyer auch bleiben – ein engagiertes, emotional dichtes Mitgehen von Christinnen und Christen mit Christinnen und Christen. Geistliche Begleitung bleibt geistliche Begleitung (im weiten Sinn des Wortes) und damit kostenloser Grunddienst von Kirche. Sie ist nie Broterwerb, was eine gewisse innere Distanz zu den Begleiteten und eine höhere Zahl von Begleitungen notwendig machen würde, als nach unserer Erfahrung zuträglich wäre.

Unter diesen Bedingungen erleben wir, dass die verschiedenen Erfahrungen und Vorkenntnisse der Teilnehmenden sich ideal ergänzen und sich zu einem intensiven gemeinsamen Lernweg verbinden. Wir unterstützen dieses gemeinsame Lernen zusätzlich durch gemischte regionale Lerngruppen, die sich auch zwischen den Kurseinheiten treffen, durch Lernpartnerschaften und intensive Gruppenarbeit während der Präsenzphasen. Heimliche Minderwertigkeits- oder Überlegenheitsgefühle bei einzelnen Teilnehmenden erledigen sich nach unserer Erfahrung durch die Art des person- und prozessorientierten Arbeitens im Kurs bereits in der ersten Kursphase von selbst.

Wichtig ist uns, dass der ganze Kurs, insbesondere aber die Präsenzphasen, von der Logik selbst organisierten und selbst verantworteten Lernens geprägt sind. Die Kursleitung versteht sich als Impulsgeberin und Prozessmoderatorin. Die Mitglieder des Leitungsteams bringen ihre Sachkompetenz und ihre praktische Erfahrung in der Geistlichen Begleitung ein, stehen für fachliche Fragen zur Verfügung und machen ihr eigenes geistliches Üben sichtbar. Sie verstehen sich mehr als „erste Lernende“ denn als Lehrende. Der Kurs verändert sich deshalb auch mit jeder Kursgruppe. Obwohl zurzeit im Bistum Speyer bereits der dritte Kurs in Folge läuft, kann kein erprobter Ablauf einer Kurseinheit bei der Neuauflage wieder verwendet werden. Der Vorbereitungs-, mehr aber noch der Begleitungsaufwand während der Präsenzphasen ist somit bleibend hoch. Gerechtfertigt ist dieser hohe Aufwand durch den ebenfalls hohen Einsatz der Teilnehmenden. So ist es beispielsweise gängige und akzeptierte Praxis, dass zwischen den Kurseinheiten ein bis zwei Fachbücher zum Thema zu lesen und in der Regionalgruppe zu bearbeiten sind. Selbstlernphasen in den Kurseinheiten werden intensiv genutzt und nicht wenige Pausen von den Teilnehmenden freiwillig und selbstständig zusätzlich in Gruppen- oder Zweiersituationen für weitere Lernprozesse eingesetzt.

Bewährt hat sich im Bistum Speyer eine Kurslänge zwischen 24 und 27 Ausbildungstagen – je nach Ausbildungsbedarf der Teilnehmenden im Bereich Gesprächsführung. Diese im Vergleich zu anderen Ausbildungen relativ kurze Dauer ist nur dadurch möglich, dass es sich um einen Aufbaukurs handelt. Mit integriert ist ein kleinerer Ausbildungsteil für die Begleitung von „leichten Übungen“[8], konkret von Kurzexerzitien mit drei oder vier Übernachtungen oder längeren Exerzitien im Alltag. Die Speyerer Ausbildung wird als hinreichende Voraussetzung beispielsweise für den Exerzitienleiteraufbaukurs des Instituts für Missionarische Seelsorge akzeptiert. Das diözesane „Baukastensystem“ spiritueller Bildung findet so Anschluss an überdiözesane ergänzende Kurse, die wegen der geringen Nachfrage nicht vor Ort selbst angeboten werden können. Bewährt hat sich darüber hinaus eine diözesane Lern- und Supervisionsgruppe zur Weiterbildung für diejenigen, die seit einigen Jahren im Dienst der Geistlichen Begleitung stehen und zunehmend auch für Exerzitien angefragt werden.

Das Engagement der Diözese für die Kursteilnehmerinnen und -teilnehmer endet nicht mit dem letzten Kurstag. Eine erworbene Fertigkeit, die nicht ständig gepflegt und erweitert wird, verliert sich wieder. Deshalb werden den ausgebildeten Geistlichen Begleiterinnen und Begleitern jährlich zwei fachspezifische Studientage, Intervisionsmöglichkeiten und eine

8 EB 18.

telefonische Hotline für Notfälle angeboten. Eine mögliche Aufwandsentschädigung für von Ehrenamtlichen geleistete Begleitungen ist zum einen eine Anerkennung der Arbeit, hilft ihnen zum anderen aber auch, ergänzende Seminare anderer Anbieter, Fachliteratur oder gegebenenfalls Supervision zu finanzieren. Über ein Faltblatt und durch die Vermittlung der Fachstelle im Bischöflichen Ordinariat werden die Begleiterinnen und Begleiter bekannt gemacht sowie mit möglichen Interessentinnen und Interessenten zusammen gebracht. Fast wichtiger als die Betreuung durch die Fachstelle und die vormalige Kursleitung ist jedoch das über Jahre hin gewachsene Netzwerk der Begleiterinnen und Begleiter, die sich gegenseitig anhören, beraten und unterstützen.

Umgekehrt profitiert die Diözese natürlich von dieser hoch ausgebildeten und intensiv vernetzten Kerngruppe, die in der kirchlichen Öffentlichkeit – und darüber hinaus – für Spiritualität einsteht. Eine solche Kerngruppe kann nur durch eine längere regionale Ausbildung und eine engmaschige Betreuung vor Ort entstehen, was auch der letzte Grund dafür ist, dass die Diözese Speyer den Aufwand einer eigenständigen Ausbildung übernimmt und nicht nur einzelne Personen in überregionale Ausbildungsgänge vermittelt.

6. *Es bleibt eine Kunst*

Kann also Geistliche Begleitung gelernt werden? Die Antwort ist ein entschiedenes Ja und ein genauso entschiedenes Nein zugleich. Wo keine Basis in einem Charisma für geistliches Begleiten und die Unterscheidung der Geister da ist, nutzt alle Ausbildung nichts. Umgekehrt ist es nicht nur möglich, sondern sogar unerlässlich, für den Fachdienst der Geistlichen Begleitung ausgebildet zu werden. Erst die Ausbildung vermittelt den Anschluss an das spezifische Referenzwissen, klärt die zu Grunde liegenden Werte und schafft ausreichend Reflexions- und Rückmeldemöglichkeiten, um den Fallen, die die eigene Psyche den Begleitenden immer wieder stellt, ein wenig öfter zu entgehen.

Geistliche Begleitung ist keine Technik. Sie ist nicht beherrschbar, denn sie rechnet mit dem Wirken des Heiligen Geistes. Sie ist keine Theorie, denn sie ereignet sich immer neu im authentischen dialogischen Geschehen unter Christinnen und Christen. Sie ist kein Beruf. Als Zusatzqualifikation verbindet sie sich sinnvoll mit einer Vielzahl kirchlicher und anderer Berufe.

Sie ist eine Gnade, sie wird von vielen – Begleiteten wie Begleitenden – als Geschenk für den Glauben erlebt, sie wird für nicht wenige zur Leidenschaft. Letztlich aber bleibt sie eine Kunst.

Mit einem Anam Cara auf dem Weg zu den Quellen

Eine evangelische Perspektive Geistlicher Begleitung

Rolf-Heinz Geissler

Zusammenfassung: „‚Anam' bedeutet ‚Seele' und ‚Cara' bedeutet ‚Freund'. ‚Anam Cara' war in der keltischen Welt also der ‚Seelenfreund'. In der frühen keltischen Kirche wurde jemand, der für einen als Lehrer, Gefährte oder spiritueller Mentor fungierte, Anam Cara genannt."[1] Im Rückgriff auf persönliche Praxiserfahrung, poimenische Theorie und Biblische Theologie wird Geistliche Begleitung in zehn Elementen, jeweils unter fünf Kategorien, aus evangelischer Sicht beschrieben. Der Weg der Darstellung führt von der Kategorie des „Fundamentalen" über die des „Elementaren" zum „Symbol" und weiter zur „Vergegenständlichung" bis hin zum „biblischen Hintergrund".

Abstract: „‚Anam' means ‚soul' and ‚Cara' means ‚friend'. ‚Anam Cara' is the celtic term for ‚soulmate'. In the early celtic church a person who acted as a teacher, companion, or spiritual guide was called Anam Cara."[2] Reverting to my personal experience, to poimenical theory and to biblical theology I describe spiritual guidance from my Protestant point of view in ten elements. Each of this ten elements is shown with regard to the five following categories: the „fundamental" category, the „elemental" category, the „symbol", the „concrete object" and the „biblical background".

Zugänge

Drei Zugänge tun sich mir zur Darstellung meines Verständnisses von Geistlicher Begleitung auf:

1 *John O'Donohue,* Anam Cara. Das Buch der keltischen Weisheit, München [3]1998, 31f.

2 Vgl. Anm. 1.

- Ich entnehme der Lektüre poimenischer Literatur zum Thema die Gesichtspunkte, die das Wesen der Geistlichen Begleitung begrifflich beschreiben – der theoretische, deduktive Weg.
- Ich gehe von der Beobachtung des Geschehens aus und reflektiere diese Beobachtungen – der empirische, induktive Weg.
- Ich sammle meine Einfälle, die – durch Erfahrung und Lektüre angestoßen – in symbolisierender Gestalt aufsteigen – der intuitive Weg.

Ich bin den dritten dieser Wege gegangen, was aus *meinem* Hintergrund als Geistlicher Begleiter[3] verständlich wird,[4] wähle aber für die Darstellung den Weg nach den unten aufgeführten Kategorien.

Mein Hintergrund

Mich bestimmen – neben meiner akademischen Grundausbildung in evangelischer Theologie – *meine persönlichen Ausbildungsgänge und Lernerfahrungen* in franziskanischer Spiritualität, in Pastoralpsychologie und Pastoraltheologie, in Konzentrativer Bewegungstherapie (KBT), in biblischer Symbolsprache und nicht zuletzt eigene Erfahrungen in Geistlicher Begleitung bei einem römisch-katholischen Begleiter sowie die Supervision meiner Begleitungstätigkeit.

In meinem Werdegang habe ich Geistliche Begleitung im spezifischen Sinn weder in der evangelischen Kirche erlebt noch in Ausbildungsgängen erlernt. Elemente von Geistlicher Begleitung kamen natürlich in der Jugendarbeit, im Konfirmandenunterricht, in der kirchlichen Erwachsenenbildung und in der

3 Da ich eine sehr personenbezogene Darstellung wähle, beschränke ich mich auf die maskuline Form – wohl wissend und erfahrend, dass es auch Frauen als Begleitende und Begleitete gibt, die hier natürlich auch gemeint sind.

4 Meine Darstellung ist eine pastoral*theologische* Skizze, vornehmlich bezogen auf Einzelbegleitung. Sie bedarf noch der Ergänzung durch folgende Punkte: Elemente geistlichen Lebens, pastoralpsychologische Implikationen sowie Inhalt und Methoden in Einzel- und Gruppenbegleitung.

(erfahrenen) Seelsorge vor, später auch in der Seelsorgeausbildung (KSA), besonders im Rahmen der Einzelsupervision.

Die Aufgabe, einzelne und Gruppen geistlich zu begleiten (im spezifischen Sinn), fiel mir gleichsam zu durch die Anfrage einer evangelischen Teilnehmerin an römisch-katholischen Exerzitien und durch die kirchliche Beauftragung mit einer Gruppenbegleitung im Rahmen der Fortbildung – und dies zu einem Zeitpunkt, als ich selbst anfing, Geistliche Begleitung in Anspruch zu nehmen.

Meine Fähigkeiten zur Übernahme dieser Aufgaben sah und sehe ich durch die genannten Ausbildungsgänge gegeben, die beraterische und psychologische Kompetenz durch Ausbildung in Seelsorge und Supervision (KSA), die psychotherapeutische Kompetenz durch KBT und die spirituelle Kompetenz durch Exerzitien, einen Fernkurs in franziskanischer Spiritualität, einzelne Fortbildungen in Geistlicher Begleitung und meine langjährige pastorale Berufserfahrung in Gemeinde, Krankenhaus, Altenheim und Seelsorgefortbildung.

Mein Weg

Bei dem von mir gewählten Weg werden Wesensmerkmale an sinnlich wahrnehmbaren Gegenständen aufgezeigt, Erfahrungen und Einsichten werden „anschaulich", „begreifbar" im wörtlichen wie im übertragenen Sinn dieser Worte: Ich setze bei meinem Erleben ein und greife sowohl auf vorgegebene Erfahrungen als auch auf vorgegebene theoretische Erörterungen zurück.

Ganz konkret: Ich beziehe mich in meiner Darstellung hier auf Gegenstände, die auf der Anrichte in meinem Sprechzimmer stehen. Im Laufe der Zeit sind es zehn an der Zahl geworden. Ich habe sie während der Gespräche in der Einzelbegleitung vor Augen, die Begleiteten ebenfalls. Sie erinnern mich hin und wieder an das, was mir in der Geistlichen Begleitung wichtig ist. Und sie sollen in meiner Darstellung hier auch einen Einblick in den sichtbaren Raum meiner Geistlichen Begleitung geben.

Jeden der zehn Gegenstände betrachte ich unter fünf Gesichtspunkten (Kategorien) und versuche auf diese Weise, das Phänomen „Geistliche Begleitung" kategorial zu erschließen.

Die fünf Kategorien sind:

1. das Wesen (das Fundamentale),
2. das Element (das Elementare: *eine* Konkretion des Fundamentalen),
3. das Symbol (die Veranschaulichung, das Bild in der Vorstellung),
4. der Gegenstand (die Vergegenständlichung, Versinnlichung; z.B. Visualisierung) und
5. der biblische Bezug (sola scriptura).

1. „Begeisterung"

1.1 Ursprung und Ziel

In der Geistlichen Begleitung geht es um Ursprung und Ziel menschlicher Existenz, die Beziehung zu Gott; dies ist das *Fundamentale* in der Geistlichen Begleitung. Begleiter/in und Begleitete/r brechen miteinander auf, diesem Ursprung und Ziel sich zu öffnen: Gott, dem Geheimnis allen Lebens, das sich dem Menschen „vielfach und auf vielerlei Weise"[5] zu erkennen gibt, „wann und wo es will"[6], allein aus Gnade, allein durch den Glauben.

5 Hebr 1,1.

6 Confessio Augustana (CA) V: „ubi et quando visum est Deo".

1.2 Begeisterung

Die Begegnung mit dem Göttlichen geschieht durch den Heiligen Geist, der durch Wort und Sakrament den Glauben wirkt.[7] Geistliche Begleitung erhofft und erbittet diese „Begeisterung"[8] und lebt von ihr; sie ist das grundlegende *Element* der Geistlichen Begleitung. Die konkrete Gesprächssituation schafft eine Voraussetzung hierfür und ist *eine* „Weise"[9] der Begegnung mit dem göttlichen Geist.

1.3 Wasser

Symbol dieser Geisterfüllung ist die Taufe[10] – sie ist „ein gnadenreiches Wasser des Lebens und ein Bad der neuen Geburt im Heiligen Geist"[11]. Die Symbolik des Wassers ist hierbei vielfältig, auch in den biblischen Schriften: Wasser stillt den Durst,[12] berührt den Körper, dient der Reinigung,[13] wirkt Tod und neues Leben.[14] Christinnen und Christen leben aus dem Heiligen Geist[15] und vergewissern sich ihrer Zugehörigkeit[16] zu Gott in der täglichen Erinnerung an die Taufe.[17] Wasser ist hierbei die „Veranschaulichung", das „sichtbare Wort" (Augustin).

7 Vgl. CA V: „per verbum et sacramenta donatur spiritus sanctus".

8 Vgl. die Stellen in Röm 8 und Apg 2,3ff, die von der Erfüllung durch den Heiligen Geist handeln.

9 Hebr 1,1. „Weise" steht hier für das griechische Wort „tropos".

10 Vgl. Apg 2,38; Röm 6.

11 *Martin Luther*, Kleiner Katechismus IV,3.

12 Vgl. Ps 42,1; Ps 104,10–11; „lebendiges Wasser" als Symbol ewigen Lebens in Joh 4,10.14.

13 Vgl. das „Abwaschen" der Sünden in Apg 22,16.

14 Vgl. „begraben und auferweckt" in Röm 6,4; vgl. das „Bad der Wiedergeburt und der Erneuerung im Heiligen Geist" (Joh 3,10).

15 Vgl. Röm 8,14.

16 Häufig wird bei der Taufe das Gotteswort zugesprochen: „Ich habe dich erlöst, ich habe dich bei deinem Namen gerufen, du bist mein" (Jes 43,1).

17 *M. Luther* beschreibt dies als ein „täglich unter die Taufe kriechen". Vgl. Kleiner Katechismus IV/4: Das „Wassertaufen" bedeutet „tägliche Reue und Buße" und „täglich auferstehen als ein neuer Mensch".

1.4 Taufschale mit Wasser

Zur „Versinnlichung“ stelle ich eine Schale mit Wasser auf. Sie kann angeschaut werden. Und sie bietet die Berührung mit dem Wasser an – und somit die sinnliche Erinnerung an die Taufe.

1.5 Der biblische Bezug

Wesentliche biblische Hinweise auf die Taufe wurden schon angemerkt. Sie markiert *Ursprung und Ziel*: Des Menschen Leben kommt von *Gott*,[18] lebt in ihm[19] und kehrt zu ihm zurück.[20] „Von ihm und durch ihn und zu ihm sind alle Dinge“[21].

Einen *neuen Geist* verheißen schon die Propheten Israels,[22] Jesus kündigt den neuen Geist[23] an, der Auferstandene beauftragt zu Verkündigung und *Taufe*,[24] die Urgemeinde lebt aus der Gabe des Heiligen Geistes,[25] Paulus entfaltet das Wirken des Geistes an der Taufe[26] und den Geistesgaben.[27]

2. *„Freundschaft“*

2.1 Begegnung

Geistliche Begleitung vollzieht sich in einer Begegnung zwischen zwei Menschen (oder in einer Gruppe). Zwischenmenschliche Beziehung ist ein *fundamentales* Existenzial menschlichen Lebens. Deshalb bedarf Geistliche Begleitung der Berücksichtigung der Psychologie und der Kommunikationswissenschaften,

18 Vgl. Gen 1,27; Ps 136,13–16.
19 Vgl. Apg 17,28.
20 Vgl. Ps 90,3.
21 Röm 11,36.
22 Vgl. Joel 3,1; Hes 36,27.
23 Vgl. Lk 11,13; 12,12; Joh 3,5; Joh 14,15–26 und 15,26.
24 Vgl. Mt 28,18–20.
25 Vgl. Apg 2,38.
26 Vgl. Röm 6; 8,14.
27 Vgl. 1 Kor 12.

um auch mit ihrer Hilfe die Begegnung zu erkennen, zu beschreiben, zu charakterisieren und zu gestalten, z.B. mit Hilfe von Entwicklungspsychologie, Persönlichkeitstheorien und Methoden der Gesprächsführung.

2.2 Freundschaft

Die inhaltliche Gestalt der Begegnung wird in der Literatur unter verschiedenen Metaphern beschrieben,[28] von denen ich die „Freundschaft" – genauer: die geistliche Freundschaft – wähle. Hierbei nehme ich biblische und kirchengeschichtliche Traditionen auf: Gott ist des Menschen Freund,[29] und Jesus bezeichnet die Seinen als „Freunde"[30]. Dabei nennt er auch das Spezifikum dieser Freundschaft: das Tun seines Liebesgebots.[31] *Aelred von Rieval* (12. Jahrhundert) spricht von der „geistlichen Freundschaft"[32], im Mittelalter wurde der Sterbebegleiter „amicus" genannt, und in der keltischen Kirche gab es den „Anam Cara"[33], den „Seelenfreund". Freundschaftsverständnis und Liebesgebot Jesu,[34] die Geschwisterlichkeit der Urgemeinde,[35] die Figur des Anam Cara und die „Variablen" der Gesprächspsychotherapie[36] haben mein Verständnis von Freundschaft in der Geistlichen Begleitung geprägt. In der Geistlichen Begleitung begegnen einander zwei Freunde Jesu, die in seinem Geist einander Freund auf einem spirituellen Weg werden, wobei Freundschaft zum einen das Beistand Gewähren des Begleiters und zum anderen das Beistand Empfangen des Begleiteten beinhaltet.

28 Vaterschaft, Lehrer, Mentor, Hirte …

29 Vgl. Ps 25,14.

30 Joh 14,15: „Ihr seid meine Freunde". In Mt 11,19 wird Jesus der „Freund der Zöllner und Sünder" genannt.

31 Vgl. Joh 14,15; 8,31; 13,34–35 („Jünger"); Mt 12,50: „mir Bruder und Schwester und Mutter".

32 *Aelred von Rieval,* Liber de spirituali amicitia (PL 195, 659–792).

33 Vgl. Anm. 1.

34 Vgl. Joh 14,15; Mk 12,31–32.

35 Apg 2,42–47: „… hatten alle Dinge gemeinsam"; „… waren einmütig beieinander".

36 Vgl. Wilfried Weber, Wege zum helfenden Gespräch. Gesprächspsychotherapie in der Praxis, München/Basel [8]1987.

2.3 Anam Cara

Als *Symbol* dieser Freundschaft bietet sich mir der „Seelenfreund" keltisch-christlicher Spiritualität an.[37] Die Beschreibung des Anam Cara von *O'Donohue*[38] trifft wesentliche Beziehungsmerkmale der Geistlichen Begleitung: freies Sichaussprechen, Anerkennung, Zuwendung, Zugehörigkeit, Beichte.

2.4 Paarplastik

Zur „Veranschaulichung" habe ich eine moderne Plastik eines Künstlers meiner Heimat. Sie stellt in einfachen Formen die wechselseitige Verbindung zweier Menschen dar.

2.5 Der biblische Bezug

Mehrere Freundschaften werden in der Bibel beschrieben.[39] Die theologische Dimension kommt in den Psalmen[40] zur Sprache: Gott ist der Freund derer, die ihn fürchten; Jesus nennt seine Anhänger Freunde,[41] während seine Gegner ihn als Freund der

37 Ich wähle diesen keltischen Ausdruck auch, um die Verbindung mit der Spiritualität unserer Vorfahren (in Mitteleuropa) und ihrer spezifischen Art der Integration des Christentums aufzunehmen. Zu den religionsgeschichtlichen und theologischen Hintergründen der friedlichen Übernahme des Christentums bei den Iren s. *Jean Markale,* Die Druiden. Gesellschaft und Götter der Kelten, München 1989, besonders 219–222.

38 „Ursprünglich war der Anam Cara der Mitbruder, mit dem ein Mönch seine Zelle teilte, bei dem er die Beichte ablegte und mit dem er alles besprach, was ihn bewegte. Dem Anam Cara konnte man sein Innerstes, seinen Geist und sein Herz offenbaren. Diese Freundschaft war ein inniger Akt der Anerkennung und der Zu-Wendung. Die Beziehung zum Anam Cara war eine Freundschaft, die sich über alle Grenzen der Konvention, Moral und begrifflichen Kategorisierung hinwegsetzte: Man war auf eine urtümliche und ewige Weise mit dem ‚Freund seiner Seele' verbunden ... Diese Kunst des Zugehörens erweckte und förderte eine innige, ganz besondere Freundschaft" *(O'Donohue,* Anam Cara, 31).

39 Sehr eindrücklich ist die Freundschaft zwischen David und Jonathan in 1 Sam 18ff beschrieben.

40 Vgl. Ps 25,14.

41 Vgl. Joh 15,14.

Gottlosen[42] bezeichnen. Auch die Beziehung zwischen Paulus und Philemon trägt geistlich-freundschaftliche Züge.[43]

3. „Durchsichtigkeit"

3.1 Sein

Die Person des Begleiters macht ein weiteres *fundamentales* Existenzial der Geistlichen Begleitung aus und ist der Person des Seelsorgers in der Seelsorge vergleichbar.[44] Das Sein der Person, hier: das Sein des Geistlichen Begleiters als geistlich lebender Mensch, bedarf der Selbstreflexion und Selbsterfahrung.[45] Es geht um die Fragen, die Franz von Assisi in zwei Sätzen zusammenfasst: „Wer bin ich – und wer bist Du (Gott)?"[46]

3.2 „Durchsichtigkeit"

Ein *Element* des Personseins ist die Durchsichtigkeit.[47] Der Geistliche Begleiter soll für den Begleiteten erkennbar sein – gerade auch in seiner geistlichen Identität. „Die wichtigste Qualität des geistlichen Vaters ist seine Transparenz, seine Durchsichtigkeit auf Gott hin … Ein Begleiter … ist lebenszeugend durch das, was er *ist* … Der Führer *ist* die Lehre, er *ist* die Botschaft."[48] Diese Aussage verstehe ich als Beschreibung, nicht als moralische Forderung!

42 Vgl. Mt 11,19.

43 Paulus nennt Philemon im gleichnamigen Brief einen Freund (V.17) und bezieht sich auf das persönliche Verhältnis zu Philemon (V.1; V.14) sowie auf den gemeinsamen Glauben (V.6; V.9).

44 Vgl. die im Anschluss an Balint entwickelte pastoralpsychologische These: Die Person des Seelsorgers ist wichtigstes Instrument in der Seelsorge.

45 Gerade hier sind Ausbildung und Supervision erforderlich – und Geistliche Begleitung des Begleiters.

46 Zitiert bei *Anton Rotzetter,* Franz von Assisi. Die Demut Gottes, Zürich [3]1980, 183.

47 Diesen Begriff und Gedanken verdanke ich André Louf: *André Louf/Meinrad Dufner,* Geistliche Vaterschaft, Münsterschwarzach 1984, 21.

48 Ebd.

3.3 Bernstein

Der Bernstein eignet sich hierfür gut als *Symbol.* In einem modernen Märchen entfaltet *Ulrich Peters* das Geheimnis des Bernsteins, das ich auf den Geistlichen Begleiter übertrage: „Du musst durchsichtig werden für die Sonne, die hinter dir verborgen ist. Du wirst spüren, wie sie dich durchleuchtet – sehen können es aber nur die anderen."[49]

3.4 Bernsteinbrocken

Ein durchsichtiger Bernstein, in dem sich das Licht bricht, steht deshalb auf meiner Anrichte.

3.5 Der biblische Bezug

Jesus vergleicht die Wirkung der Christinnen und Christen in ihrer Umwelt mit dem Licht auf einem Leuchter.[50] Ihr Wesen wird an ihrer Ausstrahlung erkennbar. Mit einem anderen Bild bringt er das gleiche zum Ausdruck: die Person wird an ihren Früchten erkennbar.[51]

4. „Liebe"

4.1 Vergegenwärtigung

Beide, Begleiter und Begleiteter, erwarten das Wirken des Heiligen Geistes. Die Erwartung der göttlichen Gegenwart ist ein weiteres *fundamentales* Existenzial der Geistlichen Begleitung. Der Geistliche Begleiter repräsentiert Gott als den eigentlichen Begleiter.

49 *Ulrich Peters,* Lebens-Träume. Märchen für jene, die gern träumen, Limburg ^{2}1989, 10f.

50 Mt 5,14–16: „Ihr seid das Licht der Welt"; ähnlich Paulus in Phil 2,15.

51 Vgl. Mt 7,16.20; Joh 15,8.

4.2 Liebe

Ein wesentliches *Element* göttlichen Wirkens ist Liebe.[52] Die Gestalt dieser Liebe wird in der biblischen und kirchlichen Tradition personalisiert: Gott ist wie ein Vater,[53] wie eine Mutter.[54] Geistliche Begleitung wird daher häufig als „geistliche Vaterschaft“[55] bezeichnet. Dies halte ich für eine Engführung – im Blick auf Gott und im Blick auf die „geistlichen Mütter“ in Geschichte und Gegenwart. Schon Paulus verglich sich als Apostel mit einer Mutter[56] und mit einem Vater.[57] Nach *Franz von Assisi* sollten innerhalb einer Einsiedelei (von drei bis vier Ordensleuten) im Wechsel jeweils zwei Brüder als „Mütter“ die zwei anderen Brüder als „Söhne“ leiblich und geistlich versorgen;[58] *Franz von Assisi* selbst wurde häufig als Vater angeredet.[59] Der geistliche Begleiter ist demnach ein Mensch mit väterlichen und mütterlichen Verhaltensweisen, darin die göttliche Liebe spiegelnd.

4.3 Nikolaus

Nikolaus von Myra, wie ihn die Tradition schildert, ist ein eindrückliches *Symbol* solchen Verhaltens. Er ist, in der Interpretation von *Anselm Grün*[60], ein Mensch, „der ganz und gar Liebe geworden ist, der Milde und Güte ausstrahlt“ und der die Konfrontation nicht scheut. Und er ist ein Mensch, der seine „väterlichen und mütterlichen Seiten“ lebt. Der Geistliche Begleiter,

52 Vgl. 1 Joh 4,16.

53 Vgl. Ps 103,13; Mt 6,9.

54 Vgl. Jes 66,13.

55 Vgl. den Titel des in Anm. 47 zitierten Buchs von *Louf/Dufner.* Nach *Louf* ist der Begleiter „Repräsentant des barmherzigen Vaters“ (ebd., 22).

56 Vgl. 1 Thess 2,7.

57 Vgl. 1 Thess 2,11.

58 Vgl. *Lothar Hardick* (Hg.), Die Schriften des heiligen Franziskus von Assisi, in: Franziskanische Quellenschriften, Bd. 1, Werl [8]1984, 206.

59 Vornehmlich von *Clara von Assisi;* z.B. in der Volkslegende, zitiert bei *Anton Rotzetter,* Klara und Franziskus. Bilder einer Freundschaft, Freiburg (Schweiz) 1993, 41ff.

60 *Anselm Grün,* Weihnachten – Einen neuen Anfang feiern, Freiburg i.Br. 1999, 37f.

die Geistliche Begleiterin bringen diese beiden in jedem Menschen liegenden Seiten zum Zuge.

4.4 Nikolaus-Ikone

Eine Ikone steht deshalb auf der Anrichte; die eine Hand segnend, in der anderen die Bibel.

4.5 Der biblische Bezug

Die Überzeugung, dass Liebe das Wesen Gottes sowie Lebensgrund und Lebensaufgabe der Menschen ist, durchzieht die ganze Bibel. Menschen leben diese Liebe in vielfacher Gestalt. *Eine* ist die Doppelgestalt von Väterlichkeit und Mütterlichkeit. Dies bezeugen das biblische Gottes- und Menschenbild,[61] das Verhalten Jesu und das paulinische Selbstverständnis.[62]

5. „Gemeinschaft und Einsamkeit"

5.1 Zugehörigkeit

Der Mensch ist ein soziales Wesen, und auch geistliches Leben geschieht innerhalb von Zugehörigkeit. Diese manifestiert sich in unterschiedlichen Gemeinschaften mit ihren jeweiligen Untergruppierungen. Geistliche Begleitung ist in ein (religiöses) Beziehungsgeflecht eingewoben, Zugehörigkeit ist ein *fundamentales* Existenzial.

5.2 Gemeinschaft und Einsamkeit

Jeder Mensch ist ein Einzelwesen, das in Gemeinschaft(en) eingebunden ist. Als Glaubender stehe ich sowohl *allein* als auch in der *Gemeinschaft* der Gläubigen vor Gott. Beide *Elemente* sind Grundlage der Geistlichen Begleitung.

61 Vgl. Gen 1,27.
62 Vgl. Anm. 56 und 57.

Begleiter und Begleiteter erleben Einsamkeit, ja diese gehört wesentlich zum geistlichen Leben:[63] „zeitweilige Distanz vom Alltag"[64] und „Alleinseinkönnen" sind die „unbedingte Voraussetzung dafür, dass ich zu mir finden, … meine einmalige Würde vor Gott feiern … kann"[65]. *Franz von Assisi* ist dafür ein eindrückliches Beispiel.[66]

Zugleich bilden Begleiter und Begleiteter eine Gemeinschaft, in der Gott gegenwärtig werden kann.[67] Und sie gehören zur Gemeinschaft der Gläubigen, zur communio sanctorum,[68] die in „Kirche" ihre Gestalt hat.

5.3 Kirche

So ist „Kirche" ein *Symbol* christlicher Zugehörigkeit. Bei der Gestalt der Kirche wird im Protestantismus eine Unterscheidung vorgenommen, die auch in der Geistlichen Begleitung gilt: „Sichtbare Kirche der Getauften und wahre, jedoch unsichtbare Kirche als Gemeinschaft aller Gläubigen"[69]. Konkret: Begleiter und Begleiteter sind Glieder[70] der *einen* unsichtbaren Kirche, können aber verschiedenen sichtbaren Kirchen angehören, z.B. in Gestalt von Konfessionen, Landeskirchen, Diözesen, Kirchengemeinden, kirchlichen Gruppen und Organisationen, Ordensgemeinschaften – und nicht zuletzt in Gestalt der Ökumene. Und Gemeinde entsteht auch immer dort, wo Glaubende in

63 *Anton Rotzetter,* Der Stern des Messias, Psalmenbetrachtungen für Advent und Weihnachten, Freiburg i.Br. 2004, 16ff.

64 Ebd., 16.

65 Ebd., 18.

66 Er zog sich regelmäßig in die Einsamkeit zurück. Dabei bevorzugte er Orte, die einen bergenden Charakter hatten, Höhlen als Geburtsstätten neuen Lebens (Rietital, La Verna, Carceri bei Assisi).

67 Vgl. Mt 18,20.

68 So im Glaubensbekenntnis (Apostolikum).

69 So in der „Einführung in die Frühe Neuzeit" des Historischen Seminars der Westfälischen Wilhelms-Universität Münster; gesichtet unter: www.uni-muenster.de. Diese Unterscheidung hat *Luther* in einer Schrift aus dem Jahr 1520 vorgenommen: *Martin Luther,* Vom Papsttum zu Rom wider den hochberühmten Romanisten zu Leipzig, in: Luthers Werke, Kritische Gesamtausgabe, Bd. 6, Weimar 1887ff, 295ff.

70 Vgl. Paulus' Bild vom Leib und seinen Gliedern in 1 Kor 12.

Christi Namen zusammenkommen, in Familie, Freundschaft, Hauskreisen – und auch in Geistlicher Begleitung.

5.4 *Kirche, Haus, Segelschiff, Höhlenstein*

Zur Veranschaulichung von Kirche und Gemeinde gibt es viele Darstellungsmöglichkeiten. Ich habe mich auf vier Gegenstände beschränkt: eine einfache romanische Kirche – für die Vielfalt von „Kirche"; ein Haus – als Ort des alltäglichen Zusammenlebens von Christinnen und Christen; ein Segelschiff – als Hinweis auf die weltweite Christenheit;[71] ein Stein mit einer Höhle – als Ort des individuellen Rückzugs.[72]

5.5 *Der biblische Bezug*

Für Gemeinschaft im Glauben, Gemeinde und Kirche verweise ich exemplarisch auf Jesu Gebetsverheißung[73] und Taufbefehl,[74] auf die Lebensgestalt der Urgemeinde[75] und das Gemeindeverständnis des Paulus.[76] Für den Rückzug in die Einsamkeit verweise ich auf Moses mehrmaligen Rückzug auf den Sinai[77] und Jesu Gang in die Wüste,[78] an eine einsame Stätte[79] oder auf einen Berg.[80]

71 Bezug auf das Kirchenlied: „Ein Schiff, das sich Gemeinde nennt".
72 Vgl. Anm. 66.
73 Vgl. Mt 18,20; vgl. auch die Gegenwart Gottes in der Mosegeschichte (Ex 26,12) und bei den Propheten (Hes 37,27).
74 Vgl. Mt 28,18–20.
75 Vgl. Apg 2,42.
76 Vgl. 1 Kor 12.
77 Vgl. Ex 3,1; Ex 19,3; Ex 34,2.
78 Vgl. Mt 4,1ff.
79 Vgl. Mk 1,35; Mk 6,31.
80 Vgl. Mk 9,2.

6. *„Lehre"*

6.1 Urkunde

Christlicher Glaube bezieht sich auf eine Offenbarung, die in Geschichte und Gegenwart erfolgt. Die Geschichte Gottes mit der Menschheit wurde aufgeschrieben. Diese Urkunde des Glaubens ist ein *fundamentales* Existenzial des Glaubens. Auf sie bezieht sich auch Geistliche Begleitung, hier schöpft sie aus der Quelle des Lebens.[81]

6.2 Lehre

Zugleich reflektiert christlicher Glaube dieses Dokument und seine Aussage für die Gegenwart.

Es ist die Aufgabe der Theologie, Glauben verständlich zur Sprache zu bringen. Was einst Lehre, Dogma und Dogmatik genannt wurde, ist „Sprachlehre des Glaubens"[82]. Da Geistliche Begleitung vornehmlich mit den Mitteln der Sprache geschieht, ist sie diesem *Element* verpflichtet, der fortwährenden Sprachlehre des Glaubens.

6.3 Heilige Schrift

Das *Symbol* der Urkunde christlichen Glaubens ist die Heilige Schrift. An ihr orientiert sich Geistliche Begleitung.[83] Konkret erfolgt dies auf unterschiedliche Weise, z.B. durch Psalmlesung, Deutung der geistlichen Situation mit biblischen Bildern, Erzählungen und Gedanken. Entscheidend ist eine biblisch fundierte Glaubenshaltung des Begleiters. Sie ist wichtiger als das bloße Zitieren biblischer Texte!

81 Vgl. Ps 36,10.

82 Vgl. *Ernst Fuchs,* Hermeneutik, Bad Cannstatt ²1958, III.

83 ‚sola scriptura' ist das protestantische Axiom hierfür.

6.4 Bibel

Aus diesem Grund liegt in der Mitte der Anrichte eine aufgeschlagene[84] Bibel.

6.5 Der biblische Bezug

Für Jesu geistliches Leben und seine Verkündigung ist der Bezug zur Heiligen Schrift seiner Zeit[85] grundlegend.[86] Die so genannte Bergpredigt ist eine Auslegung der Tora.[87] Die Urgemeinde hielt sich an die Lehre der Apostel[88] und an die Heilige Schrift.[89] Die christliche Lehre galt als vernünftig.[90]

7. „Heilung"

Henry Nouwen[91] betrachtet das geistliche Amt als ein „Erinnern" und den Geistlichen als „lebendige Erinnerung"[92] an Jesus Christus. Dieses Erinnern beinhaltet drei Aufgaben: heilen, Halt geben

84 Meist ist der Wochenpsalm aufgeschlagen – für den Beginn der Sitzung.

85 Dies war die Hebräische Bibel (AT).

86 Vgl. Mt 5,17ff; Mk 1,21; 6,2; Lk 4,16.

87 Vgl. die Übersetzung der so genannten Antithesen der Bergpredigt in der „Bibel in gerechter Sprache", in der es heißt: „Ihr habt gehört … Ich lege euch das heute so aus" (Mt 5,21ff).

88 Vgl. Apg 2,42. Die Lehre bestand zunächst in der mündlichen Verkündigung, dann kamen die Briefe der Apostel als schriftliches Zeugnis hinzu, noch später wurde die mündliche Evangelientradition schriftlich fixiert.

89 Vgl. 2 Tim 3,14–17.

90 Vgl. 1 Tim 1,10, wo es wörtlich heißt „gesund". Dies hat die Bedeutung „dem gesunden Menschenverstand entsprechend", siehe Walter Bauer, Griechisch-deutsches Wörterbuch zum Neuen Testament und der frühchristlichen Literatur, Berlin/New York [6]1988, Sp. 1660.

91 *Henry J. M. Nouwen,* Von der geistlichen Kraft der Erinnerung, Freiburg i.Br. 1984.

92 Ebd., 8f.

und führen.[93] Diese drei Elemente beziehe ich im folgenden auf die Geistliche Begleitung.[94]

7.1 Wirkung im Blick auf die Vergangenheit

Menschliches Leben erfolgt in der Gegenwart, hat eine Vergangenheit hinter sich und ist auf Zukunft ausgerichtet. Vergangenheit ist ein *fundamentales* Existenzial. Das Evangelium spricht den Menschen auf sein vergangenes Leben an, es wirkt im Blick auf die Vergangenheit, in dem es Verwundungen aufnimmt, die nach Heilung verlangen.

7.2 Heilung

Auch die Geistliche Begleitung ist auf Heilung der Wunden durch die göttliche Versöhnung ausgerichtet.[95] Ziel ist eine Spiritualität, in der es weniger um das Handeln als um das Sein des Begleiteten geht – um „eine Form des Lebens im Geist“[96], um „Vertrautheit mit Gott“[97]. Das *Element* des Heilens kommt im Gespräch zum Zuge, es ist (auch) ein beratendes Gespräch[98] auf dem Hintergrund einer therapeutischen Seelsorge.[99] Heilung geschieht auch im Gebet, in der Feier des Abendmahls und in der Beichte.

93 Ebd., 9; *Nouwen* entnimmt diese Begriffe der Pastoraltheologie von *Seward Hiltner.*

94 Hierzu präzisiere ich „Halt geben“ und „Führen“ mit „Stärken“ und „Senden“.

95 „Der Geistliche … ist dazu berufen, dadurch zu heilen, dass er Menschen an ihre verwundete Vergangenheit erinnert, und ihre Wunden in Beziehung setzt zu den Wunden der ganzen Menschheit, die durch das Leiden Gottes in Christus versöhnt ist“ *(Nouwen,* Erinnerung, 24).

96 Ebd., 25.

97 Ebd., 29.

98 Ich beziehe mich auf die Seelsorgekonzepte von *Clinebell, Thilo* u.a.

99 Vgl. *Stollberg, Scharfenberg, Winkler* u.a.

7.3 Salbung

Ein altes *Symbol* der Heilung ist die Salbung.[100] Sie bringt das heilende Geschehen fühlbar (und riechbar) zum Ausdruck. Was sich im Geistig-Seelischen ereignet, wird auch im Körperlichen wahrnehmbar, und beides ist zugleich geistliches Geschehen. Dieser für menschliches Leben Grund-legende „psycho-somatisch-religiöse" Zusammenhang[101] ist in der Geistlichen Begleitung wahrzunehmen; der Ritus der Salbung muss deshalb nicht ständig vollzogen werden.

7.4 Salböl

Zur Veranschaulichung – und gegebenenfalls zur Verwendung – steht eine Flasche mit Salböl und eine kleine Schale auf der Anrichte.

7.5 Der biblische Bezug

Dass Gott menschliches Leben heilt, versöhnt, erneuert, ist Tenor der ganzen Heiligen Schrift. Jeremia fasst es in seinem Gebet kurz zusammen: „Heile mich, Herr, so bin ich heil"[102]. Jesu eigenes Handeln umfasst Evangeliumspredigt und Krankenheilung.[103] Die Aussendung der Zwölf zielt auf das Predigen, Heilen und Salben.[104] Nach Paulus bewirkt die Versöhnung Gottes eine Aussöhnung mit der Vergangenheit.[105]

100 Die Wirkung der Salbung selbst bezieht sich freilich auf die Gegenwart und die Zukunft; ich greife hier nur *einen* Aspekt auf.

101 Ich verweise auf *Anton Rotzetter*, Beseeltes Leben. Briefe zur Spiritualität, Freiburg i.Br. 1986, 208: „... das Religiöse schafft Symbole auf der Ebene meines Leibes."

102 Jer 17,14.

103 Vgl. Mk 4,23.

104 Vgl. Mk 6,12f.

105 „Ist jemand in Christus, so ist er eine neue Kreatur; das Alte ist vergangen, siehe, Neues ist geworden" (2 Kor 5,17 im Kontext von 5,17–21).

8. *„Stärkung"*

8.1 Wirkung im Blick auf die Gegenwart

Geistliche Begleitung geschieht in der Gegenwart und für die Gegenwart, sie ist auf dieses *fundamentale* Existenzial bezogen.

8.2 Stärkung

Geistliche Begleitung stärkt den Begleiteten auf seinem geistlichen Weg. Die Stärkung ist ein wichtiges *Element* der Begleitung. Das Evangelium wirkt nach *Luthers*[106] Auffassung durch Verkündigung, Taufe, Abendmahl, Beichte und Seelsorge. Diese Wirkungs*weisen* des Evangeliums kommen nicht immer und nicht alle in der konkreten Begleitung zum Zuge, machen aber das Leben im Kontext Kirche aus.

8.3 Brot und Wein

Biblische und kirchliche Traditionen bieten viele Symbole der Stärkung an. Ich wähle auch hier[107] bewusst ein Sakrament aus, das Abendmahl, und in ihm die *Symbole* Brot und Wein. Der Aspekt der Stärkung beim Abendmahl taucht in vielen Auslegungen und liturgischen Formeln auf, von der Urkirche bis heute.

8.4 Patene und Kelch

Eine Patene[108] und ein Kelch weisen auf die Stärkung zum Leben hin.

106 Vgl. Schmalkaldische Artikel.

107 Vgl. ebd., die Taufe in 2.1.

108 Mit dem Abdruck eines griechischen Brotstempels (in Kreuzform) auf einer Porzellanscheibe.

8.5 Der biblische Bezug

Das Abendmahl ist nach den synoptischen Evangelien[109] von Jesus eingesetzt und von der Urgemeinde[110] mit Formeln und Erklärungen überliefert.

9. „Sendung"

9.1 Wirkung in die Zukunft

Geistliche Begleitung ist auf den weiteren Lebensweg ausgerichtet, auf Zukunft als *fundamentales* Existenzial.

9.2 Sendung

Ein *Element* der Ausrichtung auf den Weg nach vorn ist die Sendung. Christinnen und Christen sind gesandt, das Reich Gottes zu verkünden und mitzugestalten, wie einst die Jünger von Jesus zu Predigt und Heilung, später zu Mission, Taufe und Lehre ausgesandt wurden.[111] Wie der Begleiter gerufen und gesandt ist, so weist er den Begleiteten auf dessen Berufung und Sendung hin.

9.3 Salz und Licht

Als *Symbole* für die Befähigung, der Sendung Folge zu leisten, hat Jesus Salz und Licht gewählt.[112] Beides sind Ausstattungen der Christinnen und Christen, keine noch zu erfüllenden Anforderungen.[113] Geistliche Begleitung erinnert an die Konsequenzen dieser Befähigung, also daran, zu würzen und zu be-

109 Vgl. Mk 14,22ff par.

110 Vgl. 1 Kor 10 und 11; Apg 2,42. Der Hebräerbrief erinnert an den Priester Melchisedek, der Abraham Brot und Wein als Friedenszeichen brachte (Gen 14,18ff).

111 Vgl. Mk 6,7ff; Mt 28,19.

112 Vgl. Mt 5,13 und 14.

113 „Ihr *seid* Salz … Licht."

leuchten, also geistliches Leben und liebendes Handeln in die Welt zu bringen.

9.4 Salzgefäß und Salzlampe

Ein Glas mit Salz und eine Lampe aus Salzkristall weisen auf die Begabung und die Aufgabe des Wirkens hin.

9.5 Biblischer Hintergrund

Die Sendung ist in der gesamten Verkündigung Jesu[114] und in den ethischen Abhandlungen der urchristlichen Briefe enthalten.[115]

10. „Führung"

10.1 Aufgabe

Menschliches Leben ist gegeben und aufgegeben. Leben als Aufgabe ist ein *fundamentales* Existenzial.

Geistliche Begleitung gehört zur Wahrnehmung dieser Aufgabe, ist *eine* Form des „vernünftigen Gottesdienstes"[116].

10.2 Führung

Das wesentliche *Element* im Vollzug der Geistlichen Begleitung ist die Führung.[117] Diese Führung ist nach theologischen, psychologischen und pädagogischen Kriterien zu gestalten. Da die Begriffe „Führer" und „Führung"[118] durch die deutsche Geschichte

114 Besonders in der Bergpredigt, in den Toraauslegungen, in den Aussendungsreden und in den Weisungen im Anschluss an Heilungen.

115 Besonders in den Paränesen der Briefschlüsse.

116 Röm 12,1.

117 *O'Donohue* erklärt das Wort Anam Cara u.a. mit „spiritual guide" (*O'Donohue,* Anam Cara, 32).

118 Auch der Begriff „Leitung" lässt Missverständnisse aufkommen, weil er mit Organisationsgesichtspunkten besetzt ist.

sehr belastet sind, bedarf es einer genauen biblisch-theologischen Definition, um sich von „Verführung“ und „autoritärem Führungsstil“ abzugrenzen.

10.3 Hirte

Ein sehr altes *Symbol* für Führung ist der Hirte.[119] Die Heilige Schrift bietet eine Fülle von Beschreibungen des Seins und Handelns eines Hirten, die als Vorbilder für Menschen und als „Bild“ für Gott dienen. Was *Reinhold Gestrich*[120] anhand *von Psalm 23* für die Seelsorge unter dem Leitwort „Hirten füreinander sein“ erarbeitet hat,[121] lässt sich auf die Geistliche Begleitung übertragen. Geistliche Begleitung ist fürsorgliche Begleitung auf dem Weg zu den Quellen des Glaubens.

Im Archetyp des Hirten kommt für mich dieses „bildhaft“ zum Ausdruck. Nicht zufällig wird der geistliche Dienst als „pastoraler“[122] Dienst bezeichnet und heißt die Lehre von der Seelsorge „Poimenik“[123]. Im „Hirten“ findet „die Ursehnsucht des Menschen nach Führung, Schutz, Geborgenheit, Heil“[124] *ihr* Bild. Deshalb sind für mich Hirte und Hirtin das alles andere übergreifende Symbol für Geistliche Begleiter und Begleiterinnen.

Anam Cara (Seelenfreund) ist hierfür eine angemessene „begriffliche“ Bezeichnung.

119 Z.B. die Darstellung vorderasiatischer Könige als Hirten.

120 *Reinhold Gestrich,* Hirten füreinander sein. Seelsorge in der Gemeinde, Stuttgart 1990.

121 Seelsorge ist „begleitend-behütende Zuwendung zu den Menschen im Namen Gottes“ (ebd., 7). Die einzelnen Kapitel haben jeweils einen Satz aus Psalm 23 als Überschrift – Seelsorge wird am Hirtenbild inhaltlich und methodisch entfaltet.

122 Pastor (lateinisch) = Hirte.

123 Poimen (griechisch) = Hirte.

124 *Gestrich,* Hirten, 21.

10.4 Hirtenbild und Hirtengeräte

Ein Hirtenbild, ein ungarischer Hirtenstab, eine Schafsglocke, eine Tonflöte und ein Stoffschaf weisen auf den Hirten und seine Lebenswelt hin.

10.5 Biblischer Hintergrund

Im Alten Testament kommt das Hirtenbild im Blick auf Menschen[125] und auf Gott[126] vor, oft sehr anschaulich beschrieben. Im Neuen Testament bezeichnet sich Jesus[127] als guten Hirten, und die Gemeindeleiter[128] werden mit Hirten verglichen. „Schafe zu weiden" gründet in einer liebevollen Beziehung zu Jesus,[129] und *Liebe* ist das Fundament des Hirtendienstes – auch der Geistlichen Begleitung.

Zum Schluss – ein Bild zum Anam Cara

In der Kirche von Taizé ist eine ägyptische Ikone[130] aufgestellt, die das Wesen Geistlicher Begleitung veranschaulicht. Sie hat den Titel: „Christ et son ami" – Christus und sein Freund. Dargestellt wird Jesus, der seinen Arm um Abt Menas legt,[131] und dieser weist mit seiner Rechten auf Jesus, seinen Geistlichen Begleiter.

125 Hesekiel 34 und 37,24 (hier Bezug auf David, der in seiner Kindheit Hirtenjunge war).

126 Vgl. Ps 23; Ps 80,2; Jes 40,11.

127 Vgl. Joh 10.

128 Vgl. Joh 21,16 (Petrus als Hirte); 1 Petr 5,2f. (die Ältesten).

129 Vgl. Joh 21,16.

130 Die Abbildung entstammt dem Ökumenischen Heiligenlexikon www.heiligenlexikon.de. Für die Abdruckgenehmigung gilt ein herzlicher Dank Herrn Pfarrer Joachim Schäfer in Stuttgart.

131 Das bedeutet für die Geistliche Begleitung: Der eigentliche Begleiter ist Jesus (vgl. Lk 24,15: „Da nahte sich Jesus und ging mit ihnen").

In Liebe vereint – im Glauben getrennt?

Ein Projekt zur Begleitung religionsverschiedener Paare

Barbara Huber-Rudolf

Zusammenfassung: Nach drei Veranstaltungen für und mit christlich-muslimischen Paaren und Familien und in den nachfolgenden Einzelgesprächen zeigte sich hoher seelsorglicher Beratungs- und vereinzelt auch Begleitungsbedarf. Da die Möglichkeiten kirchenrechtlicher Anerkennung dieser Verbindungen sowohl unter Seelsorgern wie auch Betroffenen selten bekannt sind, scheuen sich viele, danach zu fragen, und ziehen die Anonymität vor.

Abstract: Three events for and with Christian-Moslem couples and families, followed by one-to-one conversations, turned out a high demand for pastoral consultation and occasionally for spiritual guidance. The possibility of obtaining canonical acceptance for Christian-Moslem unions is seldom known by pastors and by the affected persons. Therefore many people shy away from asking and prefer to preserve their anonymity.

„Die Toleranz ist es doch, die uns schadet! Sie wird als Schwäche ausgelegt und von der anderen Seite für deren eigene Zwecke ausgenutzt.“ Oft sind dieser und ähnliche Einwürfe bei öffentlichen Veranstaltungen zum interreligiösen Dialog insbesondere mit Muslimen zu hören. Mir ist es schon zur Gewohnheit geworden, als Antwort die kirchenrechtliche Situation religionsverschiedener Paare als Souveränität der katholischen Kirche darzustellen, um dann auf die mangelhafte seelsorgliche Versorgung und fehlende Geistliche Begleitung der Familien zu verweisen, die als Gleichgültigkeit bezeichnet werden muss. So komme ich zu dem Schluss, dass es nicht die Toleranz, die Stärke voraussetzt, ist, sondern die Gleichgültigkeit, die die kirchliche Gemeinschaft schwächt.

Gegen die Gleichgültigkeit gegenüber Frauen, die in ihren engsten persönlichen Beziehungen christlich-muslimische Begegnung leben, ist das Projekt „In Liebe vereint – im Glauben getrennt?" im Rahmen der Aufgaben der Christlich-islamischen Begegnungs- und Dokumentationsstelle der Deutschen Bischofskonferenz, abgekürzt CIBEDO, entstanden.

1. Das Projekt

Das Projekt lud in einem ersten Schritt zu drei offenen Informationsveranstaltungen ein. Diese Informationsangebote für Paare, betroffene Eltern, Kinder und beteiligte Angehörige – für alle Menschen, die als Suchende unterwegs sind – sollten auch das Bewusstsein bei den ehrenamtlichen Mitarbeiterinnen und Mitarbeitern der Gemeinden schärfen, wo sie sich mit ihrem Engagement einbringen und Krabbelgruppen, Familienkreise und Frauenforen für die interreligiöse Erfahrung öffnen könnten.

Im Einladungsflyer hieß es: „Die christlich-muslimische Partnerschaft ist die kleinste Einheit interreligiöser Begegnung, die religionsverbindende Familie deren Mikrokosmos. Wie durch die Lupe sehen und erleben die Familien alle Chancen und Konflikte der internationalen, interkulturellen und interreligiösen Dialogsituationen. Kirchengemeinden und Kommunen sind gut beraten, an den Lernprozessen teil zu nehmen, sie zu begleiten, zu beraten und zu unterstützen. Die gewandelten Lebenssituationen, die Vielfalt von Lebens- und Glaubensfragen und die unterschiedlichen Bedürfnisse der Menschen in unserem Umfeld verlangen nach einem breiten Angebot an Möglichkeiten des Austausches und der Weiterbildung. Der Bedeutung der religionsverbindenden Familien wollen wir dabei Rechnung tragen."

1.1 Drei Veranstaltungen

Unter dem Titel „Deine Religion interessiert mich" fand ein Familiennachmittag für religionsverbindende Familien und alle Interessierten im marokkanischen Königszelt, das CIBEDO zur Verfügung stellte, statt. An diesem Nachmittag sollten Familien, die an religiösen Fragen interessiert sind, die Gelegenheit finden, sich über den Islam und das Christentum zu informieren und darüber zu diskutieren. Das marokkanische Königszelt trug zur positiven Atmosphäre bei, holte den Islam aus der Hinterhofnische heraus und lud mit einem Bücher-Pool, einem Spieletisch und einer Tee-Ecke dazu ein, den Austausch mit anderen Familien zu suchen.

Sehr viel näher rückte Kirche als Organisation und als liturgische Gemeinschaft bei der Kirchenführung für Muslime und alle Interessierten mit der Möglichkeit zum anschließenden Besuch der Vesper (katholische Stundenliturgie). Dieses Angebot sollte Kirchen als Sinnbild des steingewordenen Glaubens der Menschen, die sie erbaut haben, verstehen lehren. Dabei sollte es nicht um kunsthistorische Daten, sondern um eine anschauliche Einführung in den katholischen Glauben gehen.

Schließlich sollte unter dem Titel des Projektes „In der Liebe vereint im Glauben getrennt" eine Podiumsdiskussion für und mit religionsverbindenden Paaren, mit einem Richter am Kirchengericht, einer evangelischen Pfarrerin und einem Jugendlichen, der in einer religionsverbindenden Familie aufgewachsen ist, den Übergang vom Erfahrungsaustausch und der gegenseitigen Information zur Reflexion markieren. In der Ankündigung spielten wir schon mit Bezeichnungen: „*Religionsverschieden* werden die Paare oft genannt, bei denen ein Partner Christ oder Christin, der andere Muslima oder Muslim ist … Die Diskussion soll die *religionsverbindenden* Familien ermutigen, sich ins interreligiöse Gespräch einzubringen und sie der Unterstützung ihrer Religionsgemeinschaften versichern".

1.2 Die Werbestrategie

Die Flyer wurden in den Gemeinden des ökumenischen Konveniats ausgelegt. In den Tageszeitungen erschienen die Ankündigungen. Die Kirchengemeinden machten auf ihren Internetseiten auf die Veranstaltungen aufmerksam, den katholisch-muslimischen Familien sind die Einladungen persönlich zugestellt worden, in den Gottesdiensten wurden die Veranstaltungen vermeldet. Die Geschäfte, die die Muslime frequentieren, hängten Plakate aus; der evangelische Kindergarten im sozialen

Brennpunkt übergab den Zielpersonen die Flyer persönlich; die Moscheegemeinde lud der Diakon persönlich ein. Trotz dieses ungewöhnlich hohen Aufwandes und auch personellen Einsatzes war die Beteiligung an den Veranstaltungen ernüchternd mager und verhalten.

Sicher war ein Hindernis, das alle Veranstaltungen zum interreligiösen Dialog mit Muslimen betraf, dass die Veranstaltungen in den Ramadan ragten. Zu dieser Zeit ist es schwer, Muslime außerhalb von Iftar und Aktivitäten in der Moschee zu gewinnen.

Vielleicht aber waren die Orte der Veranstaltungen zu stark an tabuisierten Kirchenraum gebunden. Dagegen ist einzuwenden, dass die Zelt-Veranstaltung auf dem Rasen der evangelischen Kirchengemeinde stattfand, der direkt an einer dicht befahrenen Durchgangsstraße gelegen ist und auch für kommunale Stadtteilveranstaltungen genutzt wird. Das Veranstaltungshaus, Ort der Podiumsdiskussion, wird z.B. von Kindertheatergruppen angemietet, deren Vorstellungen auch von muslimischen Müttern, mit Kopftuch, ohne Scheu besucht werden. Ein zweiter Grund mag in der Tabuisierung von religionsverschiedenen Ehen liegen. Selbst Alteingesessenen des Ortes wollten anfangs keine Betroffenen einfallen, bis sie über Namen von Mitschülern ihrer Kinder oder öffentliches Engagement der Zielgruppe in anderen sozialen Einrichtungen die Konstellation der Religionsverschiedenheit entdeckten. Wie stark das Tabu tatsächlich wirkt, zeigte die Suche nach sprachfähigen Diskussionspartnern. Aus dem unmittelbaren Umfeld war kein Paar bereit, an der Podiumsdiskussion mitzuwirken.

Erzieherinnen des konfessionellen Kindergartens, die die Familien tagtäglich treffen, äußerten die Vermutung, die Paare wollten einfach keine Zeit mehr für Religion aufbringen. Diese Vermutung beinhaltet die Aussage, dass die christlich-muslimischen Familien im Brennpunkt mit Alltagsproblemen belastet sind, die im Zusammenhang mit Berufstätigkeit bzw. Arbeitslosigkeit, beengten Wohnverhältnissen, Mehrsprachigkeit in der Familie, geringen Kommunikationskompetenzen usw. entstehen, und Religion als weiteren Konfliktfaktor ausgeklammert haben. Zum anderen finden die Familien in der konfessionell getragenen Kindertagesstätte einen kompetenten Partner für religiöse

Erziehung, an den sie diese Aufgabe bewusst oder unbewusst delegieren.

Teilnehmer an den Veranstaltungen, die still oder zaghaft ihr Anliegen einbrachten, signalisierten deutlich, wie überrascht sie über das Interesse der Kirche und die in ihrer Wahrnehmung plötzliche Unterstützung waren. Unaufdringlich sollte das Angebot sein und wurde dennoch mit Argwohn und teils auch mit Misstrauen aufgenommen. Die religionsverschiedenen Paare wähnen sich mit dem Stempel „Sünder“ stigmatisiert, weil sie nicht in einer sakramentalen Ehe leben, weil sie nicht Dispens erbaten, weil sie selbst den Kontakt zur Kirche verloren haben, weil ihnen Kirche und ihre Einstellung zum Islam nicht gefällt, weil …

1.3 Konsequenzen des Projektes

Die Aktionen lösten Unruhe aus. Nicht nur Betroffene reagierten unruhig, selbst wenn sie nicht aus der Anonymität aufgetaucht sind. Auch in den Gemeinden wurde darüber diskutiert, ob man „denen“ überhaupt eine Plattform geben müsse, ob uns solche Fälle etwas angingen, ob dies jetzt die neueste Methode von Missionierung sei. Das Thema Islam und die Einstellung der Kirchen zum interreligiösen Dialog waren unter den Gemeindemitgliedern kontrovers debattiert worden.

Das Pastoralteam der katholischen Gemeinde blieb an der Thematik interessiert. Zur Krippenfeier am 24.12. wurde ein Weihnachtsmusical zur Aufführung gebracht, das die Fragen eines muslimischen Mädchens über das christliche Fest aufgreift. Eine Delegation der islamischen Gemeinde wohnte diesem Wortgottesdienst bei, ermutigte damit auch muslimische Mitschüler und Freunde der Mitwirkenden und erlebte Christentum als kreativ und sicher nicht übergriffig. Schließlich wurde der Wortgottesdienst am Valentins-Tag bewusst offen für religionsverschiedene Paare angeboten. Dabei wurden Ideen für einen Ehevorbereitungstag auf der Basis des Buches Ruth gesammelt.

2. *Was die Frauen erzählen*

Frau 1 ist schon fast 20 Jahre verheiratet. Sie lebt mit der eigenen Familie in Deutschland, war jedoch auch mit ihrem Ehemann einige Jahre in dessen Herkunftsland Tunesien und kennt die Kultur seiner Familie und seinen kulturellen Hintergrund aus eigener Anschauung. Die Familie lebt in guten materiellen und sozialen Verhältnissen, beide Eltern haben akademische Vorbildung, die Kinder besuchen ein so genanntes Elite-Gymnasium in der nächst größeren Stadt. Frau 1 und ihr Mann haben sich zwar nicht durch formale Absprachen, aber im Laufe der Zeit durch Konsens darauf verständigt, dass Religion in ihrer Familie keinen besonderen Stellenwert bekommen muss. Die Kinder wachsen deshalb ohne besondere Anleitung, doch mit aufgewecktem Interesse für religiöses Leben auf. Frau 1 erzählt sehr lebhaft, wie sie sich über Telefonate mit ihrer Schwägerin, die ebenfalls in Deutschland lebt, aufregen kann, die ihr immer wieder Vorhaltungen macht, nicht genug für das religiöse, islamische Leben innerhalb der Familie zu tun. Sie bemerkt, dass ihr Sohn (14jährig) keinen Widerspruch formuliert, wenn seine Tante in das Familienleben korrigierend eingreifen will, sich sogar über seine eigene Mutter und deren Aufregung lustig macht, und deutet diese Reaktionen als Resignation des Sohnes. Sohn 1 allerdings hat kein Interesse an der Auseinandersetzung mit der Tante, will auch an der Tante und deren Lebensstil nichts verändern und hat aus seiner eigenen Perspektive nicht resigniert, sondern vermittelt den Eindruck, den er selbst als „eben tolerant" bezeichnet. Frau 1 möchte gerne religionspädagogisches Material von mir, mit dem sie Religion in der Familie zu einem Gesprächsstoff für alle machen kann.

Frau 2 ist mit einem Techniker aus Marokko verheiratet, hat sich aber vor knapp zwei Jahren von ihm getrennt und ist zu ihren Eltern gezogen. Die beiden Kinder im Grundschulalter werden von ihr und den Großeltern ohne Unterbrechung beaufsichtigt bzw. überwacht. Sie leben in der ständigen Sorge, der Vater könnte seine Kinder entführen. Es ist nicht möglich, im Gespräch zu erfahren, ob diese Sorge eine objektive Begründung in Aussagen und Verhalten des Ehemannes findet oder ob sich Frau 2 durch Medienberichte und Vorurteile ängstigen lässt. Im Laufe unserer kurzen Bekanntschaft geben die Eltern von Frau 2 ihr Haus auf, die Drei-Generationenfamilie zieht weg und hinterlässt keine Kontaktdaten.

Auch Frau 3 hat massive Ängste, ihr geschiedener Partner könnte das gemeinsame Kind zu sich holen. Die Ehe wurde vor einem islamischen Standesamt im Herkunftsland des Mannes geschlossen, ein für Frau 3 ungünstiger Ehevertrag nach islamischem Muster gewährt keine Rechte am neunjährigen Sohn. Frau 3 darf sich aufgrund einer good-will-Vereinbarung mit ihrem Mann, einem viel beschäftigten Juristen aus Malaysia, um das Kind kümmern, muss aber regelmäßig Bericht erstatten. Bei negativen Entwicklungen – z.B. hatte der Sohn bei unserem Kennenlernen gerade die Note 3 auf die letzte Mathematik-Arbeit erhalten, was die Mutter in Panik versetzte – droht der Vater damit, das Kind in ein Internat zu schicken. Das Kind verbringt die Sommerferien beim Vater und hat danach massive Schwierigkeiten, in Deutschland und in der deutschen Sprache zurecht zu kommen. Die Mutter empfindet die Bedeutung, die die muslimische Familie dem schulischen Erfolg beimisst, als enorme Belastung.

Frau 4 hat in ihrem Herkunftsland Iran nur wenig persönliche Bezüge zur Religion hergestellt. Durch die Migrationserfahrungen, die Ehe mit einem deutschen Christen und die Sozialisation ihrer Tochter hat sie selbst zum Christentum gefunden. Sie freute sich über unsere Initiative und nahm gerne die Veranstaltungen wahr, die wir für Muslime anboten, die sich für das Christentum im weitesten Sinne interessieren, um dadurch mehr von ihrer neuen Religion zu erfahren.

Frau 5 ist seit sieben Jahren verheiratet. Ihr Mann hat eine Migrationsgeschichte mit verschiedenen Stationen. Aus einem französischsprachigen Land in Nordafrika nach Frankreich gewandert, hatte sich die Familie zur Übersiedlung nach Deutschland entschlossen. Der Ehemann von Frau 5 hat schließlich auch die deutsche Staatsbürgerschaft erworben. Seine Herkunftsfamilie ist allerdings in ein weiteres, ebenfalls französischsprachiges Land wieder nach Nordafrika emigriert. Die Ehe ist nach deutschem Personenstandsrecht geschlossen und nach Dispens vom Ehehindernis der Religionsverschiedenheit katholisch getraut worden. Das Paar hat einen Sohn im Kindergartenalter und lebt mit den Eltern der Ehefrau auf einem großen Grundstück in zwei getrennten Häusern. In einem ausführlichen Gespräch ist klar geworden, dass der Ehemann mit der Geburt des Kindes sein Rollenverständnis vom Sohn zum Patriarchen wandelte. Er maß der religiösen islamischen Erziehung des Kindes dann auch hohe Bedeutung bei, wollte auch das Kind unter seinem Dach nicht mit der Religion der Mutter konfrontiert sehen, sondern verteilte die beiden Religionen auf die Großfamilie, die das Grundstück teilt: hier ein christliches Haus (das der Schwiegereltern), dort ein islamisches Haus (das der Kleinfamilie von Frau 5). Das hat zur Folge, dass Frau 5, praktizierende Katholikin, in ihrem eigenen Haus mit dem Sohn nicht mehr betet, weil sie den Konflikt mit dem Vater des Kindes scheut. Das Kind fragt jedoch z.B. beim Essen danach, weil es bei den Großeltern sehr wohl mit katholischer Frömmigkeitspraxis bekannt wurde. Ein Jahr vor unserem Gespräch ließ sich Frau 5 auf einen Kompromiss ein und stimmte der Beschneidung des Sohnes zu. Sie selbst sieht ihre Zustimmung im Rahmen der Verhandlungen um den Auszug ihres Mannes aus dem Haus als Entgegenkommen, um die Trennung herbei zu führen. Die Familie des Mannes versteht dagegen die Beschneidung als Einverständnis zur islamischen Sozialisation des Kindes. Deshalb wollen Vater und Sohn zum nächsten islamischen Fest nach Nordafrika reisen. Frau 5 macht sich Sorgen, das Kind könnte die lange Trennung nicht gut verkraften, und ist unsicher, ob bei solchen Zugeständnissen ihrerseits und dem Engagement des Vaters das Sorgerecht für das Kind im Falle einer Trennung dem Vater zugesprochen werden könnte. Auch sie fürchtet, der Vater könnte das Kind nicht mehr nach Deutschland zurückbringen, obwohl dieser gerade im Begriff steht, sich hier eine neue Existenz aufzubauen. Sie selbst hat für den Kredit ihres Mannes mit ihrem Erbe gebürgt.

3. Erfahrungen der Seelsorgerinnen und Seelsorger

Wenn sich ein religionsverschiedenes Paar an Mitarbeiter in der katholischen Seelsorge wendet, dann besteht in den meisten Fällen schon ein gefestigter Ehewille. Das Paar hat sich meist bereits informiert, mit der Problematik auseinander gesetzt und die Einwände der Verwandten und Freunde gehört, bedacht und abgewiesen.

Selten nur suchen die Paare Beratung über die Konstellation, vielmehr wollen sie erfahren, wie und unter welchen Voraussetzungen eine katholische Ehezeremonie zustande kommen kann. Deshalb ist der Seelsorger, die Seelsorgerin weder als Migrationsexperte mit Hintergrundwissen über Herkunftsländer möglicher muslimischer Partner gefragt, noch muss er oder sie islamwissenschaftliche Belehrungen über den Glauben des muslimischen Partners einbringen und sich auch nicht als Konfliktmanager in mögliche aktuelle und eventuell zu erwartende künftige Probleme beweisen. Seine und ihre Aufgabe wird sein, zu beurteilen, ob die Verbindung von der katholischen Kirche als Ehe anerkannt werden kann und ob ihr die Kirche aus diesem Grund den Segen Gottes zusprechen will. Beratung und Begleitung haben andere Orte.

3.1 Das Ehevorbereitungsgespräch

Auch religionsverschiedene Paare haben Anspruch auf die übliche Ehevorbereitung. Der Seelsorger (er bleibt ab jetzt maskulin, aber es sind wirklich auch die Seelsorgerinnen mitgemeint!) sollte sie deshalb auf Brautleutekurse aufmerksam machen und auf das Angebot gruppenspezifischer Kurse[1] hinweisen.

Als Grundlage des Vorbereitungsgespräches dient das Ehevorbereitungsprotokoll, das als amtliches Formular der Deutschen Bischofskonferenz seit dem 1.1.1990 gültig ist und dem dieser Text folgt. In manchen Diözesen wurden zusätzliche Protokollfragen entwickelt, die den religionsverschiedenen Paaren gestellt werden sollen. Hier ist darauf zu achten, dass sich keine

1 Vgl. www.erzbistum-muenchen.de/EMF108/EMF010743.asp.

diskriminierenden Unterstellungen auch nur andeutungsweise hören lassen.

Die Wahl des künftigen Familiennamens gibt dem Protokollanten Aufschluss darüber, inwieweit sich die Brautleute über die Wahl des Wohnortes, über die kulturellen Voraussetzungen des Partners und über den Einfluss der Herkunftsfamilien klar geworden sind. Unter den Personalien wird die Frage nach der Religion eine herausragende Rolle spielen. Hier erfährt der Seelsorger, wie wichtig oder unwichtig beiden Brautleuten ihre Religion ist, und kann einschätzen, ob und in welcher Weise wohl die Beteiligung eines muslimischen Geistlichen vorzusehen ist.

3.2 Die kirchenrechtliche Position

Es ist schließlich ausdrücklich festzustellen, dass ein Ehehindernis vorliegt. Diese Tatsache bedeutet kein Verbot, sondern die Chance, über die Rolle des Glaubens in der Ehe zu reden.[2] Die Tatsache, dass ein Ehehindernis festgestellt wird, heißt nicht, dass die Ehe nach katholischem Kirchenrecht nicht zustande kommen kann, sondern dass die Ehe nach katholischer Rechtsauffassung ohne Dispens nicht gültig geschlossen wird. Aus der Identität von Ehebund unter Christen und Sakrament ergibt sich, dass die gültige Ehe nur dann Sakrament ist, wenn beide Partner getauft sind. Da auch die religionsverschiedene Ehe der kanonischen Formpflicht unterliegt, schlägt das Rituale einen Wortgottesdienst vor. Kann der muslimische Partner diesem Vorschlag nicht zustimmen, muss Dispens von der kanonischen Eheschließungsform eingeholt werden.[3] Erprobte Beispiele zeigen, wie kreativ sich manche Paare, Eltern oder Zelebranten auf die neuen Möglichkeiten der Gestaltung einlassen: Sufimusik eignet sich für Zwischengesänge, meditative Texte muslimischer Denker und Mystiker lassen sich in die Homilie einbauen,

2 Vgl. Seelsorge-Leitlinien des Rates der Europäischen Bischofskonferenzen, in: http://www.ccee.ch/deutsch/struktur/ehe.htm.

3 Zitiert nach: *Barbara Huber-Rudolf*, Die christlich-islamische Ehe im Kontext des interreligiösen Dialogs, in: Münchner Theologische Zeitschrift 52/2001, 56–66.

sogar die Überreichung einer Morgengabe als Bestätigung für den festen Willen des muslimischen Partners, den Ehebund einzugehen, ist denkbar.[4]

3.3 Hinweise für die Brautleute

Religionsverschiedene Paare merken ziemlich früh, dass ihre Beziehung von Außenstehenden argwöhnisch beobachtet wird. Natürlich fragen sich nichtmuslimische Verwandte und Freunde des katholischen Partners/der katholischen Partnerin, warum es gerade ein Muslim, vielleicht sogar ein Ausländer, sein musste, wie die beiden wohl zusammen passen mögen, wie sich die beiden gegenseitig verändern werden, von welchen dieser Veränderungen dann wohl auch die Familien – die schon bestehenden und die künftige – betroffen sein werden. Auf viele ungewöhnliche und vielleicht auch verletzende Fragen wird sich das Paar einstellen müssen. Weil sich diese Situation auch lebenslang nicht wesentlich, sondern bestenfalls quantitativ bessert, muss das Paar lernen, damit zu leben.[5]

4 Vgl. *Sami Aldeeb,* Gemischte Ehen zwischen Schweizern und muslimischen Ausländern: Herausforderung angesichts von Normenkonflikten, Dorigny 1996; *Matthäus Kaiser,* Grundfragen des kirchlichen Eherechts, in: *Joseph Listl* (Hg.), Handbuch des katholischen Kirchenrechts, Regensburg 1983, 730–746.

5 Vgl. auch den Text von Klaus Holz, in:
http://www.seelsorgeamt-freiburg.de/download/MD2003-2.pdf.
Vgl. auch folgende Texte in:
http://www.theologie-systematisch.de/sakramentenlehre/10ehe.htm;
http://www.bistum-osnabrueck.de/downloads/kirchlich_heiraten.pdf;
http://www.erzbistum-muenchen.de/EMF108/EMF010743.asp;
http://www.ccee.ch/deutsch/struktur/ehe.htm;
http://www.islaminstitut.de/index.php?templateid=artikel&id=59;
http://www.trauspruch.de/gottesdienst_katholisch.php;
http://www.autobahnkirche.de/info-container/sachauskunft/islam/islam8.html;
http://www.seelsorgeamt-freiburg.de/download/MD2003-2.pdf;
http://www.uni-regensburg.de/Fakultaeten/Theologie/kirrecht/Gliederung-Ehe.pdf.

4. *Ein erstes Résumé*

Im Laufe der geschilderten Projektphase ist der seelsorgliche Handlungsbedarf überdeutlich geworden. Die Kinder und Jugendlichen aus religionsverbindenden Familien haben Anspruch auf Beachtung und geistliche Zuwendung. Ihre Eltern müssen aus der Abseitsposition wieder in die Gemeinden integriert werden. Kirche darf sich Desinteresse nicht leisten. Aus den Gesprächen mit den eingangs vorgestellten Frauen ergeben sich für mich Ansätze zur Unterstützung und Begleitung:

Frau 1 kennt zwar die Familienstrukturen der Orientalen, kommt aber nicht gut mit ihnen zurecht. Sie empfindet die Einmischung der Schwägerin als störend, anstatt sie als Hilfe oder Anregung anzunehmen. Ihr diese Falle bewusst zu machen, dürfte nicht schwer sein. Gravierender scheint mir, dass sie Religion wieder zum Thema machen will, obwohl dieses Thema zur Vermeidung von Konflikten zu Beginn der Ehe ausgeklammert wurde. Frau 1 will allein ein Defizit ausgleichen, das sie nicht allein zu verantworten hat. Sie hat darüber hinaus nicht geklärt, ob und warum ihr allein Religion plötzlich wichtig ist, nicht aber ihrem Ehepartner. Der Begriff von Religion hatte im Gespräch keine konfessionelle Konnotation, deshalb müsste mit ihr über die Konkurrenz der beiden monotheistischen Religionen Christentum und Islam, die beide einen Absolutheits- und Universalitätsanspruch stellen, gesprochen werden. Diese Konkurrenzsituation innerhalb einer Familie als Herausforderung zu verstehen, konnte in unserer Begegnung nicht thematisiert werden.

Frau 2 lebt das Klischee, sie hat sich in der Opferrolle eingerichtet. Sie ist zum Gespräch gekommen, weil sie ihr Herz ausschütten wollte. Dass sie wie auf der Flucht umgezogen ist, macht jede weitere Beratung und Begleitung unmöglich.

In der Beziehung von Frau 3 hat der Islam keine Bedeutung. Die eklatanten kulturellen und gesellschaftlichen Unterschiede zwischen ihr und ihrem Ehemann müssten durch Unterstützung ihres Selbstbewusstseins überwunden werden. Sie müsste in ein soziales Netzwerk, wie z.B. eine begleitete Gruppe allein erziehender Frauen, eingebunden und dort gestärkt werden.

Frau 4 will Kontakt zur Religionsgemeinschaft, eine religiöse Heimat und liturgisch unterwiesen werden. Sie braucht in erster Linie Anschluss an die Gemeinde.

Frau 5 braucht mehrere Spezialisten: Die Rechtsanwältin muss einschätzen, wie die Scheidung taktisch angelegt werden muss, damit Frau 5 das Sorgerecht für ihr Kind nicht verliert. Ein Finanz- und Vermögensberater muss ihr zur Seite stehen, damit sie ihr Haus nicht der Bank überlassen muss, wenn ihr Ehemann in der Existenzgründung scheitert. Ein Psychologe mit Erfahrung im Umgang mit Migranten muss beurteilen, welche Auswirkungen die neue Verantwortung der Vaterschaft auf den Mann, der wie ein moderner Beduine von Afrika durch Europa gezogen ist, haben kann. Auch islamwissenschaftliche Kenntnisse über Familienstrukturen und Aufgabenverteilung können weiter helfen. Der Kirchenrechtler muss klären, welche Möglichkeiten zur Annullierung der Ehe bestehen, da Frau 5 noch jung genug ist, um unter Umständen eine glückende Partnerschaft sakramental einzugehen. Sie sollte in Geistlicher Begleitung erfahren, wie sie in der Sorge um das Wohl des Kindes, zu dem auch die religiöse Bildung gehört, die Wertschätzung für die beiden religiösen Traditionen nicht verliert und in der eigenen Tradition die Wurzel findet, dass sie den Glauben an ihr Kind weitergeben kann. Außerdem sollte sie darauf vorbereitet werden, eine eventuell eintreffende Entscheidung des Kindes für die Zugehörigkeit zum Islam zu akzeptieren.

Die Erfahrungen zum interreligiösen Dialog, die Entwicklungen, die insbesondere der jugendliche Podiumsteilnehmer anhand seiner eigenen Biographie als Sohn eines Muslims und einer Katholikin, katholisch getauft und mit beiden Religionen vertraut, glaubhaft demonstrieren konnte, sind ermutigend und bergen den religiösen Schatz der Begegnung von Christen und Muslimen. Dass seine Eltern ihm die Last der Entscheidung abgenommen haben und ihn in eine bestimmte Religionsgemeinschaft hineinwachsen lassen, hält ihn nicht davon ab, die andere mit Respekt und teilweise auch Bewunderung in seine religiöse Haltung einzubeziehen.[6]

6 Vgl. *Regine Froese,* Zwei Religionen, eine Familie. Das Gottesverständnis und die religiöse Praxis von Kindern in christlich-muslimischen Familien; Gütersloh 2005.

Diese Überlegungen, angesichts religionsverschiedener Paare und religionsverbindender Familien angestellt, sind ein erster Ansatz, Fragen der christlich-muslimischen Begegnung nicht allein aus kirchenrechtlicher Perspektive zur Lösung zu bringen. Sie sollten vielmehr im Kontext einer noch zu entwickelnden Spiritualität des Dialogs zur geistlichen Reifung der Einzelnen und der Gemeinden aufgegriffen werden.

Gott in der Mailbox finden

Die Exerzitien Online als Einführung ins Gespräch mit Gott

Ansgar Wiedenhaus SJ

Zusammenfassung: Viele Menschen möchten gerne beten, wissen aber nicht wie. Auch besteht allgemein eine große Unsicherheit, worin unser Glaube eigentlich besteht. Schließlich ist es ein allgemeines Problem, dass Exerzitien sich oft an Menschen richten, die schon gewisse Erfahrungen im Glauben haben. Die Exerzitien Online sprechen dagegen diejenigen an, die (wieder) anfangen möchten, mit Gott ins Gespräch zu kommen.

Abstract: Many people want to pray but they don't know how. There is also a growing insecurity what our faith is all about. It is finally a common problem that retreats are generally more for people with some experience in faith. Online retreats, however, address people who want to start (again) with talking to God.

1. Die Entstehung der Exerzitien Online

Die Exerzitien Online begannen als private Idee. Eine Freundin von mir, die beruflich sehr stark eingespannt war, äußerte das Interesse daran, „etwas Geistliches" zu machen, sah sich aber außerstande, sich frei zu nehmen für Besinnungstage oder dergleichen, und fand sich auch nicht in der Lage, an Angeboten wie z.B. Exerzitien im Alltag teilzunehmen, weil sie nicht genug Ruhe fand, um eine halbe Stunde am Tag zu meditieren. Als Reaktion darauf entwarf ich die Exerzitien Online. Über einen Zeitraum von einem Monat (den wir später auf sechs Wochen verlängerten) bekam sie jeden Tag einen kleinen Impuls, über den sie im Laufe des Tages nachdenken sollte. Abends sollte sie drei Zeilen für sich selbst schreiben, wie es ihr mit dem Impuls ergangen war. Einmal pro Woche bekam ich einen Bericht, auf den ich dann noch einmal eigens antwortete. Sehr schnell wurde deutlich, dass diese Form der Begleitung keine einfache Berieselung mit geistlichen Nettigkeiten war, sondern dass dabei ein ernster geistlicher Austausch und eine Hinführung zum Gespräch mit Gott stattfanden.

Damit war die Idee der Exerzitien Online geboren, die dann im Sommer 2002 zum ersten Mal für Gruppen angeboten wurden. Die Regeln haben sich seit damals nicht geändert, und die große Nachfrage (ohne Werbung melden sich pro Kurs etwa 20–30 Personen innerhalb der ersten zwei Anmeldungstage an) und die Zufriedenheit der Teilnehmerinnen und Teilnehmer scheinen dem Konzept Recht zu geben.

2. *Was ist das Ziel der Exerzitien Online?*

Vielen Menschen geht es so, dass sie gerne „etwas Geistliches" machen möchten. Die Schwierigkeit besteht allerdings in der Regel darin, dass das Angebot an Geistlichen Übungen erstens sehr unübersichtlich ist und zweitens zumindest teilweise enorme Hürden für viele Interessierte bereit hält. So scheint der Übergang vom Lesen leicht zugänglicher geistlicher Lektüre zur aktiven Teilnahme an Geistlichen Übungen für viele sehr schwer zu sein. Für Exerzitien, die über mehrere Tage gehen, stellen sich folgende Probleme:

- Man muss sich dafür Urlaub nehmen. Das ist für jemanden, der ohnehin schon so sehr durch seine Arbeit beansprucht wird, dass das familiäre Leben beeinträchtigt wird, eine große Hürde. Wer Familie hat, wird in der Regel dafür sorgen, seinen Urlaub mit ihr zu verbringen, und nicht die wenigen Urlaubstage darauf verwenden, sich in ein Kloster oder ähnliches zurückzuziehen.
- Tage im Kloster sind nicht billig. Je nach Gehalt kann auch das für viele ein echtes Hindernis darstellen.
- Die Umgebung ist fremd, der Begleiter spricht möglicherweise eine geistliche Binnensprache, die Eingewöhnung in das Denken der Exerzitien nimmt fast die ganze Zeit in Anspruch.
- Wer die oben genannten Hürden genommen hat, fühlt den Druck, dass sich diese Investition jetzt auch lohnen muss. Es

kommt zu einem geistlichen Erfolgsdruck, der sich ungesund auf die Exerzitien auswirkt.

- Viele Menschen möchten ihren Aufbruch in Richtung Gebet nicht mit einer Gruppe beginnen, sondern erst einmal alleine im direkten Kontakt mit einem Begleiter die ersten Schritte wagen.
- Exerzitienkurse sind oft „Fortgeschrittenenkurse", d.h. es wird eine gewisse Verwurzelung im Glauben vorausgesetzt, und es geht gleich um Formen der Meditation. Dabei wird vernachlässigt, dass es vielen Menschen darum geht, erst einmal überhaupt den Kontakt mit Gott auszuprobieren in einer möglichst alltäglichen Form.

Gerade die letzten beiden Punkte treffen auch auf Exerzitien im Alltag zu. Darüber hinaus verlangen sie vom Exerzitanten ein gewisses Maß an Zeit, das dieser täglich investieren muss. Für viele Menschen, die sich durch Stress und das Hin- und Hergerissen-Sein zwischen Arbeit und Familie/Partnerschaft ohnehin ständig unruhig fühlen, ist selbst dieser Aufwand einfach zu viel.

Diese Darstellung soll nicht das Anliegen der genannten Exerzitienformen diskreditieren. Vielmehr möchte ich aufzeigen, welche Probleme sich für Menschen stellen, die überhaupt erst einmal anfangen wollen, mit Gott ins Gespräch zu kommen. Mit den Exerzitien Online wird versucht, auf diese Schwierigkeiten zu antworten. Anstatt sofort eine Spiritualität einzuüben, die zur Meditation führt, wird versucht, im Exerzitanten ein Gespür für die Alltäglichkeit Gottes zu wecken, dafür, dass er eben nicht nur in liturgischen Feiern oder meditativen Übungen anwesend ist, sondern jede Sekunde unseres Lebens mitgeht. Die Exerzitien Online sind so nicht nur Exerzitien im Alltag, sondern Exerzitien im Alltäglichen.

Insgesamt kann man sagen, dass die Exerzitien Online durchaus eine missionarische Funktion in einem sehr ursprünglichen Sinn haben. Viele Menschen nehmen Religion als ein sehr komplexes System schwieriger abstrakter Fragen wahr, in dem es sehr schwer ist, sich den eigenen Fragen nach Gott, nach Liebe, nach einem Zuhause zu stellen. Viele nutzen die intellektuellen Angebote katholischer Akademien, um sich mit ihrem Glauben auseinanderzusetzen, finden dort aber oft nur Nahrung für den Kopf, nicht aber fürs Herz.

Eine sehr gängige Erfahrung ist, dass Exerzitanten auf die sehr einfachen Impulse der ersten Woche mit großer Dankbarkeit reagieren, aber auch mit einer gewissen Ungläubigkeit und Hilflosigkeit. Wenn ihnen in der ersten Woche gesagt wird, dass sie von Gott geliebt sind, so wie sie sind, ohne Vorbedingung, ohne Leistung, dann sind häufige Reaktionen: „Warum hat uns das nie jemand gesagt?" „Was soll ich denn jetzt tun?" (An dieser Stelle kann man sich überlegen, was es über Inhalt und Stil unserer kirchlichen Verkündigung aussagt, wenn suchende Menschen diese Grundaussagen unseres Glaubens nicht mehr in unseren Kirchen hören.) Die Exerzitien Online sind eine Einführung in das Gespräch mit Gott, und zwar in einer Art und Weise, die zum ganz alltäglichen Reden mit Gott ermutigen möchte.

Aus diesem Grund werden nur kurze Impulse gegeben, die in der Regel keine Übungsstruktur haben, da es nicht um eine Hinführung zu Meditationstechniken geht, sondern um eine Einübung ins Erleben der liebenden Gegenwart Gottes. Über diese Gegenwart sollte so natürlich wie möglich gesprochen werden, da die klassische liturgische Sprache oft eher den Zugang zum Gespräch mit Gott erschwert – dass viele in alten, bekannten Formeln Trost finden, soll nicht bestritten werden und ist je nach Einzelfall zu berücksichtigen. Für die Begleiter bieten die Exerzitien Online die Chance, mit Menschen in Kontakt zu kommen, die sich oft keiner Kirche (mehr) zugehörig fühlen, die sich nach einem Gott sehnen, an den sie glauben können, und für die die Frage nach Gott eine Frage nach ihrem eigenen Leben ist.

3. Wer nimmt an den Exerzitien teil?

Die Konzeption der Exerzitien Online ist auf eine bestimmte Klientel zugeschnitten. Bei der Auswahl der Exerzitanten wird auf folgende Kriterien geachtet:

Die Teilnehmer sind Anfänger im Versuch, mit Gott ins Gespräch zu kommen. Dies ist das grundlegende Kriterium für die Teilnahme an den Exerzitien Online. Dies zusammen mit der Bereitschaft, sich auf die Regeln der Exerzitien einzulassen, reicht aus, um zur Zielgruppe zu gehören. Es mag allerdings der Klärung dienen, die Personengruppen zu nennen, die grundsätzlich von den Exerzitien ausgeschlossen sind:

- Leute, die Erfahrungen mit Exerzitien und Geistlicher Begleitung haben. Die Exerzitien Online sind auf (Neu-) Anfänger zugeschnitten, die Hilfe brauchen bei der Suche nach einem liebenden Gott. Wer einen geistlichen Begleiter hat oder schon an Exerzitien teilgenommen hat, weiß zumindest, wo er danach suchen kann, und wird deshalb in der Regel nicht angenommen.
- in pastoralen Berufen Arbeitende. Hin und wieder versuchen sich Leute anzumelden, die in pastoralen Berufen arbeiten. Aus den oben genannten Gründen ist auch diese Personengruppe von den Exerzitien Online ausgeschlossen. Zwar ist bekannt, dass für diese Klientel oft keine ausreichende Betreuung vorhanden ist, aber das Einbeziehen dieses Kreises würde das Auswahlverfahren erheblich erschweren, da die große Nachfrage eben immer eine Auswahl nötig macht.
- „Forschungsreisende". Es kommt vor, dass jemand sich anmelden will, um die Methode der Exerzitien Online kennenzulernen. Abgesehen davon, dass dies ohnehin keine guten Bedingungen für die Teilnahme an Exerzitien sind, ist die Nachfrage einfach zu groß, als dass wir diesen Personenkreis zulassen könnten.
- Menschen, die unter psychischen Spannungen leiden. In der Regel schreiben Menschen, die unter psychischen Problemen leiden, sehr offen bei ihrer Anmeldung darüber. Da die Form der Exerzitien Online eine große Distanz zwischen Exerzitant und Begleiter setzt, ist es zu gefährlich, diese Menschen teilnehmen zu lassen, da die Möglichkeiten, bei einer Krise stabilisierend einzugreifen, nicht gegeben sind – falls der Begleitende überhaupt dazu in der Lage ist.

Dieses sind die Gruppen, die generell von den Exerzitien ausgeschlossen sind. Hin und wieder melden sich Interessierte an, die „mal Ministrant waren" oder in den 50ern Exerzitien mitgemacht haben. Hier ist im Einzelfall zu entscheiden, ob die Betreffenden der Zielgruppe entsprechen. Vereinzelt versuchen sich auch Personen anzumelden, die eine stark mystische Ausrichtung haben, oft verbunden mit einer großen „Reiselust" durch die verschiedenen Religionen. Auch hier ist auf den Einzelfall zu schauen. Allerdings sollen die negativen Erfahrungen mit dieser Klientel nicht verschwiegen werden. Häufig ist es so, dass hier keine Einführung gesucht wird, sondern ein weiterer Mosaikstein für einen Glauben, der oft ohne persönlichen Gott auszukommen versucht. Wenn es dann um die Begegnung mit dem personalen Gott geht, werden die Exerzitien oft abgebrochen. In einer anderen Variante besteht eine große Belesenheit in mystischer Literatur, so dass der Begleiter die meiste Zeit damit beschäftigt ist, dem Exerzitanten klarzumachen, dass wir nicht den „Aufstieg zum Berg Karmel" versuchen, sondern eine Einführung in das einfache Gespräch mit Gott einüben. Bei allem Respekt vor diesen Suchenden hat sich im Laufe der Zeit herausgestellt, dass diese Gruppe wenig von den Exerzitien profitiert und oft eher abweisend reagiert, wenn auf den großen Drang nach mystischer Erfahrung nicht eingegangen wird.

4. Methode und Regeln

Der Ablauf der Exerzitien sieht im Allgemeinen folgendermaßen aus: Über einen Zeitraum von vier Wochen bekommen die Exerzitanten jeden Tag einen Impuls per Email. Dieser Impuls soll nicht länger als vier bis fünf Zeilen sein. Sonntags kann er länger ausfallen, aber für die normale Woche sollen die Impulse kurz gehalten werden. Die Exerzitanten sollen diese Impulse im Laufe des Tages bedenken, und zwar jeder auf die ihm am angemessensten erscheinende Weise. Wichtig ist, dass die Exerzitanten wirklich jeden Tag eine Mail bekommen. Es ist also nicht so gedacht, dass die Impulse für eine ganze Woche am Montag geschickt werden. Dagegen ist es schon als Ausnahme möglich, dem Exerzitanten „Proviant“ zu schicken, wenn z.B. der Exerzitant oder der Begleiter über ein Wochenende keinen Zugriff auf seinen Mailserver hat. In diesem Fall werden die Impulse für die entsprechenden Tage im Voraus geschickt. Dies sollte allerdings die Ausnahme sein. Der Begleiter soll möglichst wenige Vorgaben dazu geben. Sollte der Exerzitant mit dieser Freiheit überfordert sein, kann der Begleiter immer noch unterstützend eingreifen. Die Erfahrung hat allerdings gezeigt, dass die allermeisten Exerzitanten durchaus in der Lage sind, einen Ort für die Auseinandersetzung mit den Impulsen zu finden. Einmal pro Woche bekommt der Begleiter einen Wochenbericht. Hierin soll der Exerzitant seine Erfahrungen mit den Impulsen beschreiben. Es besteht die Möglichkeit, dem Begleiter von Schwierigkeiten mit den Impulsen oder den Rahmenbedingungen zu berichten oder Gedanken aufzuschreiben, die durch die Impulse angestoßen wurden. Diese Wochenberichte sind eine Verpflichtung, welcher der Exerzitant mit Annahme der allgemeinen Regeln, die er vor Beginn der Exerzitien zugeschickt bekommt, zustimmt. Der Begleiter antwortet möglichst am nächsten Tag noch auf diesen Wochenbericht.

Konkret werden den Exerzitanten folgende Eckdaten genannt:

- Die Impulse treffen jeden Morgen bis 8.30 Uhr ein, sonntags bis 9.30 Uhr.
- Der Wochenbericht soll am Sonntag beim Begleiter eintreffen. Die Antwort folgt im Laufe des Montags.
- Jeder Exerzitant ist bereit, mindestens zehn Tage an den Exerzitien teilzunehmen, auch wenn er die Exerzitien abbrechen möchte. Diese Regelung hat den Sinn, den Exerzitanten zumindest in den ersten zehn Tagen davor zu schützen, seine Energie an die ständige Frage „Mach’ ich weiter oder hör’ ich auf“ zu verschwenden. Dabei ist es selbstverständlich, dass es Situationen gibt, wo ein früheres Aufhören sinnvoll und möglich ist.
- Wenn diese Eckdaten sich nicht in den Alltag des Exerzitanten einpassen lassen, ist es möglich, andere Termine, z.B. für die Abgabe des Wochenberichts, mit dem Begleiter abzusprechen.

Diese Regeln sind nicht sonderlich umfangreich, halten aber die Exerzitien zusammen. Darum ist sehr darauf zu achten, dass sie eingehalten werden. Wer z.B. am abgesprochenen Tag nicht seinen Wochenbericht schickt, wird am Folgetag gemahnt und am darauf folgenden Tag von den Exerzitien ausgeschlossen.

Dass die Abbruchrate bei den Exerzitien Online trotz der großen Distanz so gering ist, liegt sicher auch daran, dass die Regeln vorher sehr klar und bestimmt zur Grundlage der Exerzitien erklärt werden. Diese Regeln werden von der Leitung der Exerzitien Online zu Beginn der Aufnahme in einen Kurs abgesprochen. Es ist daher von größter Wichtigkeit, dass sich auch die Begleiter daran halten. Darüber hinaus ist darauf zu achten, dass die Begleiter die Zielsetzung verfolgen, die auf der Homepage der Exerzitien Online angegeben wird: die Einführung in das Gespräch mit Gott in einer Form, die sich für die Exerzitanten lebensnah und ohne Extrazeiten verwirklichen lässt.

Dadurch, dass die Exerzitien z.B. keine Meditationsübungen oder dergleichen vorsehen, nehmen sich viele Teilnehmerinnen und Teilnehmer die Mittagspause, um über die Impulse nachzudenken. Einige Exerzitanten schreiben auch, dass der Exerzitienimpuls die erste Mail ist, die sie lesen und ausdrucken. Daraufhin nehmen sie sich ein paar Minuten Zeit, die sie (manchmal bei einer Tasse Kaffee) mit dem Text verbringen. Auf diese Weise können sie ihn immer sozusagen „im Hinterkopf" bedenken. Abends schließen sie den Tag mit dem Impuls ab und schreiben ihre drei Zeilen, in denen sie die gemachten Erfahrungen kurz reflektieren.

5. *Die Begleitung*

Die formalen Aufgaben des Begleitenden sind das Verschicken der Impulse und das Beantworten der Wochenberichte. Dabei soll der Begleiter darauf achten, dass Fragen, Schwierigkeiten oder Trosterfahrungen, die in den Wochenberichten auftauchen, in den Impulsen ihre Erwiderung finden. Ferner kann es in der Begleitung notwendig sein, Hilfestellungen zu geben, wenn der Exerzitant Schwierigkeiten mit dem Ablauf der Exerzitien oder mit der regelmäßigen Auseinandersetzung mit den Impulsen hat. Insgesamt unterscheidet sich die Rolle des Begleiters nicht wesentlich von seiner Rolle in anderen Exerzitienformen.

Einige Regeln zum Umgang mit den Exerzitanten halte ich jedoch für dieses Medium für hilfreich und wichtig:

- Die Exerzitanten sollen gesiezt werden, auch wenn sie von sich aus das „Du“ anbieten. Gerade über die Distanz, die durch das Medium Email gegeben ist, ist es wichtig, die Rolle des Begleiters klarzumachen. Durch ein gegenseitiges Duzen wird diese Rolle gefährdet, da der Begleiter leicht in die Rolle eines Chatpartners gedrängt werden kann. Schon bei den Anmeldungen zeichnet sich manchmal ab, wie leicht Teilnehmerinnen und Teilnehmer diese unterschiedlichen Beziehungsebenen vermischen.
- Bei Email-Signaturen sollte nur die eigene Email-Adresse auftauchen. Auch das hat Signalwirkung. Dem Exerzitanten wird klargemacht, dass der Begleiter nicht angerufen, besucht oder postalisch angeschrieben werden möchte. Selbstverständlich ist es kein Problem, dennoch Telefonnummer oder Postadresse eines Begleiters herauszufinden, doch das bewusste Auslassen dieser Angaben markiert, dass der Begleiter hier eine Grenze setzt.
- Die Exerzitien sind nach vier Wochen zu Ende. Im Zusammenhang mit dem vorhergegangenen Punkt dient diese klare Regelung auch dem Schutz der Begleiter. Darüber hinaus soll dem Exerzitanten signalisiert werden, dass es nach den Exerzitien eher angemessen ist, weiterzugehen, sich einen Begleiter oder eine Gruppe vor Ort zu suchen usw. Selbstverständlich steht es jedem frei, Beziehungen zu Teilnehmerinnen und Teilnehmern aufrecht zu erhalten. Trotzdem muss der Rahmen der Exerzitien klar abgesteckt sein, um ein Hineinrutschen in eine undefinierte Begleitungssituation zu vermeiden.

6. Die geistliche Struktur der Exerzitien Online

Was jeder Begleiter zum Inhalt seiner Impulse macht, ist freigestellt. Ich möchte hier jedoch eine Struktur vorstellen, die sich bewährt hat und als Anregung dienen kann.

Worum soll es nun in den Impulsen gehen? Die erste Woche ist bestimmt von der reinen Zusage Gottes, dass er uns mag und dass er bei uns ist. Schon allein das Vokabular hat hier Signalwirkung: Von der Liebe Gottes wird oft gesprochen, aber dass dies etwas mit der viel näheren, einfacheren Erfahrung des Gemocht-Seins zu tun hat, fällt dabei oft unter den Tisch. Dieses Gemocht-Sein soll in verschiedenen Texten immer wieder ausgesprochen werden. Bibeltexte können dafür verwendet werden, allerdings ist es ratsam, Geschichten in zwei oder drei Sätzen nachzuerzählen und bei Psalmen nur zwei oder drei Verse auszuwählen. Auf diese Weise gelingt die Fokussierung besser. Zwei häufige Themen im ersten Wochenbericht sind der Unglaube darüber, dass Gott uns mag, wie wir sind, und der Reflex, sofort etwas dafür tun zu müssen. Hier ist es oft sinnvoll, den Exerzitanten mit einer „spirituellen Genusskultur" vertraut zu machen, indem man die Linie der ersten Woche noch einmal um eine Woche verlängert. So kann er nicht nur erfahren, dass er von Gott geliebt ist, sondern dass er dafür nichts tun muss, es einfach genießen und sich dabei ausruhen kann. Wenn sich dann der Exerzitant an der Güte Gottes gesättigt hat, kann man weitergehen. Die Mitmenschen als bevorzugter Ort der Gotteserfahrung sind dabei ein hilfreiches Thema. Was vorher nur als Zusage gegeben wurde, wird hier konkret. Sowohl die Liebe Gottes als auch die Liebe zu Gott werden im Umgang mit Menschen konkret. Es geht allerdings nicht um ein moralisches Nächstenliebe-Heldentum, sondern um die Erfahrung, dass ich in der Liebe zu dem, was ist, eine ganz realistische Spiritualität entdecken kann. Gerade für Menschen, die ganz in Beruf und Familie eingebunden sind, kann es ein großer Trost sein, wenn ihnen die Liebe zu ihrer Familie als größtes und schönstes Gebet erschlossen wird. Die Exerzitien gehen zu Ende mit Impulsen zu Jesus Christus, in dem Gottes Liebe Gestalt gewinnt und seine Zusage noch einmal konkreter und sichtbarer wird.

7. Die Frucht der Exerzitien

Die Exerzitien Online gibt es seit mittlerweile fünf Jahren. Die Erfahrung zeigt, dass sie ein geeignetes Mittel sind, um Menschen die Güte Gottes auf einfachste Weise zu vermitteln, ohne die Inhalte zu banalisieren oder die Exerzitanten nicht für voll zu nehmen. Im Laufe der vier Wochen tauchen immer wieder grundlegendste Fragen unseres Glaubens auf: Wie ist es mit dem Leid? Wer kommt in den Himmel? Was mache ich, wenn ich nicht verzeihen kann?

Die Kürze der Impulse scheint eher zu solchen Fragen zu ermutigen. Als Faustregel lässt sich sagen: Der Impuls hat die Aufgabe, das anzuregen, was in der Biographie schon an fragender Sehnsucht vorhanden ist. Das ist sicher einer der Gründe, warum die Exerzitien Online vor allem Menschen im Alter von Mitte 30 bis Ende 50 ansprechen, also eine Klientel, die in der Regel schon fest im Leben steht und sich jetzt mit einer Dimension dieses Lebens auseinandersetzen will, die vorher nicht oder nur ungenügend angesprochen worden ist.

Wie schon oben angedeutet, befinden wir uns in der dramatischen Situation, dass suchende Menschen oft nicht mehr an die Grundlagen des Glaubens herangeführt werden, weil in Predigten und Kursen zu oft davon ausgegangen wird, dass alle schon wissen, worum es geht. Die Exerzitien Online werfen eher ein Licht auf die Situation derjenigen, die es leid sind, sich ihren Glauben zusammendiskutieren zu müssen, und die die Zusage Gottes, die sich niemand selbst geben kann, entdecken wollen.

Spiritualität und Organisations-entwicklung

Spiritualität als kritische, integrierende und stimulierende Kraft in einer kirchlichen Organisation

Thomas Leyener

Zusammenfassung: Wenn Organisationswirklichkeit konsequent in der „Reich Gottes"-Perspektive des Evangeliums betrachtet und gestaltet wird und somit spirituelle Reflexion und Vollzüge in die Organisation einziehen, sind grundlegende Konsequenzen zu erwarten. Das „Kirchliche" der kirchlichen Organisation wird konkret durch eine Spiritualität, die kritische, integrierende und stimulierende Kräfte hat.

Abstract: If we strictly regard and create the reality of organisations from the perspective of „Kingdom of God" in the gospel, spiritual reflexion and spiritual practice find their way into the organisations, and fundamental consequences may be expected. The character of church related organisations distinguishes itself by a spirituality which develops critical, integrating and stimulating forces.

1. Spiritualität und der Auftrag kirchlicher Organisationen

Gesellschaftlich ist (wieder) eine Situation entstanden, in der Spiritualität und Religion nicht von vornherein verdächtigt oder belächelt werden, sondern als eine Möglichkeit erscheinen, mit offenen Fragen im Leben umzugehen und diese zu bewältigen. Alles, was Sinn macht und Sinn stiften könnte, wird probiert, geprüft und dann jeweils angewandt oder verworfen.

So ist es verständlich und nicht verwunderlich, wenn Spiritualität als eine Alltagsgestalt des Religiösen auch im Zusammenhang mit Organisationsentwicklung thematisiert wird. Gerade in kirchlichen Einrichtungen wird danach gesucht, wie Spiritualität – auch als ein Merkmal der Kirchlichkeit – in der Organisation sichergestellt werden kann. Dabei sollte aber die vordergründige Vorstellung überwunden werden, dass Spiritualität in kirchlichen Einrichtungen darin bestünde, von Zeit zu Zeit Gottesdienste zu feiern und den Mitarbeitern diese Mitfeier zu ermöglichen.

Im Folgenden soll deutlich werden, dass Spiritualität eine umfassendere Bedeutung hat und gerade in kirchlichen und helfenden Einrichtungen eine originäre Bedeutung entfalten kann. Gottesdienstliche Feiern, die in Bezug stehen zu Auftrag und Leben einer Organisation, sind dann schließlich wichtige Elemente von spirituellem Leben in einer Organisation – keineswegs erschöpft sich Spiritualität darin oder hat diese gar zur Voraussetzung.

In der Mitte der biblischen Botschaft steht das Reich Gottes: die Vorstellung und Erwartung, dass Gott in dieser Welt ist und „herrscht". Dieses von Jesus Christus verkündete und in die Welt eingestiftete Reich Gottes ist die leitende Perspektive allen kirchlichen Handelns, denn es verändert den Bezug zu dieser Welt, und es verändert das menschliche Handeln. In der Perspektive dieses Reiches, welches die Welt vollenden wird, ist der Tod nicht das Letzte, und die Plausibilität herrschender Ordnungen (wie z.B. dass der Stärkere gewinnt und der Verlierer sein Schicksal zu ertragen hat, dass Gerechtigkeit nicht herzustellen ist und das Böse unausrottbar ist) wird hinterfragt und erschüttert.

Wer wie Jesus aus der Reich-Gottes-Perspektive lebt, wird wortwörtlich radikaler, weil sein Wurzelgrund (lat. „radix") Gott ist. Wer in dieser Perspektive lebt, weiß sein Handeln eingebunden in das Handeln Gottes – dieser will und wird die Welt erlösen und im Heil vollenden.

Aus dieser radikalen Glaubens- und Hoffnungshaltung lässt sich als erster grundlegender Auftrag für kirchliche Einrichtungen bestimmen, dass alles Handeln diese Perspektive spiegeln muss – grundsätzlich, grundlegend und (im besten Sinn) radikal. Spirituelle Orientierung bzw. Spiritualität in der Organisation würde diese an der Reich-Gottes-Perspektive ausrichten und aus ihr Konsequenzen für Haltungen und Handeln ableiten; solche Konsequenzen müssten im genannten Sinn markant (radikal) und über vordergründige Maßstäbe hinausgreifend sein.

Eine Spiritualität in der Nachfolge Jesu Christi wird den Menschen nicht entrückt (fromm verzückt) machen, sondern ver-rückt. Sie verrückt die Perspektive, so dass man mitten im Leben stehen kann und doch schon darüber hinaus ist, dass man die Welt voll und ganz ernst nimmt und doch mit Humor. Genau so wie Spiritualität nicht von dieser Welt ist, führt sie mitten in diese hinein. Christliche Spiritualität wird niemals zur Schwärmerei oder zum Ausstieg aus den Verhältnissen (ver-)führen, sondern kann nur mitten hinein führen, weil ein Christ so leben soll, als sei er nicht von dieser Welt, aber mitten in dieser. Die Dialektik, von der Paulus im 1. Korintherbrief spricht – haben, als hätte man nicht (1 Kor 7,29ff) –, kann nur als spirituelle Haltung verwirklicht werden, und sie bleibt in andauernder Spannung zu dieser Welt mit allen ihren Gegebenheiten. Auf diese Weise befreit Spiritualität von einer unterdrückenden und vordergründigen Bindung an das, was für die unausweichliche Realität gehalten wird.

Ein weiteres Merkmal christlicher Spiritualität ist ihre Bindung an Geschichte und Tradition, die zugleich in Verbindung mit einer gelassenen und liebevollen Haltung zum Gegenwärtigen sowie mit einer entschiedenen Zukunftserwartung steht. Spiritualität weiß um die Schätze des Wissens und der Praxis aus der Tradition – diese sind wahrzunehmen und für weitere Generationen zugänglich zu halten. Spiritualität führt ins Heute und in gegenwärtige Präsenz, weil jetzt gelebt wird, und zwar auf eine end-gültige Weise. Das Jetzt entscheidet über die Zukunft und damit das Ende. Von dieser Zukunft wird etwas erwartet – und es wird Entscheidendes erwartet. Die kürzeste Formel lautet: Gott wird erwartet, die Vollendung der Welt in seiner Herrschaft. Die Haltung der Erwartung ist Hoffnung und Glaube – der Glaube daran, dass wirklich noch etwas möglich ist, dass es mehr als die (scheinbare) Plausibilität und den Bestand der Gegenwart geben kann.

Menschen, die noch etwas erwarten, werden die gegenwärtigen Bedingungen (um-) gestalten; wer noch etwas erwartet, der bleibt lebendig; wer auf etwas/auf jemanden wartet, der ist schon in Beziehung zu diesem – das Kommende wird so schon gegenwärtig. Der Ausstieg aus der Erfahrung von Begrenztheit und gegenwärtiger Enge erfolgt nicht in einer neuen Chance durch

Wiedergeburt, sondern durch spirituelle Orientierung: gebunden an die Tradition und ausgreifend auf eine Zukunft mit Gott und den damit verbundenen Möglichkeiten kann man kraftvoll in der Gegenwart leben und diese gestalten.

Spiritualität kann – auf eine Organisation und die in ihr lebenden Menschen bezogen – dazu führen,

- dass andere Maßstäbe gelten, weil alles auch unter der Perspektive des Reiches Gottes betrachtet und gestaltet wird;
- dass alle freier werden, weil man voll und ganz orientiert an den realen Bedingungen lebt und arbeitet und doch einen Abstand dazu haben kann, denn diese Realität ist nicht die einzige und nicht die letzte;
- dass die gesamte Organisation ständig in der Haltung lebt, von der Zukunft noch etwas zu erwarten und somit den Treibstoff der Lebendigkeit und Veränderungsbereitschaft in sich erlebt;
- dass heilsame Unruhe entsteht, weil Spiritualität nicht als religiöser Tranquilizer, sondern als lebendige Geistes-Gegenwart Gottes und der Menschen gelebt wird.

Als Konkretion dieser „Wirkung“ und Perspektive des Spirituellen in einer Organisation wird im Folgenden die spirituelle Bedeutung einiger zentraler Inhalte und Aussagen des christlichen Glaubens in Beziehung gesetzt zu Handlungsmöglichkeiten in Organisationen und exemplarisch entfaltet.

2. *Spiritualität als kritische, inspirierende und integrierende Organisationswirklichkeit*

2.1 Pneumatikos ↔ Struktur

Eine Organisation oder Institution ist an ihrer Struktur erkennbar. Strukturen schaffen Ordnung und Verlässlichkeit und sorgen für Dauer – sie sichern Organisationen über die Zeit. Andererseits machen Strukturen auch eng; zuweilen so eng, dass Bewegung und Freiheit eingezwängt oder unmöglich werden. Neben aller Bemühung, durch klare Strukturierung Effizienz, Wirtschaftlichkeit und Verlässlichkeit sicherzustellen, wird jede Organisation erleben, dass ein unbeherrschbarer Rest verbleibt, dass Chaos (an der falschen Stelle) auftritt und nicht einzufangende Freiheit und Kontingenz bedrohlich erscheinen.

Das Spirituelle als „lebendiger Atem des Geistes" (Pneuma) „kämpft" insofern mit der Struktur, als sowohl die ordnenden wie die verlebendigenden Kräfte gleichermaßen notwendig sind. In Gott selbst sehen wir dies, der sowohl Vater ist (Ordnung, Gesetz und Beständigkeit) wie Heiliger Geist (Lebensatem, Dynamis = Kraft, Durcheinander).

Spiritualität, die die Wirklichkeit des Geistes offen hält, entfaltet sich

- als *kritische Kraft*, indem sie die Erwartungen an Strukturen und deren Optimierung hinterfragt und davor warnt, dass durch verfeinerte Strukturierung und Organisationsentwicklung jede Steigerung machbar sei;
- als *inspirierende Kraft*, indem sie Raum schafft für den kreativen und unberechenbaren Geist und immer wieder auf die Bedingungen für angstfreie Freiheit, Spontaneität und Kreativität hinweist;
- als *integrierende Kraft*, indem sie humorvoll die Balance hält zwischen Struktur und Chaos und ermöglicht, einige Situationen mit Geduld und Gleichmut zu ertragen und zu bewältigen.

2.2 Glaube ↔ Institution

Der Glaube realisiert sich mehr im „Vertrauen auf" als im „Glauben an". Die Kategorie des Glaubens macht deutlich, dass es um eine Beziehung geht. Die Kommunikationspsychologie weist den Beziehungsanteilen in der Kommunikation die größere Wirkung zu. Vertrauen als Vollzug des Glaubens hat also sowohl in geistlicher Hinsicht wie in kommunikativer Hinsicht eine hohe Bedeutung in einer Organisation. Solch eine Beziehungswirklichkeit ist nicht zu institutionalisieren – Vertrauen kann nur in Freiheit gelebt und geschenkt werden. Kirchliche Einrichtungen müssen akzeptieren, dass (Recht-)

Gläubigkeit von Mitarbeiterinnen und Mitarbeitern weder standardisiert abgefragt noch als Bekenntnis abverlangt und nicht im allgemeinen Vollzug erreicht werden kann. Die Institution kann keinen Glauben verlangen, allenfalls können Menschen einander dazu anstiften.

Spiritualität, die Glauben und Vertrauen als Vollzug in einer Organisation aufrechterhalten will, erweist sich

- als *kritische Kraft*, indem die Bedeutung von Mess- und Kontrollinstrumenten befragt wird und diese sich legitimieren müssen vor einer Alternative des Vertrauens und Zutrauens. Sie wird kritisch insbesondere die Beziehung zwischen Führungskräften und Mitarbeitern/-innen betrachten und danach fragen, wie viel Potenzial für Vertrauen in der Unternehmenskultur steckt;
- als *inspirierende Kraft*, indem sie den Vorschuss des Vertrauens fördert und zur Haltung ermuntert, zuerst einmal zuzutrauen und erst dann skeptisch zu werden, wenn Anlass geboten ist. Dies kann dazu führen, dass Veränderungsprozesse nicht durch Institutionalisierung umgesetzt werden, sondern durch vertrauensvolle Überzeugung und durch Zutrauen in Einsicht und Motivation;
- als *integrierende Kraft*, indem das soziale Klima gefördert wird und somit Wachstumsimpulse entstehen im Bereich des Miteinanders und der Beziehung zwischen Leitung und Mitarbeitern. So kann gemeinsam eine Balance zwischen notwendiger Planung, Kontrolle und Vertrauen hergestellt werden.

2.3 Freiheit ↔ Gesetz

Das zentrale Moment der Botschaft Jesu Christi ist die Befreiung von der Unterdrückung durch starre und rigide religiöse Anordnungen. Jesus befreit uns zur unmittelbaren Beziehung mit unserem Gott: Nicht die genaue Befolgung des religiösen Gesetzes bringt uns Gott näher, sondern die direkte und liebevolle Beziehung. Im Reich Gottes herrscht nur einer: Gott selbst – alle anderen sind freie Geschöpfe seiner Liebe. Wo der

Geist Gottes (als einziger) herrscht, dort wird es ein selbstkritisches Verhältnis zur Macht geben, weil alle Herrschaft von der Liebe bestimmt ist. So macht eine spirituelle Reflexion bezüglich Freiheit und Gesetz kritisch darauf aufmerksam, dass jede Organisation die Wirkung interner Gesetzlichkeiten beobachten sollte. Unter welchen Mächten und Gewalten, unter welcher Gesetzlichkeit und Plausibilität stehen die Mitglieder der Organisation? Insbesondere in helfenden und pflegenden Einrichtungen ist eine derartige spirituelle Analyse sinnvoll und betrifft Mitarbeitende und Bewohner.

Spiritualität, die im Dienst der Freiheit des Subjekts gegenüber einem (unterdrückenden) Gesetz stehen will, erweist sich

- als *kritische Kraft*, indem sie aus einer geistlichen Perspektive heraus geltende Plausibilitäten der Herrschaft von Macht und (Organisations-) Gesetzlichkeiten in Frage stellt und sie zur Legitimation gegenüber der gottgewollten Freiheit des Subjekts zwingt;
- als *inspirierende Kraft*, indem sie auffordert, die „Herrschaft" von Vertrauen und Liebe und die Würde des freien Subjekts zu achten – auch und gerade wenn diese durch Krankheit, Alter und Gebrechen gefährdet ist;
- als *integrierende Kraft*, indem sie alle Mitglieder einer Organisation – insbesondere aber die mit Macht ausgestatten Leitungsverantwortlichen – einem „Dritten" (Gott) unterstellt und damit jede menschliche Macht relativiert.

2.4 *Gnade ↔ Profit, Nutzen*

Spiritualität vermittelt die religiöse Erfahrung, dass menschliches Leben insgesamt geschenkt ist und vieles nicht durch eigene Anstrengung erworben wurde. Es wird deutlich, dass der Mensch nicht nur als Kind bedürftig ist und andere „braucht", sondern dass es menschlich ist, auf andere angewiesen zu sein und gegenseitige Solidarität zu benötigen. Der tiefste Grund für eine alle Menschen umfassende Solidarität liegt in der Tatsache, dass ich nur überlebe, wenn ich mich beschenken lasse. Keiner kann das gesamte Leben aus eigener Kraft erwirtschaften (= machen, sich verdienen). Direkt aus dieser Erfahrung der „Gnade“ folgen Dank und Lobpreis Gottes, aber auch der Dank an andere Menschen.

Diese geistliche Perspektive führt nicht zur Verurteilung des Profitstrebens und der Nutzenmaximierung – sie führt aber dazu, das Verhältnis von zweckfreier Gnade (Absichtslosigkeit, Unterstützung ohne Gewinn) zu der Haltung anzufragen, die primär am betriebswirtschaftlichen Nutzen interessiert ist. Gerade in Zeiten, da helfende Einrichtungen sparen sollen und Kosten-Nutzen-Relationen immer bestimmender werden, ist es wichtig, diese Anfrage in der Organisation lebendig zu halten.

Spiritualität, die auf die Bedeutung hinweist, dass menschliches Leben geschenkt ist und von der Gnade lebt, erweist sich

- als *kritische Kraft* gegenüber einer Erwartungshaltung, die mit „dem Recht auf“ auftritt oder der Sichtweise, dass helfende Einrichtungen das Paradigma vom Kunden übernehmen sollten. Es geht nicht um eine restaurative Wiederbelebung des Paradigmas „Bruder und Schwester“, aber um die kritische, geistliche Bewertung gegenwärtiger Tendenzen;
- als *inspirierende Kraft*, indem sie alle helfenden Berufe darauf aufmerksam macht, zwischen Gnade und eigener Macht und Machtlosigkeit zu unterscheiden. Im Sinne der Psychohygiene und der Prävention von Burn-out sind wir davon befreit, Leid gänzlich beseitigen oder besiegen zu müssen und stets mehr als alles zu tun;
- als *integrierende Kraft*, indem sie die gesamte Organisation mit der Spannung beschäftigt, wie das wirtschaftlich Notwendige und das human Geforderte, wie begrenzte Ressourcen mit der „Verschwendung“ von Nächstenliebe und Fürsorge in Einklang gebracht werden können.

2.5 Barmherzigkeit ↔ Recht

Allen, die schon immer wissen, was recht ist, was erlaubt und was verboten, was geht und nicht geht – all diesen hält die Bibel die Begegnung Jesu mit Zachäus entgegen (Lk 19,1–10). Barmherzigkeit ist die Konsequenz der Gnade. Der/die andere wird als andere/r in seiner/ihrer Eigenständigkeit und Würde wahrgenommen, und dabei wird notwendigerweise gefragt, was er/sie braucht. Was jede(r) braucht, ist im Modus des „Recht auf" nicht mit einer größeren Sicherheit zu bekommen als im Modus der Barmherzigkeit. Diese entmündigt nicht und sorgt durch Mildtätigkeit auch nicht für Abhängigkeiten, sondern ist der geistliche Grund, die Würde des anderen zu achten und einiges dafür zu tun, diese zu bewahren.

Spiritualität, die Barmherzigkeit fordert und zeigt, erweist sich

- als *kritische Kraft*, die darauf aufmerksam macht, in welcher Beziehung Menschen zueinander stehen, und die anfragt, welche Motive – insbesondere in helfenden Beziehungen – jeweils leitend sind;
- als *inspirierende Kraft*, weil sie kirchlichen Einrichtungen das Spezifikum aufzeigt, die Bedürftigen und Benachteiligten zu beachten, da diese Barmherzigkeit doch in besonderer Weise zum Erhalt ihrer Würde brauchen. Soziale Pläne und Hilfekonzepte haben exemplarischen Charakter und können zum Vorbild werden, wenn sie diesen Geist atmen und Barmherzigkeit in der Gestalt universeller Solidarität realisieren;
- als *integrierende Kraft*, wenn sie es kirchlichen Einrichtungen ermöglicht, einerseits sich einzuordnen in die Dienstleistungsanbieter und andererseits ein Identität stiftendes Spezifikum herauszubilden.

3. Wie wird Spiritualität in der Organisation wirksam?

In der Gestalt geistlich orientierter Reflexion, spiritueller Wahrnehmung von Wirklichkeit und ritueller Vollzüge kann Spiritualität die aufgezeigte kritische, inspirierende und integrierende Kraft entfalten. Wie aber wird aus dieser Möglichkeit eine Organisationswirklichkeit?

3.1 Spiritualität ist nützlich

Eine spirituelle Wahrnehmung verändert den gewohnten Blick, lässt Neues „hinter“ der Wirklichkeit entdecken und durchschaut Vordergründiges. Das „Mehr“, welches wahrgenommen wird, eröffnet neue Möglichkeiten und Handlungsoptionen. Spiritualität ist nützlich, weil Gewohntes in Frage gestellt wird und sich etwas ereignet, das Sören Kierkegaard als grundlegende Funktion der Religion ansah: Unterbrechung!

Alltägliches und Gleichförmiges und das, was zu erstarren droht, wird vom lebendigen Geist (spiritus) durchgepustet. Man kann – um im Bild zu bleiben – mit einer erfrischenden Brise rechnen.

Spiritualität als Reflexion oder Ritual führt immer zu Kommunikation. Damit dient sie dem Austausch über Wahrnehmungen, Einstellungen und Motivationen und fördert „corporate-Prozesse“.

3.2 Das Spirituelle organisieren?

Name und Charakter sprechen dagegen, dass Spiritualität, dass der Hauch und der lebendige Atem, dass das Bewegte und Bewegende am Spirituellen organisierbar oder institutionalisierbar sei.

Christliche Spiritualität, die sich auf Jesus Christus beruft, ist das Ergebnis einer Bewegung und nicht das einer Organisation. Jesus selbst hat extrem wenig organisational sichergestellt, sondern äußerlich wie innerlich aus der Wanderschaft, der Bewegung und Beziehung zum kommenden Reich Gottes gelebt und sich gar nicht an diese Welt gebunden.

Geistliches gilt als sehr persönlich oder gar intim. Religion und Spiritualität sind daher für viele eine individuelle und ausschließlich persönliche Angelegenheit. Diese Einstellung dürfte sich als Hindernis erweisen und ist kritisch anzufragen, weil Spiritualität auf gemeinschaftlichen Austausch und Vollzug drängt und gerade Menschen versammeln will, statt sie in der Einsamkeit subjektiver spiritueller Erlebnisse zu separieren.

Dem Spirituellen ist mit der gebotenen Qualität in kirchlichen Organisationen Raum zu geben, weil in helfenden Einrichtungen und kirchlichen Organisationen Sinn- und Wertfragen zu beantworten sind. Organisationsaufbau, Ablauforganisation und Unternehmenskultur beantworten mehr oder weniger reflektiert solche Sinn- und Wertfragen. Damit ist die gesamte Organisation auskunfts- und rechenschaftspflichtig, wie sie es mit dem Leben, dem Tod, der Würde, der Freiheit usw. hält.

Auch dürfen die Mitarbeitenden nicht allein gelassen werden in der Beantwortung der genannten Fragen sowie in der Sinnfindung ihrer eigenen Arbeit. In der Regel ist der ganze Mensch beteiligt an der Arbeit, die er tut – dieser ganze Mensch muss Sinn erleben und darf nicht in Entfremdung geraten.

Kirchliche Einrichtungen können sich nicht vom „Organisationsauftrag" der Kirche dispensieren – auch wenn es nicht immer leicht ist, mit den Imageproblemen der Kirche befasst zu werden. Zum kirchlichen Auftrag gehört es, Zugang zum spirituellen Erleben und Tun zu vermitteln und die Wirksamkeit des Spirituellen zu erschließen – erst recht in den eigenen Einrichtungen.

3.3 Konkret bedeutet dies …

Wird die Bedeutung des Spirituellen im Rahmen des Qualitätsmanagements einer Organisation gesehen, dann dürfte sie ihre förderliche Kraft entfalten, weil ihr in der Organisation gewissermaßen ein Platz zugewiesen ist. Diese Verortung erscheint mir sinnvoll, weil bislang schon deutlich geworden ist, dass Spiritualität und die entsprechende Reflexion sowie spirituelle Vollzüge Auswirkungen auf Auftrag, Ziel und Ablaufgestaltung einer Organisation haben. Wegen dieser umfassenden Wirkung und Bedeutung kann Spiritualität ein entscheidendes Element für Qualität in einer Organisation sein – insbesondere in einer kirchlichen. Gegenwärtige Modelle, kirchliche Einrichtungen als *exemplarische* zu entwickeln – in ihrer Fachlichkeit sowie in ihrer Spiritualität – finden genau darin ihre Begründung.

Innerhalb der Elemente des Qualitätsmanagements kann man sich auch spirituelle Gesprächszirkel denken, die geistliche Reflexion betreiben hinsichtlich der Organisationsziele. Gesprächsgruppen, die den Mitarbeitenden zum Austausch über persönliche und belastende Erfahrungen in der Arbeit dienen, sind eine weitere Realisierung von Spiritualität bzw. „sichern" deren Ort in der Einrichtung.

Im Verlauf eines Jahres wird es mehrere Anlässe geben für Gottesdienste, Rituale oder Gedenkfeiern, die einen Bezug zum Auftrag und zum Thema der Organisation haben oder den Anlass bieten, geistliche Themen auf die Einrichtung zu beziehen – seien es die Jubiläumsdaten der Einrichtung, das Gedenken der Verstorbenen, die rituelle Begleitung von Festen, die Feier der Krankensalbung in Pflegeeinrichtungen u.a.

Eine weitere Verortung findet Spiritualität in der Fortbildung, indem möglichst viele – auch fachgebundene Fortbildungen – mit einer geistlichen Perspektive bzw. einem entsprechenden Bezug gestaltet werden. Dann wird es möglich sein, daneben auch thematische Tage bzw. Besinnungstage so zu gestalten, dass ihr spiritueller Inhalt und ihr Bezug zu Leben und Arbeiten der Mitarbeiter/-innen deutlich wird.

3.4 Spiritualität und Personalentwicklung

Kirchliche Einrichtungen müssen darauf achten, dass ihre Mitarbeiterinnen und Mitarbeiter den Zusammenhang zwischen dem Auftrag der Einrichtung, ihrer spirituellen Gestalt und der persönlichen Spiritualität sehen, entwickeln und pflegen. Auch im spirituellen Bereich kann sich ein Entwicklungspotenzial des Mitarbeiters öffnen. Die Mitarbeiter/-innen haben Anspruch darauf, in ihrer Arbeit Sinn zu finden – gerade spirituelle Vollzüge unterstützen diese Sinnsuche und Sinnfindung. Sowohl bei der Gewinnung von Personal als auch innerhalb der Aus- und Fortbildung ist die fortlaufende selbstkritische Reflexion zum helfenden Beruf ein wichtiges Element – dieses hat spirituellen Charakter.

Kirchliche Einrichtungen haben in der Vergangenheit vom eher unscheinbaren, aber hilfs- und opferbereiten Mitarbeiter gelebt. Die derzeitigen Tendenzen zur Profilierung kirchlicher Einrichtungen und die Rede von der Berufung jeder Christin und jedes Christen zielen darauf ab, dass Mitarbeitende in kirchlichen Einrichtungen nicht mehr „die graue Maus" sind, sondern Menschen mit Gesicht und Profil, die ihrer Einrichtung eben auch Gesicht und Profil verleihen. Die systemkritische

Sicht auf die eigene Einrichtung und die eigene Arbeit unter spiritueller Perspektive gehört dazu.

Es ist (immer noch) eine weit verbreitete Meinung, dass Religiosität bzw. Spiritualität in Gestalt von Religion sich praktisch nur als Moral und moralische Anforderung zeigt. Wegen der Gefahr dieser schlimmen Verkürzung im Verständnis des Spirituellen wird dieser Zusammenhang als letzter thematisiert: Aus spirituellen Vollzügen, Haltungen und Erfahrungen wird auch ein entsprechendes Verhalten entstehen. Kirchliche Einrichtungen können durchaus ein Ort werden, an dem Leitende und Mitarbeitende „anders" miteinander umgehen. Der Umgang mit Macht, die Partizipation am Unternehmen und das Teilen von Verantwortung gewinnen in geistlicher Perspektive eine eigene Qualität.

Wer aufgrund seiner Lebensgeschichte oder Krankheit oder Behinderung zu den „Verlierern" am Arbeitsmarkt gehört, sollte in kirchlichen Einrichtungen den Platz finden können, der Würde durch Arbeit schafft. Nur mit einer spirituellen Perspektive macht es Sinn, Arbeitsplätze auch ohne strenge Produktivitätsüberlegungen bereit zu stellen.

4. Handeln im Handeln Gottes

Spirituelle Erfahrungen, die zum Geheimnis Gottes hinführen und dazu führen, dass sich ein Mensch oder eine Organisation vom Geist (Gottes) ansprechen lässt, werden zur Antwort drängen, zur Entgegnung auf die Erfahrung. Eine solche Antwort wird nicht zuallererst eine moralische Gestalt haben, sondern ein Handeln im Sinne der Geisterfahrung. Ist mit spiritueller Erfahrung eine Gotteserfahrung oder Gottesahnung verbunden, so wird das Handeln zur Nachfolge. Gott folgend kann es freies und liebendes Handeln werden, weil die Erfahrung gemacht ist, dass dieses Handeln „Gott im Rücken hat"; den Gott, der voraus ist und sein Heil verheißt; den Gott, auf den wir uns in der Geschichte des Glaubens und in der Tradition des Glaubenszeugnisses berufen. Eine Schubkraft aus der Geschichte und Erwartung an eine Zukunft: das ergibt die Kraft, die Gegenwart zu gestalten. Ein Handeln kirchlicher Institutionen, das sich so eingebunden weiß in die Geschichte mit Gott, ist Handeln im Handeln Gottes – menschliches Tun innerhalb dessen, was Gott schon getan hat und tun wird. Dieses wird zur spirituellen Erfahrung, die es ermöglicht, menschliches Handeln als ein begrenztes zu ertragen. Gerade in helfenden, pflegenden Einrichtungen befreit eine solche Spiritualität davon, das Elend aus der Welt zu schaffen, bzw. es befreit gerade dazu, angesichts des bestehenden Leids und scheinbarer Ausweglosigkeit einen helfenden und heilenden Dienst zu tun; einen Dienst, dessen Sinn und Zweck sich nur erschließt, wenn damit eine spirituelle Erfahrung für den einzelnen Menschen wie für die gesamte Einrichtung verbunden ist. In diesem Sinn ist Spiritualität wortwörtlich notwendig und Not wendend.

Weltwärts

Plädoyer für eine Geistliche Begleitung, die verändernd wirkt

Klaus Kießling

Zusammenfassung: Geistliche Begleitung weiß sich in den Horizont einer Spiritualität eingebettet, die aus göttlicher Solidarität lebt und verändernd wirkt.

Abstract: Spiritual guidance is embedded in the horizon of a spirituality which has its source in God's solidarity – in favour of coming change.

Menschen, die erzählen, wes Geistes Kind sie sind, aus welchem Geist, aus welchem *spiritus* sie leben, gewähren Einblicke in ihre Spiritualität. Ein Leben aus dem Geist zeigt sich inspiriert, begeistert von Kräften und Impulsen, die nicht aus mir selbst kommen und, wenn sie bei mir ankommen, nicht bei mir bleiben. *Meister Eckhart* (1260–1328), ein Dominikaner des Spätmittelalters, bewegt mich seit meinem eigenen Studium. Er predigt wie folgt von der Geburt Gottes im Menschen: „Daß ein Mensch Gott in sich *empfängt,* das ist eine gute Sache ... Daß aber Gott im Menschen *fruchtbar* werde, das ist noch besser"[1]. Wenn ich das Bild der Geburt ernst nehme, so kann ich nicht anders, denn ans Licht der Welt zu bringen, was zur Geburt drängt. Zur Geistlichen Begleiterin wird dann jene Hebamme, die diese Geburt unterstützt.

1 *Meister Eckhart,* Gotteserfahrung und Weg in die Welt. Herausgegeben, eingeleitet und zum Teil übersetzt von *Dietmar Mieth,* Olten/Freiburg i.Br. 1979, 115.

1. Spiritualität ist Aufmerksamkeit

Der griechische Begriff Mystik verweist auf das Verb *myein,* „die Augen schließen", und *Eckharts* Spiritualität zeigt in der ihr eigenen Dynamik, dass es dabei gerade nicht bleibt – und uns die Augen erst recht aufgehen, und alle anderen Sinne auch: „Spiritualität ist Aufmerksamkeit"[2] – in der Gottesbeziehung und in jeder Beziehung. Eine Geistliche Begleitung, die sich in diesem Horizont versteht, dient der Pflege der Gottesbeziehung – und jeder Beziehung: wenn nicht auf direkten, so zumindest auf indirekten Wegen, wie unsere empirischen Untersuchungen belegen, die in diesem Band dokumentiert sind.

Spiritualität richtet sich nicht nur *eso*terisch nach innen, sie kommt nicht allein als Wellness daher – transpersonal eingekleidet und mit Aussicht auf narzisstischen Gewinn. Sie richtet sich nicht nur nach innen, sondern auch *exo*terisch nach außen, wenn ans Licht unserer Welt kommt, was zur Geburt drängt. Was ein Mensch im Geiste empfängt, behält er nicht für sich allein; sonst stirbt, was zum Leben kommen will, vielleicht einen eigenen Lebensstil, eine eigene Lebensform ausprägen will. Und damit deutet sich schon eine Qualität jenes Geistes an, des Kind ich bin – und auf den ich angewiesen bin: Wie soll Gott im Menschen *fruchtbar* werden, wenn kein Mensch Gott in sich *empfängt*?

2. Mystik der offenen Augen

Meister Eckharts Wirkungsgeschichte ragt weit über die Grenzen kirchlicher Traditionen hinaus. Die von ihm gelebte und angestoßene Spiritualität hat mit einer Mystik, wie sie im Islam und in anderen Weltreligionen lebt, mehr gemein als etwa mit christlichem oder anders religiösem Fundamentalismus. In der Tradition *Meister Eckharts* sehe ich auch eine Mystik der offenen Augen. Diese verdankt sich einem Schüler *Karl Rahners* (1904–

2 *Fulbert Steffensky,* Schwarzbrot-Spiritualität, Neuausgabe, Stuttgart 2006, 17.

1984), dem politischen Theologen *Johann Baptist Metz*, der im Jahr 2008 seinen 80. Geburtstag feiern konnte. *Metz* schlägt ein Weltprogramm des Christentums vor, das auf eine pluralitätsfähige Spiritualität setzt. Dabei treibt ihn folgende Einsicht an: „Gott ist entweder ein Menschheitsthema oder überhaupt kein Thema. Götter sind pluralisierbar und regionalisierbar, nicht aber Gott. Er ist nur ‚mein' Gott, wenn er auch ‚dein' Gott sein kann, er ist nur ‚unser' Gott, wenn er auch als der Gott aller anderen Menschen bekannt und angebetet werden kann."[3] *Metz* geht es um eine Spiritualität, die sich Leid und Not nicht verschließt, die vielmehr mit der Autorität der Leidenden auf *compassion*, auf Mitleidenschaft setzt. Deren Verweigerung ist ihm Sünde, Selbstverkrümmung des Herzens, denn „Jesus lehrt nicht eine Mystik der geschlossenen Augen, sondern eine Mystik der offenen Augen", eine Mystik „der unbedingten Wahrnehmungspflicht für fremdes Leid"[4] und der Solidarität.

3. Solidarität und Spiritualität

Systematisch-theologisch gewinnt Solidarität erst mit dem Zweiten Vatikanischen Konzil und seiner Pastoralkonstitution „Gaudium et Spes" Bedeutung[5], und zwar als Kategorie der Erlösung: Der Gedanke der Genugtuung Gottes durch Jesu Tod am Kreuz tritt zurück, es braucht keine Sühneopfer mehr zur Beschwichtigung eines erzürnten Gottes. Eine Neubegründung von Solidarität tritt hervor – durch die Menschwerdung Gottes, der nicht Versöhnung braucht, sondern schenkt (2 Kor 5,21): Jesus Christus offenbart und verwirklicht Gottes Liebe und

3 *Johann Baptist Metz,* Compassion. Zu einem Weltprogramm des Christentums im Zeitalter des Pluralismus der Religionen und Kulturen, in: *Ders. / Lothar Kuld / Adolf Weisbrod* (Hg.), Compassion. Weltprogramm des Christentums. Soziale Verantwortung lernen, Freiburg i.Br. 2000, 9–18, 10.

4 Ebd., 17.

5 S. Gaudium et Spes 4, 32 und 90.

Solidarität mit den Menschen und befreit sie mit seiner Botschaft vom Reich Gottes zur Solidarität untereinander.

Mit der Geburt Gottes, mit der Menschwerdung Gottes setzt unsere eigene Menschwerdung ein. Und wenn der Gekreuzigte in das Reich des Todes hinabsteigt, so tritt er in seinem Tod und durch seine Auferstehung in die Solidarität mit den Toten und ihrem Leid ein; so begründet er Solidarität unter den Menschen über den Tod hinaus; so eröffnet er die Vision einer Weltgemeinschaft, die auf göttliche Solidarität setzt. Theologisch orientiert sich diese Vision an einer Zukunft, die sich menschlichem Zugriff entzieht. Sie richtet sich aus an einer Lebenswelt, in der die Qualitäten Gottes zur Lebensqualität menschlicher Verhältnisse geworden sind.

In diesem Horizont lässt sich einer brutaler denn je um sich greifenden Globalisierung des Profits und des Elends eine Globalisierung der Solidarität entgegenhalten: Der Weltkirche[6] ist als *global player* das *global prayer* anvertraut, und zu ihrer Spiritualität gehört die Anwaltschaft für die Armen und Unterdrückten sowie die Pflicht, stellvertretend einzutreten und die Stimme zu erheben für diejenigen, die keine Stimme haben, überhört werden oder verstummt sind.[7]

4. *Solidarität und Stellvertretung*

Solidarität ist der biblischen Idee der Stellvertretung verpflichtet – nicht so, dass es Opfer braucht, damit Gott sich versöhnen lässt, aber so, dass Menschen füreinander eintreten. Solidarität will demjenigen, dem sie gilt, dessen Platz nicht wegnehmen, sondern ihm den Raum für dessen eigenes Dasein schaffen. Stellvertretung meint einen Einsatz, der das Gegenüber nicht

6 S. *Klaus Kießling/Chunhee Cho/Viera Pirker* (Hg.), Weltkirchliche Arbeit heute für morgen – Wissenschaftliche Studie in Gemeinden deutscher Diözesen (Arbeitshilfen; Nr. 235), Bonn 2009.

7 S. *Klaus Kießling* (Hg.), Diakonische Spiritualität. Beiträge aus Wissenschaft, Ausbildung und Praxis (Diakonie und Ökumene; Bd. 3), Münster 2009.

ersetzt, sondern freisetzt. Ich denke beispielsweise an die Rolle von Eltern: In vielfältiger Weise sind sie als Vertreterinnen und Vertreter ihrer Kinder gefragt, aber niemals so, dass sie sie ersetzen, sondern so, dass sie sie stärken, damit sie eines Tages ihre je eigene Stelle einnehmen können.

Von einer Theologie der Stellvertretung spricht übrigens auch der Papst – schon lange bevor er *Benedikt XVI.* wurde: Er führt unter Verweis auf das Bild des Moses im Buch Deuteronomium und die Gottesknechtlieder bei Jesaja aus, „daß die Idee der Stellvertretung eine der Urgegebenheiten des biblischen Zeugnisses ist, deren Wiederentdeckung dem Christentum in seiner heutigen Weltenstunde zu einer entscheidenden Erneuerung und Vertiefung seines Selbstverständnisses verhelfen kann“[8].

5. *Kirche als Stellvertreterin*

Kirche verstehe ich als den ersten Ort einer Stellvertretung, die dazu befähigt, in der Welt Verantwortung zu übernehmen. Sie wirkt als Stellvertreterin aller Völker vor Gott sowie als Stellvertreterin des nicht mehr anwesenden Jesus Christus für und vor den Menschen.

In ihrer Sendung bleibt der Inhalt der Botschaft der Maßstab, an dem Zeuginnen und Zeugen sich orientieren: „Du kannst nur das evangelisieren, was du von Herzen liebst.“[9] Schließlich ist ja auch unser Glaube nicht die Bedingung für Gottes Liebe; Glaube ist vielmehr die Auskunft darüber, dass Gott alle Menschen bedingungslos liebt – so sehr, dass sie sich verändern können. Gott ist als Vater, Sohn und Geist selbst Beziehung, Gottes Geheimnis lebt als Beziehung und in Beziehung: Ein solcher *spiritus* verdankt sich dem Auftrag Jesu

8 *Joseph Ratzinger,* Stellvertretung, in: *Heinrich Fries* (Hg.), Handbuch theologischer Grundbegriffe, Bd. 4, München 1970, 127–137, 137.

9 *Hermann Schalück,* Am Anfang war die Beziehung. Über das Verhältnis von missionarischer Spiritualität und Dialog, in: *Klaus Vellguth* (Hg.), Missionarisch Kirche sein. Erfahrungen und Visionen, Freiburg i.Br. 2002, 79–86, 86.

Christi und setzt dessen Sendung nach Kräften fort. Sie lebt durch jene, die bezeugen, was ihnen selbst widerfährt. Die Erfahrung, unbedingt angenommen und geliebt zu sein, lebt nur fort, wenn Menschen diese nicht wie einen Raub für sich behalten, sondern teilen – mit ihren allemal unersetzlichen Mitmenschen.

6. Liebe ist als Hoffnung Stellvertretung …

Menschen sind unersetzlich, sonst würden sie und ihre Menschenwürde verraten. Aber wem bin ich unersetzlich? Wer diese Frage nicht stellt, der verfehlt das Geheimnis jedes unersetzlichen Menschen. Und unersetzlich bin ich einzig denen, die mich lieben – solange sie mich lieben. Zu einem Unersetzlichen werde ich nicht aus mir selbst, sondern indem ich angewiesen bleibe auf andere. Unersetzlich bin ich denen, die ihre Hoffnung auf mich setzen. Und gerade dann kann ich mich in meiner eigenen Schwachheit annehmen, ohne an ihr zu verzweifeln. Aber dabei bin und bleibe ich – bewusst oder nicht – angewiesen auf Stellvertreter, die für mich eintreten, ohne aus mir eine Null zu machen.

„Wer nach den Strukturen gelebter Stellvertretung fragt, wird nicht umhin können, nach Christus zu fragen, also danach, in welchem Sinne sich die Stellvertretung beschreiben lässt, die die konkrete Person Jesus … freiwillig für alle … leisten soll.“[10] Mein Stellvertreter, der an meiner Stelle glaubt, hofft und liebt, weil ich nicht glauben, nicht hoffen, nicht lieben kann, hebt mich nicht auf, so dass es auf mich nicht mehr ankäme. Vielmehr läuft er vor, und ich folge nach, andere folgen nach, weil er sich nach uns umsieht und uns ansieht. Er verleiht uns durch sein Ansehen Ansehen. Er leidet mit denen und an denen, die nicht nachkommen. Der Stellvertreter ist empfindlich für ihr Leid.

10 *Dorothee Sölle,* Stellvertretung (Gesammelte Werke; Bd. 3), Stuttgart 2006, 88.

Wenn mein Leben in Finsternis zu versinken droht, brauche ich einen Menschen, der mir zum Licht wird, der seine Hoffnung in mich und in die Möglichkeiten Gottes mit mir setzt – trotz allem; einen Menschen, der vorläufig und stellvertretend für mich eine Brücke baut über jene Kluft zwischen leidvollem Dasein einerseits und vagen Hoffnungen andererseits. Nur wenn ich spüren kann, wie ein anderer mir und meiner Zukunft etwas zutraut, mein Fünkchen Hoffnung vorsichtig brennend hält, vermag ich selbst wieder Hoffnung zu schöpfen. Hoffnung lässt leben – darum ist es lebensnotwendig, dass andere für mich hoffen, bis ich selbst wieder ein Hoffender bin: Liebevolle Nähe und Treue können Raum und Zeit für eigenes Hoffen neu erschließen und aus alles niederreißender Finsternis einen Weg ans Licht weisen.

Diese Liebe erzwingt nichts, sondern hofft alles: Der Stellvertreter lässt dem von ihm Vertretenen die Zeit, an seine Stelle zurückzukehren. Der Stellvertreter zwingt ihn nicht dazu, er hofft für ihn. Liebe ist als Hoffnung Stellvertretung. Der Stellvertreter macht sich abhängig, er weiß, dass er nicht machen kann, was und worauf er hofft, aber genau in dieser Ohnmacht ist er zur Liebe befreit.

„… damit auf Erden sein Weg erkannt wird und unter allen Völkern sein Heil“ (Ps 67,3)

Wenn Pastoral sich nicht exklusiv binnenkirchlich versteht, sondern im Sinne des Konzils als kreative Konfrontation des Evangeliums mit der Gegenwart, so zielt sie auf eine solidarische Verbundenheit mit allen. Dann setzt sie auch nicht auf eine Ideologie des Gesundschrumpfens unserer Kirche, schon gar nicht mit elitärem Bewusstsein.

Diese Spiritualität lebt die Kirche nicht nur nicht aus sich selbst, sondern auch nicht für sich selbst, sondern zugunsten derer, deren Würde angetastet ist und die unserer Solidarität am meisten bedürfen – unabhängig davon, ob sie zur Kirche gehören oder nicht. Denn nicht die Kirche ist das Ziel, sondern das Reich und die Solidarität Gottes, „damit auf Erden sein Weg erkannt wird und unter allen Völkern sein Heil“ (Ps 67,3).

Zu einer solchen Spiritualität der Stellvertretung, zu einer solchen Solidarität vermag Geistliche Begleitung anzustiften. So droht Geistliche Begleitung nicht in einer spirituellen Nische oder einer muffigen Ecke zu enden, vielmehr vermag sie verändernd zu wirken, weltwärts.-

Sammelrezension zu Veröffentlichungen zu Geistlicher Begleitung

Julia Koll

Klemens Schaupp, Gott im Leben entdecken: Einführung in die geistliche Begleitung, Echter Verlag, Würzburg [3]1996, 155 S., ISBN 3-429-01557-X, € 12,80.

Herman Andriessen, Sich von Gott berühren lassen: Geistliche Begleitung als pastorales Handeln heute, Matthias-Grünewald-Verlag, Mainz [2]1995, 255 S., ISBN 3-7867-1821-0, € 21,50.

Dorothea Greiner/Erich Noventa/Klaus Raschzok/Albrecht Schödl (Hg.), Wenn die Seele zu atmen beginnt ...: Geistliche Begleitung in evangelischer Perspektive, Evangelische Verlagsanstalt, Leipzig [2]2007, 319 S., ISBN 978-3-374-02509-1, € 19,90.

Geistliche Begleitung ist eine Kunst, die nicht aus Büchern zu lernen ist. Doch kann Lektüre einen Lernprozess unterstützen, vertiefen oder allererst anregen – dies ist der Sitz im Leben der beiden katholischen Ansätze von *Klemens Schaupp* und *Herman Andriessen.* Im evangelischen Kontext dagegen, in dem Geistliche Begleitung viel weniger beheimatet ist, mag eine Veröffentlichung wie die von *Dorothea Greiner* u.a. verantwortete zunächst einmal ein wichtiges Mittel sein, um die Praxis der Geistlichen Begleitung bekannter zu machen und sodann ihre kirchliche, konzeptionelle und theologische Reflexion voranzutreiben. Hier wie dort wird Geistliche Begleitung verstanden als eine spezifische Form von nicht-problemorientierter Seelsorge über einen längeren Zeitraum, die sich durch ihre Achtsamkeit gegenüber der geistlichen Dimension auszeichnet.

Zunächst ein Blick auf die beiden Monographien: Der heute in Ulm tätige katholische Theologe und Pastoralpsychologe *Schaupp* präsentiert einen ignatianisch geprägten Ansatz der Geistlichen Begleitung, wie sie z.B. auch im evangelischen Kloster Wülfinghausen praktiziert und gelehrt wird. Das Buch ist flüssig geschrieben und hat einen stringenten, leicht einsichtigen Aufbau: In einem Eingangsteil fragt *Schaupp:* „Was ist Geistliche Begleitung?" Die sich anschließenden drei Teile folgen dem Ablauf einer Geistlichen Begleitung, d.h. sie behandeln Beginn, Prozess und Abschluss der Begleitung. Nach kurzen Bemerkungen zu gegenwärtigen gesellschaftlichen Rahmenbedingungen und psychologischen Stichworten zur Identitätsproblematik wird der theologische Kerngedanke des Ansatzes eingeführt, die „trialogische Struktur" (15) der Geistlichen Begleitung: *Schaupp* geht von einem dreifachen Beziehungsgefüge aus – zwischen Begleitetem und Begleiter, zwischen Begleiter und Gott sowie zwischen Begleitetem und Gott. Geistliche Begleitung fokussiere letztere; die beiden anderen Beziehungen werden dieser dienstbar gemacht. So kann Geistliche Begleitung verstanden werden als Beziehungshilfe auf Christus hin, die im Dienst des in der Taufe gestifteten neuen Lebens steht. Geistliche Begleitung setzt bei der Sehnsucht des Begleiteten an, sie ist die „Spur zu Gott" (49). Typische Themen im weiteren Verlauf ergeben sich aus der gefühlten Notwendigkeit, das eigene Leben zu ordnen, und aus der Begegnung mit den dunklen Seiten des Lebens. Zentraler Gegenstand und Herzstück der Geistlichen Begleitung bleiben dabei die „geistlichen Übungen", also Gebet und Bibellese; sie sind für *Schaupp* unverzichtbare Bestandteile auf dem geistlichen Weg. Freilich wird diese materiale Bestimmung zugleich relativiert durch das ignatianische Motto, Gott in allen Dingen zu suchen und zu finden. Auf Seiten der Begleiterin ist „doppelte Empathie" (18) von Nöten: Sie ist auf Hinhören angewiesen, sowohl in Bezug auf den Begleiteten wie auf Gott. In ihrer Verantwortung liegt weiter die „Unterscheidung der Geister", d.h. sie muss einschätzen, welche inneren Regungen und welche Kräfte Leben fördern und zu Gott hin führen und welche dies nicht tun. So nimmt der Begleiter hier die Rolle eines „Wegbereiters" ein (129); selten greift er direktiv oder konfrontativ in das Gespräch ein. Typisch sind offene Fragen und das Anliegen, eine kontemplativ-wahrnehmende Haltung beim Begleiteten zu fördern – hierfür gibt es z.T. recht konkrete Anleitungen und Hinweise. Den Prozess einer Geistlichen Begleitung parallelisiert *Schaupp* mit dem Spannungsbogen der verschiedenen Wochen in den Ignatianischen Exerzitien. Dem entspricht es, dass der Begleiter sich selbst überflüssig macht und irgendwann vom „inneren Begleiter" (135), dem Heiligen Geist, abgelöst wird. *Schaupp* geht also nicht von einem dauer-, sondern eher von einem phasenhaften Charakter der Geistlichen Begleitung aus.

Der niederländische, ebenfalls katholische Theologe und Pastoralpsychologe *Hermann Andriessen* legt demgegenüber einen komplexeren und konzeptionell tiefer reichenden Ansatz vor. Eingangs differenziert er die Erfahrungsbereiche der Existenz, des Sinns, des Religiösen und des christlichen Glaubens; seines Erachtens spielen alle vier für die moderne geistliche Erfahrung eine Rolle. Damit ist bereits der entscheidende Unterschied zu *Schaupps* Ansatz angedeutet: Das Geistliche wird hier stärker als Dimension denn als mehr oder weniger fest umrissenes Material verstanden. So wird Geistliche Begleitung nicht als Beziehungsgefüge zwischen drei Personen, sondern als Raum modelliert, um geistliche Erfahrung zu lernen, d.h. die eigenen Lebenserfahrungen auf die geistliche Dimension hin zu durchschauen. Im Erzählen der eigenen Geschichte und im Mitteilen von Empfindungen und Gedanken entdeckt die Begleitete ihre Innenwelt als eigene Wirklichkeit und erweitert sie dadurch. Passende Übungen ergeben sich nach *Andriessen* dann von selbst. Als mögliche Themen in der Geistlichen Begleitung werden die Suche nach geistlichen Quellen und nach der eigenen Lebensrichtung, Gottesbilder und schmerzhafte Entdeckungen genannt. Der Alltag ist dabei nicht nur Ausgangs-, sondern auch Zielpunkt: Geistliche Begleitung hilft dabei, dass geistliche Erfahrung „sich im täglichen Leben auswirken kann" (88). Sie ist damit „Lebensbegleitung" (51) (statt wie bei *Schaupp* Glaubensbegleitung). Dazu passt, dass der niederländische Theologe sich für seine Reflexionsarbeit verschiedener außertheologischer Quellen bedient. Nicht nur nimmt er regelmäßig auf profankulturelle Quellen Bezug. Seine Terminologie entlehnt er existentialphilosophischen und phänomenologischen Ansätzen; in seinen zahlreichen Praxisbeispielen scheint auch eine Nähe zu kreativer therapeutischer Arbeit durch. Vor allem aber zieht er psychologische Theoriekonzepte heran – z.B. das Modell von E.H. Erikson. Er unterscheidet verschiedene Begleitungsstile und Gesprächsformen, deutet Konzepte religiöser Entwicklung in der Geistlichen Begleitung an und widmet sich den Themen

Zeit, Konflikte, Biographiearbeit, Umgang mit dem Schatten in eigenen Kapiteln. Auf diese Weise wird transparent, wie in der Geistlichen Begleitung gearbeitet werden und was sie leisten kann. Auf Seiten des Begleiters setzt *Andriessen* Akzeptanz voraus und die Bereitschaft, mitzugehen. Er soll – hier formuliert er durchaus in Nähe zu *Schaupp* – eine „Nabenfunktion" (178) erfüllen, indem er den geistlichen Raum bereiten hilft, in dem Gottes Geist einwirken kann. Unter den Schlagworten „Authentizität, Arbeitsfreude und Kompetenz" folgen hilfreiche Hinweise zu Selbstverständnis und -umgang der Begleiterin. Auch wenn sie im Idealfall über etwas mehr Erfahrung verfügt, versteht sie sich doch weiterhin als Mit-Gläubige und ihre Begleitung als Dienst. Jenseits aller Methoden bleibt Geistliche Begleitung, so betont *Andriessen*, jedoch Ereignis. Der Aufbau hat etwas Mäanderndes; es werden gegenüber *Schaupp* aber auch mehr Tiefenbohrungen vorgenommen. Zu erwähnen ist schließlich, dass *Andriessen* immer wieder auch einen Ausblick auf Gruppenbegleitungsprozesse vornimmt und damit einen interessanten Brückenschlag zwischen parochial nicht angebundener Einzelseelsorge und gemeindlicher geistlicher Arbeit mit Gruppen andenkt.

Das dritte Buch ist von anderer Machart. Herausgegeben von zwei Vertretern der Evangelisch-Lutherischen Kirche in Bayern (*OLKRin Dorothea Greiner, KR Erich Noventa*) und zwei Neuendettelsauer Theologen *(Prof. Klaus Raschzok, Albrecht Schödl)*, stellt es eine Mischung aus Programmschrift, wissenschaftlicher Anthologie und Handbuch dar. Beiträge von 25 Autorinnen und Autoren sind in diesem ansprechend zweifarbig gestalteten und mit Lesebändchen ausgestatteten Band versammelt. Er will der Tatsache Rechnung tragen, dass Geistliche Begleitung auch in den evangelischen Kirchen immer mehr nachgefragt wird, die Fachliteratur aber bisher durchgängig katholisch geprägt ist. So verstehen die Autorinnen und Autoren ihr Unternehmen als ersten Schritt, um eine evangelische Perspektive auf Geistliche Begleitung zu entwickeln und die konzeptionelle Auseinandersetzung voranzutreiben; entsprechend breit ist der Band angelegt. Den Auftakt macht wiederum der katholische Theologe *Schaupp* – deutliches Zeichen für die ökumenische Offenheit der Geistlichen Begleitung, auch auf der Reflexionsebene. Seine

Zielbestimmung lautet hier sehr pointiert: „in dem Wechsel der Gefühle und inneren Regungen zu einem Leben der ständigen Verbundenheit mit Gott zu finden" (17). Stärker als in seinem eigenen Buch verbindet Schaupp Geistliche Begleitung mit der Frage nach der persönlichen Berufung. In einem zweiten Kapitel „Erfahrungen" sind unterschiedlich anschauliche Berichte versammelt, sowohl aus der Begleiteten- wie auch aus der Begleiterperspektive. Das umfangreichste Kapitel trägt die Überschrift „Theologische Reflexionen": Es zielt zum einen darauf, die Thematik der Geistlichen Begleitung mit Gestalten spiritueller Theologie in der protestantischen Tradition zu verknüpfen. So steuert der Jenaer Kirchengeschichtler *Volker Leppin* einen sehr voraussetzungsvollen Aufsatz zur Verbindung von *Martin Luther* und *Johannes von Staupitz* bei. Weitere Beiträge befassen sich mit *Dietrich Bonhoeffer*, *Rudolf Bohren* und *Eduard Thurneysen* (*Albrecht Schödl*). Diese Auswahl wirkt etwas zufällig; ein Blick auf Praktiken geistlicher Freundschaft und Beratung in evangelischen Kommunitäten oder im Pietismus wäre möglicherweise ertragreicher gewesen. Zum anderen soll hier der Zusammenhang von Geistlicher Begleitung mit gegenwärtigen praktisch-theologischen Fragestellungen erhellt werden. Dies gelingt eindrücklich *Bernhard Petry*, der das Phänomen Geistliche Begleitung vor dem Hintergrund der Gemeinde- und der allgemeinen kirchlichen Entwicklung betrachtet. Er möchte Geistliche Begleitung als Grunddimension kirchlichen Handelns von einer speziellen Form der spirituellen Beratung unterschieden wissen und schließt mit der Empfehlung, letztere als regionales Angebot zu etablieren. *Andreas von Heyl* nähert sich den Möglichkeiten Geistlicher Begleitung vom Krankheitsbild des Burnouts her. *Hansjörg Schemann* ordnet sie in die gegenwärtige Seelsorgeszene ein und kennzeichnet sie als Ergänzung und Bereicherung anderer Formen von Seelsorge und Beratung. Eine Collage aus Statements und wechselseitigen Rückfragen von *Greiner*, *Raschzok*, *Schaupp* und *Sr. Anna-Maria aus der Wiesche* von der Communität Christusbruderschaft Selbitz bildet den Abschluss dieses Teils. Hier verstärkt sich leider der Eindruck des Ungeordnet-Facettenreichen, den das Buch insgesamt ausstrahlt. Zuviel wird hier assoziiert, und zu häufig treten binnenreligiöse Sprachspiele an die Stelle religionspsychologischer und religionsphänomenologischer Präzision (wie z.B. bei *Andriessen*). Im Blick auf die wissenschaftliche Debatte ist es besonders zu bedauern, dass *Raschzok* die Sache der Aszetik als nahe liegenden theoretischen Bezugsrahmen nicht weiter entfaltet. Es schließt sich ein Abschnitt an, in dem verschiedene Gestalten (auch in Verbindung mit Exerzitien) und Ausbildungsformen vorgestellt und Standards reflektiert werden; Kontaktadressen sind beigefügt. Ein Text über die geistliche Tradition des bayrischen Pastoralkollegs verrät noch einmal die regionale Schlagseite dieses Sammelbandes. Im letzten Drittel des Buches wird die Perspektive allmählich enger; Geistliche Begleitung kommt verstärkt als Seelsorge an Seelsorgern bzw. als spirituelle Variante pastoraler Supervision in den Blick. Den Abschluss bilden anregende pastoraltheologische Überlegungen von *Greiner*, die Geistliche Begleitung beispielsweise mit der Frage spiritueller Kompetenz und ihrer Überprüfbarkeit, mit dem Thema Lebensführung und der Diskussion um explizit geistliche Ämter in den Landeskirchen verbindet.

Fazit: Zu viele verschiedene Interessen kommen in diesem Buch zusammen und machen es zu einem unübersichtlich-unspezifischen Unternehmen: Es soll das Phänomen Geistliche Begleitung vorstellen und dafür werben. Es stellt das erste Ergebnis des Bemühens dar, sich über eine evangelische Praxistheorie zu verständigen und die konzeptionelle Arbeit voranzutreiben, gleichzeitig wird hier die wissenschaftliche Reflexion und Einordnung des Phänomens begonnen. Schließlich verbindet sich mit dem Buch ein kirchenpolitisches Interesse: Wie der abschließende Beitrag von *Greiner* deutlich macht, gibt es in einigen evangelischen Kirchen das Bemühen, Geistliche Begleitung als Element von Personal- und Gemeindeentwicklung zu begreifen und entsprechend zu fördern. Aller Kritik zum Trotz: Dies Buch bildet in groben Zügen die evangelische Diskussionslage zum Thema ab. Wer sich im evangelischen Bereich heute mit Geistlicher Begleitung auseinandersetzt, wird nicht darum herumkommen. Zentrale Fragestellungen für die weitere Entwicklung sind deutlich benannt; um nur zwei herauszugreifen: die Spannung von Charisma und Professionalisierung oder die verstärkte Einbindung von Ehrenamtlichen. Für die weitere konzeptionelle

Debatte über Geistliche Begleitung im evangelischen Raum könnten sich schließlich jene Perspektiven als ertragreich herausstellen, die *Raschzok* in seiner praktisch-theologischen Verortung andeutet: Ihm zufolge wäre Geistliche Begleitung nicht nur als ein Phänomen in der wiederzubelebenden Disziplin der Aszetik abzuhandeln, sondern verstärkt mit der praktisch-theologischen Hinwendung zum Alltag und zur Lebenswelt und der gestiegenen Bedeutung des ästhetischen Paradigmas zusammenzubringen. Das Format selbst könnte dadurch an Kreativität und gesellschaftlicher Breitenwirkung gewinnen – Geistliche Begleitung also als Praxis, die gleichermaßen traditionsbewusst und individuell ist, mystagogisch und lebensnah.

Autorinnen und Autoren

Bundschuh-Schramm, Dr. theol. Christiane, Referentin für Spiritualität und Seelsorge am Institut für Fort- und Weiterbildung der Diözese Rottenburg-Stuttgart, Postfach 9, 72101 Rottenburg am Neckar, E-Mail: CBundschuh.institut-fwb@bo.drs.de.

Geissler, Rolf-Heinz, Pfarrer und Geistlicher Begleiter der Evangelischen Kirche in Hessen und Nassau, Lehrsupervisor (DGfP), Wächtersbacher Straße 6, 63505 Langenselbold, E-Mail: Rolf-Heinz.Geissler@gmx.de.

Hentschel, Dr. theol. Christoph, Priester der Erzdiözese München und Freising mit laufendem Forschungsprojekt zur Regula Benedicti, St.-Valentin-Weg 1, 85774 Unterföhring, E-Mail: christoph_hentschel@web.de.

Huber-Rudolf, Dr. theol., Lic. sc. isl. Barbara, Referentin für den interreligiösen Dialog mit Muslimen in der Diözese Mainz, Weilbornstr. 25, 63303 Dreieich, E-Mail: post@huber-rudolf.de.

Hundertmark, Dr. theol. Peter, Leiter der Abteilung Spirituelle Bildung/Exerzitienwerk des Bischöflichen Ordinariats der Diözese Speyer, Kleine Pfaffengasse 16, 67346 Speyer, E-Mail: peter.hundertmark@bistum-speyer.de.

Kießling, Prof. Dr. phil. Dr. theol. habil., Dipl. Psych. Klaus, Ständiger Diakon, Leiter des Instituts für Pastoralpsychologie und Spiritualität sowie des Seminars für Religionspädagogik, Katechetik und Didaktik an der Philosophisch-Theologischen Hochschule Sankt Georgen, Lehrsupervisor (DGfP), Offenbacher Landstraße 224, 60599 Frankfurt am Main, E-Mail: kiessling@sankt-georgen.de.

Koll, Dr. theol. Julia, Pastorin im Evangelisch-lutherischen Kirchenkreis Uelzen mit laufendem Habilitationsprojekt, Soltauer Straße 19, 29525 Uelzen, E-Mail: jkoll@web.de.

Lanfermann MMS, Lic. theol. Agnes, Generaloberin der Missionsärztlichen Schwestern (Medical Mission Sisters), Geistliche Begleiterin und Ausbilderin, Hammarskjöldring 127, 60439 Frankfurt am Main,
E-Mail: a_lanfermann@missionsaerztliche-schwestern.org.

Leyener, Dr. theol. Thomas, Referent für Diakonie und Ehrenamt am Institut für Fort- und Weiterbildung der Diözese Rottenburg-Stuttgart, Supervisor (DGfP), Postfach 9, 72101 Rottenburg am Neckar, E-Mail: TLeyener.institut-fwb@bo.drs.de.

Wagener, Dr. phil., Dipl. theol., Dipl. Rel. päd., EU-Dipl. Rel. psych. Hermann-Josef, Priester der Diözese Limburg und wissenschaftlicher Mitarbeiter am Institut für Pastoralpsychologie und Spiritualität der Philosophisch-Theologischen Hochschule Sankt Georgen, Offenbacher Landstraße 224, 60599 Frankfurt am Main, E-Mail: wagener@sankt-georgen.de.

Wiedenhaus SJ, Lic. theol. Ansgar, Jesuit und Geistlicher Begleiter, Initiator der Exerzitien Online, Leiter der Citykirche St. Klara in Nürnberg, Virchowstr. 27, 90409 Nürnberg,
E-Mail: ansgar.wiedenhaus@gmx.de.

Žuška, Lic. theol. Norbert J. OCarm., Mitglied des Karmelitenordens, Geistlicher Begleiter und Exerzitienleiter mit weiteren Tätigkeiten in der Ordensausbildung und der Berufungspastoral, Kostelní Vydří 58, 38001 Dačice, Tschechien,
E-Mail: norbert.ocarm@centrum.cz.